Le réveil de l'éléphant d'Afrique

Tome 1

Théophile AHOUA N'DOLI

LE REVEIL DE L'ELEPHANT D'AFRIQUE

Tome 1
Côte d'Ivoire :
Des élans maintes fois brisés

Préface d'Alassane OUATTARA

L'Harmattan

5-7, rue de l'École-Polytechnique ; 75005 Paris
http://www.editions-harmattan.fr
ISBN : 978-2-343-11515-3
EAN : 9782343115153

PRÉFACE

La Côte d'Ivoire se situe aujourd'hui à un tournant majeur de son histoire, après avoir connu une évolution cadencée de son économie depuis son Indépendance. Les années de prospérité comme celles dites du « Miracle ivoirien » de 1960-1980 ou de la Reprise Economique de 1994-1999 ont été suivies par des années de crises économiques ou de crises sociopolitiques.

Au lendemain de la plus violente crise (fin 2010-début 2011) jamais connue par le pays, la Côte d'Ivoire a su rebondir au-delà des attentes. Elle s'est mise inexorablement sur le sentier du Développement. Avec le soutien des Ivoiriens, qui ont foi en leur pays, et des partenaires bilatéraux et multilatéraux, eux aussi convaincus des potentialités de ce pays, une nouvelle ère s'est ouverte sous notre leadership. Cette exception de la Côte d'Ivoire mérite d'être davantage documentée afin non seulement d'éclairer les décideurs, mais aussi tous ceux qui s'intéresseraient à l'économie de ce pays.

Nous notons qu'à ce jour très peu d'ouvrages permettent de retracer et de mener une analyse rigoureuse de ce sentier prodigieux de Développement de la Côte d'Ivoire en y intégrant la période récente. Ce livre de monsieur Ahoua N'Doli Théophile constitue une œuvre importante pour l'amélioration du savoir sur l'évolution économique de la Côte d'Ivoire. Une de ses particularités réside dans sa capacité à mettre en exergue, pour chaque grande période de l'histoire économique de la Côte d'Ivoire, les choix de politiques économiques, les effets de ces politiques ainsi que leurs forces et faiblesses.

La démarche méthodologique consistant en une abondante exploitation des statistiques pour étayer les analyses faites pour chaque période donne de la rigueur scientifique à ce livre. Partant des archives de la période coloniale aux données récentes en passant par une revue documentaire des plus variées, monsieur Ahoua fait le bilan des séquences de développement de cet **« éléphant d'Afrique ».** De par sa longue expérience dans des institutions nationales et régionales, il contribue à une meilleure compréhension des pièges des politiques de développement ainsi que des efforts additionnels à déployer pour éviter les erreurs du passé.

Les Chefs d'État, les hauts fonctionnaires, les experts et chercheurs travaillant sur les questions de développement, les étudiants et toute autre personne, qui souhaitent enrichir leurs connaissances sur des cas pratiques de politiques de Développement, ne devraient pas hésiter à lire et à tirer profit de cet ouvrage. C'est un guide non seulement pour les Ivoiriens de tout niveau ou tendance, mais également pour tous ceux qui s'intéressent à la Côte d'Ivoire et à son Développement. Les défis énoncés dans la marche de l'éléphant vers son développement sont pertinents aussi bien pour la Côte d'Ivoire que pour tout autre pays africain, candidat à l'Émergence socio-économique.

SEM. Alassane OUATTARA
Président de la République de Côte d'Ivoire

AVANT- PROPOS

Depuis 1995, j'enseigne l'économie à l'Université d'Auvergne à Clermont-Ferrand en France. Mes cours traitent de l'économie en général. Pour les illustrer, je fais généralement référence à l'économie de l'Afrique de l'Ouest, et particulièrement à celle de la Côte d'Ivoire. Mes expériences d'universitaire, mais surtout de fonctionnaire dans la haute finance en Afrique et dans les sphères financières de mon pays, m'y autorisent. J'ai d'ailleurs commencé ma carrière professionnelle par l'enseignement, en tant qu'Assistant à l'Université de Cocody. Je dois, cependant, avouer que ce n'est pas l'aspect le mieux connu de ma vie.

Un jour de 2005, au cours d'un dîner en famille, alors que les échanges entre convives ont viré vers un domaine que je connais bien, à savoir l'économie, et que j'en parlais, mes enfants m'ont demandé pourquoi je ne partagerais pas ce que je faisais depuis une dizaine d'années avec un grand nombre de personnes. Sur le champ, je ne sais plus exactement quelle réponse je leur ai donnée. Mais, une chose est sûre, je leur dois l'écriture de cet ouvrage. En effet, dans la culture **Akan** qui est la mienne on a coutume de dire que « la vérité sort de la bouche des enfants ». Depuis ce jour donc, j'ai débuté l'écriture de cet ouvrage.

J'ai d'abord rédigé en 2005-2006 un document de 400 pages environ. Je l'ai intitulé « ***l'Éléphant blessé*** ». Le tapuscrit a été confié à une maison d'édition locale en vue de sa publication. Mais les difficultés financières de cette société d'édition à cette époque n'ont pas permis la réalisation du projet. La publication du livre n'ayant pu se faire, j'ai finalement récupéré mon texte. Il y avait certes à cela des inconvénients dont le plus important réside dans ce goût d'inachevé, mais également des avantages, dont le plus certain était que le temps m'a permis d'approfondir mon texte et de prendre en compte les évolutions de l'économie en Afrique et en Côte d'Ivoire.

Récemment, j'ai pris la décision d'actualiser mon tapuscrit et d'adapter les données, les informations et mes analyses au contexte actuel de l'économie ivoirienne. De la période faste du « Miracle ivoirien » aux époques de crises, cette économie est passée par bien des états qui en rendent l'histoire intéressante autant pour les spécialistes que pour les générations présentes et futures. Le résultat, vous l'avez entre les mains.

N'étant ni le *doctior* ni le *doctissimus* en la matière, je n'ai pas pour autant refusé d'être le *doctus.* Mais puisque je destine ce livre à un public qui ne sera pas uniquement composé de savants économistes, je me suis permis d'en vulgariser les termes à un degré qui préserve à la science toute son essence. Chacun pourra donc le lire et le comprendre.

Pour en finir avec ces pages liminaires, je voudrais adresser mes infinis remerciements à mon épouse et à mes enfants pour tous les sacrifices qu'ils supportent depuis plusieurs années. Il est des niveaux de responsabilité pour lesquels le temps de travail ordinaire ne peut être suffisant. Et lorsque vous êtes amené à travailler en moyenne 14 heures par jour, c'est, bien sûr, au détriment de ceux que vous aimez et qui vous aiment.

Mais, il y a un autre sacrifice, bien plus important : celui que l'on accepte de consentir modestement pour son pays, à quelque poste que ce soit, car rien de grand ne se construit sans une contrepartie d'effort et de don de soi.

Agréable lecture à toutes et à tous !

AHOUA N'Doli Théophile

INTRODUCTION

La République de Côte d'Ivoire est un pays d'Afrique de l'Ouest d'une superficie de 322 462 km2. Elle est limitée au Nord par le Mali et le Burkina Faso, à l'Ouest par le Liberia et la Guinée, à l'Est par le Ghana et au Sud par l'océan Atlantique. Selon les résultats du Recensement Général de la Population et de l'Habitat, la population ivoirienne en 2014 était de 22 671 331 habitants. Elle a pour capitale politique et administrative Yamoussoukro avec 355 573 habitants (soit 1,6% de la population) et pour capital économique Abidjan où vivent 4 704 404 personnes (soit 20,8% de la population).

L'histoire de l'origine de la Côte d'Ivoire est pratiquement inconnue, même si l'on pense qu'une culture néolithique existait. Les premiers contacts de la Côte d'Ivoire avec les Occidentaux demeurent limités à quelques missionnaires en raison de la côte inhospitalière. C'est en 1843-1844 que l'Amiral Bouet-Williaumez va signer les premiers traités avec les rois des régions de Grand-Bassam et d'Assinie, plaçant leurs territoires sous protectorat français. C'est, cependant, en 1893 que la Côte d'Ivoire devient officiellement une colonie française. Le capitaine Binger, qui avait exploré la frontière Gold Coast, en a été nommé le premier gouverneur. Il a négocié les traités de frontière avec le Libéria et le Royaume-Uni (pour la Gold Coast) et plus tard a commencé la campagne dans le Nord contre Almany Samory Touré, un chef Malinké qui a combattu les Français jusqu'en 1898.

De 1904 à 1958, la Côte d'Ivoire était une unité constitutive de la Fédération de l'Afrique-Occidentale Française (AOF), représentait une colonie et un territoire d'outre-mer sous la Troisième République française. Elle est devenue une République autonome au sein de la communauté française en Décembre 1958, à la suite d'un référendum qui a reconnu ce statut à tous les membres de l'ancienne Fédération de l'Afrique-Occidentale Française à l'exception de la Guinée. La Côte d'Ivoire est devenue indépendante le 7 Août 1960. L'histoire politique de la Côte d'Ivoire est étroitement associée à la carrière de Félix Houphouët-Boigny, premier Président de la République et chef du Parti Démocratique de la Côte d'Ivoire (PDCI) jusqu'à sa mort le 7 Décembre 1993. Il était l'un des fondateurs du Rassemblement Démocratique Africain (RDA), le principal parti politique interterritorial précédent l'Indépendance au sein des territoires français d'Afrique Occidentale (excepté la Mauritanie).

En mai 1959, Houphouët-Boigny a renforcé sa position comme une figure dominante en Afrique occidentale en créant le Conseil de l'Entente qui regroupera la Côte d'Ivoire, le Niger, la Haute-Volta (actuel Burkina Faso) et le Dahomey (actuel Bénin). Cette organisation régionale qui visait à favoriser le développement économique soutenait que la solidarité africaine était possible grâce à la coopération économique et politique, sur la base du principe de non-intervention dans les affaires intérieures d'autres États africains. Aujourd'hui, la Côte d'Ivoire est membre de plusieurs regroupements tant au niveau continental (l'Union Africaine) que régional [la Communauté Economique des États de l'Afrique de l'Ouest (CEDEAO), l'Union Economique et Monétaire Ouest Africaine (UEMOA), etc.]

À l'instar de son emblème l'Eléphant, l'animal le plus puissant de la forêt africaine, les premiers dirigeants ont affirmé leur volonté de faire de ce pays une puissance économique en Afrique. Pour ce faire, plusieurs stratégies ont été mises en œuvre pour créer de la valeur et transformer la structure de l'économie ivoirienne, depuis l'époque coloniale et spécifiquement après l'Indépendance. L'évolution économique a été ainsi soutenue dans le temps par différents programmes ambitieux à travers des Plans Quinquennaux, un Document de Stratégie de Réduction de la Pauvreté (DSRP) et plus récemment un Plan National de Développement (PND) 2012-2015 suivi d'un second pour la période 2016-2020. Ces derniers documents de politique devraient la transformer en un pays émergent à l'horizon 2020. Des décennies après l'accession à la souveraineté, son développement économique demeure encore aujourd'hui un défi à relever.

Nonobstant la volonté de développement accéléré et les stratégies mises en œuvre entre 1960 et 2011, tous les résultats escomptés n'ont pu être atteints. La Côte d'Ivoire n'a pas connu, lors de sa période de forte croissance (période du Miracle ivoirien), de transformations structurelles importantes de son économie devant lui permettre de rattraper le gap de développement entre les pays industrialisés et elle. Aussi, la croissance observée s'est-elle essoufflée à la fin de la décennie 70. Le pays n'a pas pu décoller pour se hisser au rang des pays industrialisés comme l'ont réussi la Malaisie, la Thaïlande, l'Indonésie et plus près de nous, le Maroc et la Tunisie et bien d'autres encore qui avaient des structures économiques proches des siennes au moment de l'Indépendance. Selon Kuznets (1979)1, il est, en effet, impossible à un pays de réaliser de façon durable des taux de croissance du PIB réel par tête sans des changements substantiels dans de nombreux secteurs d'activité.

Le graphique 0.1. (en annexe) retrace l'évolution du PIB par tête de 1960 à 2014 de la Côte d'Ivoire, de la Malaisie, de l'Indonésie et du Ghana. Ces pays ayant des structures économiques assez proches en 1960. Cinq périodes majeures se dégagent pour la Côte d'Ivoire :

- 1960-1980 : le « Miracle économique » avec un taux de croissance moyen du PIB par tête de +2,64% ;
- 1981-1993 : la détérioration des termes de l'échange résultant en un taux de croissance moyen du PIB par tête de - 3 ,11%. Cette période peut se subdiviser en deux sous-périodes, la décennie de la crise économique (1981-1990), puis la sous-période de l'assainissement macroéconomique (1990-1993) ;
- 1994-1999 : la dévaluation du Franc CFA et la reprise économique marquée par un taux de croissance moyen du PIB par tête de +1,75% ;
- 2000-2011 : la crise sociopolitique avec une croissance moyenne du PIB par tête de -1,44% ; cette décroissance sera plus forte à la suite de la crise post-électorale avec un taux de -6,43% pour l'année 2011 ;
- 2012 à nos jours : la reprise économique post-électorale, avec un taux de croissance moyen du PIB par tête de + 7,16% entre 2012 et 2014 et des projections de croissance annuelle du PIB à un taux moyen d'environ 9% pour 2015 et 2016.

À l'Indépendance et au cours des deux premières décennies qui en ont suivi, le PIB par tête de la Côte d'Ivoire était au-dessus de celui nombreux pays africains comme le Ghana et asiatiques tel que l'Indonésie ; ce PIB était bien au-dessus de la moyenne des pays à revenu intermédiaire et proche de celui de la Malaisie (Tableau 0.1). À partir de 1979, le sentier du PIB par tête de l'Éléphant d'Afrique était marqué par une baisse générale, quoiqu'une reprise soit observée entre 1994 et 1999 à la suite de la dévaluation du Franc CFA. L'Éléphant sera, une fois de plus, ralenti dans son ascension économique par la décennie d'instabilité sociopolitique qui démarre

---

[1] Kuznets, Simon (1979): « Growth, Population and Income Distribution », W.W. Norton.

avec le coup d'État de décembre 1999. Le pays verra son PIB par tête chuter pour atteindre son niveau le plus bas (depuis son indépendance) en 2011 (884,7 dollars). La reprise de la marche de l'Éléphant d'Afrique vers le développement ne se fera pas attendre à l'issue de la crise post-électorale de 2011.

Depuis 2012, le pays réalise une dynamique de croissance comparable à celle des deux premières décennies de l'Indépendance que certains observateurs ont qualifié de « Miracle économique. » Selon le rapport *Doing Business 2014* de la Banque Mondiale, la Côte d'Ivoire se classe parmi les dix pays les plus réformateurs qui connaissent une dynamique économique notable. Cette reprise spectaculaire de l'économie ivoirienne marque-t-elle le réveil définitif de l'Éléphant d'Afrique ?

Tableau 0.1. Évolution comparée de quelques indicateurs macroéconomiques

Indicateurs	Pays	1960	1970	1980	1990	2000	2010	2014
Taux de croissance du PIB (%)	Côte d'Ivoire	-	10,37	-10,95	-1,09	-2,07	2,02	8,54
	Malaisie	-	5,98	7,44	9,01	8,85	7,42	5,99
	Indonésie	-	8,15	8,72	9,00	4,92	6,22	5,02
	Ghana	-	9,72	0,47	3,32	3,70	7,89	3,98
PIB par tête en Dollars Constants de 2005	Côte d'Ivoire	946	1445,49	1533,37	1118,64	1034,31	946,98	1079,71
	Malaisie	986	1383,28	2318,25	3147,11	4861,89	6354,12	7365,2
	Indonésie	289	330,27	548,40	827,24	1072,69	1564,06	1853,81
	Ghana	482	500,11	412,10	376,59	445,87	605,00	763,93
Taux de croissance du PIB par tête (%)	Côte d'Ivoire	-	5,51	-14,76	-4,52	-4,32	-0,24	5,92
	Malaisie	-	3,38	4,88	5,99	6,43	5,67	4,44
	Indonésie	-	5,29	6,19	7,08	3,48	4,84	3,71
	Ghana	-	7,17	-1,86	0,53	1,27	5,21	1,570
Taux de croissance annuel moyen du PIB par tête (%)		**1960-69**	**1970-79**	**1980-89**	**1990-99**	**2000-09**	**2010-14**	
	Côte d'Ivoire	4,37	3,26	-4.09	-0.75	-1,27	2,75	-
	Malaisie	3,45	5,18	3,04	4,52	2,82	4,44	-
	Indonésie	0,89	5,11	4,13	3,19	3,71	4,44	-
	Ghana	-0,31	-0,08	-1,11	1,63	2,71	5,89	-

Source : Auteur / Données de la Banque Mondiale, WDI (2016)

Ce livre vise à contribuer à une meilleure compréhension de la qualité du redémarrage de la marche socio-économique de l'Éléphant d'Afrique. L'accent est mis alors sur une analyse historique du processus de développement de la Côte d'Ivoire afin de tirer les leçons du passé et de mettre en exergue la capacité des réformes en cours à permettre à la Côte d'Ivoire de rattraper son retard de développement. Il se divise en deux tomes. Le premier tome décrit et analyse le processus de croissance économique et de développement social de la Côte d'Ivoire depuis l'époque coloniale jusqu'à la période de la dévaluation du Franc CFA. Il comporte cinq (5) chapitres qui passent successivement en revue la politique coloniale de transformation de la société primitive, la période du miracle économique, la phase de l'essoufflement du modèle économique suivie de l'étape de l'assainissement macroéconomique puis de celle de la dévaluation. Le deuxième tome s'intéresse d'abord à la décennie de crise et de morosité économique (2000-2010), ensuite à la relance économique post-crise électorale (à partir de 2011), avant de porter des regards critiques sur la trajectoire de croissance et de développement de la Côte d'Ivoire et enfin de faire une analyse prospective de la Côte d'Ivoire (de demain).

CHAPITRE 1
L'ÉPOQUE COLONIALE ET LES FONDEMENTS DU MODÈLE ÉCONOMIQUE IVOIRIEN

Grâce à la fois à ses atouts techniques et scientifiques, à sa puissance industrielle et commerciale et à l'abondance de ses capitaux, l'Europe exerça une influence prépondérante sur le reste du monde à partir de la fin du XIXe siècle.Le schéma de base de l'hégémonie des principales puissances européennes est de contraindre les régions, restées plus ou moins en marge de la révolution industrielle, à se spécialiser dans la production de matières premières et à offrir des débouchés à la production manufacturière et aux capitaux européens. Pour ce qui est spécifiquement du continent africain, l'option de l'expansion coloniale fut choisie. Les manifestations impérialistes se sont traduites, au cours de la deuxième moitié du XIXe siècle, par le partage de vastes territoires africains précédemment explorés par les navigateurs du vieux continent. À l'issue de ce partage, le territoire qui est aujourd'hui la Côte d'Ivoire, fut officiellement colonie française en 1893.

Toutefois, ce territoire effectuait depuis le XIVe siècle, des échanges avec l'extérieur. En effet, des produits tels que l'or, le cuivre, l'ivoire, la kola, les épices, et les esclaves s'échangeaient contre les barres de sel, les tissus, les cauris, en provenance de l'Afrique du Nord. Parallèlement, ces mêmes produits faisaient l'objet d'échanges avec les Européens en contrepartie des produits comme l'alcool, les armes, les tissus et autres produits.

À partir de 1843, le contexte d'ouverture sur l'extérieur a favorisé la signature de traités qui plaça la quasi-totalité de la future Côte d'Ivoire sous protectorat français. Depuis cette période, l'on assista progressivement à l'intégration de la société primitive ivoirienne au système capitaliste mondial dont les symboles sont l'implantation des Etablissements Régys Ainé de Marseille à Assinie et Grand-Bassam (Cangah et Ekanza, 1978).

Ce chapitre vise à présenter le processus de transformation de la société primitive lignagère ivoirienne en une économie libérale au cours de la période coloniale. Il s'articule autour de quatre points essentiels qui sont : (1) le processus de transformation institutionnelle de la société primitive ivoirienne ; (2) l'examen de la mise en place des principaux secteurs d'activité économique ; (3) la gestion de la disponibilité des ressources humaines dans l'économie coloniale ivoirienne et (4) le bilan socio-économique de la politique coloniale.

1. La politique coloniale et la transformation de la société primitive lignagère ivoirienne en une économie de marché.

Le cadre institutionnel de l'exploitation économique du territoire colonial de la Côte d'Ivoire s'est traduit par une modification de la structure de la société primitive ivoirienne pour en faire une économie libérale. L'objectif de ces paragraphes est de présenter les principaux dispositifs institutionnels de la politique coloniale ayant favorisé ce passage.

1.1. Aperçu de la structure de la société primitive lignagère ivoirienne.

La société primitive ivoirienne était caractérisée par des structures fondées sur les stricts principes du lignage. Kipré (2005) note l'existence de trois principales formes d'organisation sociale caractérisant cette société. La première est la monarchie à système lignager matrilinéaire rencontrée chez les peuples Akan (notamment Baoulé et Agni) et chez la plupart des peuples du Nord (Koulango, Abron, Sénoufo). La seconde forme d'organisation sociale est celle caractérisée par un système de classes d'âge combiné parfois avec la monarchie que l'on retrouve notamment sur le rivage lagunaire et maritime (Ébrié, Akyé, Avikam, Adjoukrou, etc.). La dernière forme est un système de parenté fondé sur la primauté du lignage paternel chez les peuples Krou et les Mandés forestiers. Cette structure sociale, reposant sur les liens de parenté, présentait trois caractéristiques fondamentales du point de vue du mode de production. Il s'agit : i) d'une organisation du travail inscrite sur la base collective de la famille, du clan et du village ; ii) d'une propriété collective de la terre qui est le moyen essentiel du travail ; et iii) d'une distribution des richesses au sein de la collectivité qui se fait à travers les liens de parenté.

Les populations, vivant en quasi autarcie, privilégiaient les activités de chasse, de cueillette et d'agriculture (riz, banane plantain, manioc, mil, sorghos, ignames, etc.). En somme, l'économie de la société précoloniale ivoirienne était particulièrement caractérisée par une agriculture de subsistance, l'indigence des moyens physiques de production et la généralisation de la propriété collective des terres.

Dans cette société précoloniale ivoirienne, *l'or, la manille, le sompè, les cauris et la monnaie anglaise* (Yayat d'Alépé, 1979) servaient de moyens de paiement dans les échanges qui échappaient au troc. Ils étaient spécifiques à chaque région. Dans le Sud-est et l'Est, les transactions étaient réglées avec la poudre d'or et la monnaie anglaise du Gold Coast voisin. La *manille* qui est un objet en forme de bracelet en alliage de cuivre et zinc fut introduite par les premiers échanges commerciaux avec les navigateurs européens. Elle servait de monnaie le long du littoral et était particulièrement associée à la traite de l'huile de palme. Le *sompè* se présentait sous la forme standard d'une tige de fer concave de 24 centimètres de long avec une sorte de spatule à une extrémité et à l'autre deux ailettes de dimensions inégales (Meillassoux, 1964). Il avait cours dans l'arrière-pays de la côte occidentale (Gouros, Krou...) et servait dans les échanges entre cette zone forestière et la zone de savane. Les *cauris,* qui sont des coquillages de l'océan indien, servaient de moyen de paiement dans le septentrion.

1.2. Principaux dispositifs institutionnels de la politique coloniale ayant favorisé le passage à une économie de marché.

La politique coloniale française en Afrique visait l'exploitation des matières premières et la recherche de débouchés. À ce sujet, le Gouverneur des colonies, M. Delafosse (cité par Guerrini, 1975) affirmait : « Si nous condescendons à être francs vis-à-vis de nous-mêmes, nous sommes bien forcés d'avouer que ce n'est pas l'altruisme qui nous a conduits en Afrique, au moins en tant que nation (...). Tantôt nous voulions assurer les débouchés à notre commerce ou des ressources de matières à notre industrie, tantôt nous éprouvions le besoin de protéger la sécurité de nos nationaux ou le besoin de ne pas nous laisser devancer par des rivaux étrangers (...). En aucun cas je ne découvre comme mobile de notre expansion coloniale en Afrique, la volonté réelle et raisonnée de contribuer au bonheur des populations que nous sommes allées subjuguer. » Des institutions assez volontaristes furent mises en place pour répondre aux objectifs de la politique coloniale ainsi résumés. Il s'agit, d'une part, de l'instauration de droits de propriété foncière privés et d'un marché du travail et d'autre part, de l'introduction de la monnaie moderne.

1.2.1. L'instauration des droits de propriété foncière privés.

Les premiers textes de la législation foncière ont été introduits dès l'érection officielle de la Côte d'Ivoire en colonie française (Kipré, 2005, tome 1). L'objet de ces textes était non seulement de formaliser les installations quelque peu précaires des premières factoreries et maisons de commerce, mais surtout d'énoncer que l'Administration coloniale était le seul propriétaire éminent de toutes les terres de la colonie. En prenant les arrêtés de 1893, 1899, 1904, 1906, 1935, cette Administration disposait des pleins pouvoirs en matière d'attribution des terres, de fixation des prix des opérations exécutées par les services topographiques et de négociation des titres fonciers. Ces dispositions ont rendu caduc *de facto*, le droit coutumier. À cet effet, l'arrêté de juillet 1906 précise que tout indigène qui occupe une parcelle de terre suivant la coutume ne peut la revendiquer qu'à condition qu'il établisse, de façon certaine, les conditions dans lesquelles elle est détenue. Pour faire respecter ces dispositions réglementaires, l'Administration utilisait des moyens de coercition qui se résumaient à la spoliation des populations de leurs terres. La forme la plus courante de ces spoliations fut le déplacement des villages à la suite de la mise en œuvre des plans d'aménagement urbain. En effet, la législation foncière coloniale différenciait le domaine foncier public du domaine foncier privé. Le domaine public incluait toutes les terres non occupées, décrétées par l'arrêté du 23 octobre 1904. Ces terres vacantes visées s'étendaient hors des centres urbains et des villages. Le domaine privé était attribué à une fin de propriété privée et pouvait faire l'objet de vente et d'achat par un tiers après enregistrement par les services du domaine.

L'objectif poursuivi par ces textes était de permettre aux colons européens de reproduire l'expérience de Verdier à Elima (Aboisso) en 1881. En effet, il s'agissait de fournir un cadre juridique favorable à la spécialisation du territoire colonial de Côte d'Ivoire dans la production de bois et de matières premières agricoles tropicaux, dont le café, le cacao, l'ananas, la banane. Dès lors, la disposition de « terrains vacants, terrains sans maîtres » de l'arrêté du 23 octobre

1904 se présentait comme un appel aux forceps des populations locales à participer à la mise en valeur de la colonie en abandonnant les produits de cueillette pour les nouvelles cultures de rente, notamment le cacao et de café.

1.2.2. L'instauration d'un marché du travail.

L'Administration coloniale institua un marché du travail à deux segments : un marché du travail public et un marché du travail privé. Le marché du travail public fut institué en Afrique de l'Ouest francophone (AOF) par une circulaire du Gouverneur de juillet 1891. Il est caractérisé par les prestations de travail obligatoire ou travail forcé de la part de la population active des colonies. Ces prestations obligatoires concernent le portage et les travaux publics (constructions de pistes, de bâtiments publics, de lignes de télécommunication...).

Le marché du travail privé bien que dominé par des entreprises privées était réglementé par l'Administration coloniale. Ainsi, le décret du 22 octobre 1925 instituait un système de recrutement par contrat individuel passé entre l'employeur et l'employé devant les autorités administratives compétentes. Quant à l'arrêté du 15 mars 1927, il déterminait la nature du travail et le taux journalier de salaire qui était fixé à 2 francs dans les plantations et à 2,5 francs dans les chantiers forestiers. Le principal trait caractéristique du marché du travail privé était le rôle d'intermédiaire joué par l'Administration coloniale. En effet, l'Administration centrale se chargeait du recrutement de la main-d'œuvre pour le compte des entreprises privées de sorte à réussir efficacement la mise en valeur de la colonie. Cette forte présence de l'État colonial aboutissait parfois à la transposition, sur le marché de travail privé, des pratiques de réquisition de la main d'œuvre propre au marché de travail public au profit des planteurs colons.

1.2.3. L'introduction de la monnaie moderne

L'usage des monnaies spécifiques africaines fut toléré par l'Administration coloniale jusqu'au 1er mai 1915. À partir de cette date, leur fabrication et leur circulation furent interdites par l'arrêté n° 230 au profit du franc français. La circulation de la monnaie française dans la colonie de Côte d'Ivoire, comme dans la plupart des colonies françaises d'Afrique, visait un double objectif. Il s'agissait non seulement de transformer les actifs réels, c'est-à-dire les matières premières produites dans ces territoires en actifs monétaires, mais aussi d'uniformiser le paiement de l'impôt personnel ou impôt de capitation comme l'atteste l'arrêté du 14 décembre 1917. Cet impôt de capitation encore appelé « le prix de l'âme » (Servet, 1998) fut instauré par l'arrêté du 14 mai 1901. Il contraignait tous les indigènes (hommes, femmes, enfants de plus de dix ans) à s'acquitter, auprès de l'Administration locale, de la somme de 2,50 F par personne et par an. L'or, l'ivoire et tout produit du cru ayant un écoulement facile dans le commerce étaient, jusque-là, acceptés comme moyen de paiement de cet impôt. Dans le contexte de la Côte d'Ivoire, l'uniformisation monétaire du paiement de l'impôt personnel pourrait s'interpréter comme la volonté de l'Administration coloniale de contraindre les paysans indigènes à s'impliquer davantage dans l'exploitation économique de la colonie en s'adonnant aux cultures de cacao et de café et dans le travail salarié.

La principale institution monétaire de l'économie fiduciaire de toutes les colonies d'Afrique noire était la Banque de l'Afrique Occidentale (BOA) qui succéda à la Banque du Sénégal en juin 1901. Elle s'est d'abord contentée d'émettre de la monnaie, substitut au troc, sous la forme de pièces de 5 F et de billets. Selon Vallée (1988, p 32), la quantité de signes monétaires émise était si restreinte que le paiement groupé des créanciers africains était courant. Suite au boom colonial de 1925-1929, la métropole française va consolider le système monétaire dans ses colonies d'Afrique occidentale et d'Afrique équatoriale en sortant du prisme de la monnaie substitut du troc. Dans cette optique, les missions de la BOA se sont vues élargies aux financements de l'équipement des colonies. Il s'agit notamment de :

- la contribution aux dépenses des territoires en pratiquant des avances sans intérêts débiteurs aux budgets locaux consacrés à l'agriculture, aux mines et aux dépenses de santé ;
- l'octroi des facilités d'escompte aux caisses de Crédit Agricole (Semedo et Villieu, 1997).

L'intégration de la colonie ivoirienne au système monétaire s'est davantage formalisée avec l'instauration, le 28 août 1939 par la Métropole, d'une seule monnaie comme moyen de paiement dans tout l'empire français. Ce grand espace monétaire né de la volonté protectionniste de la France sera plus tard appelé zone franc. Il s'agissait pour la Métropole de chercher à consolider les liens commerciaux privilégiés qu'elle entretenait avec ses colonies en délimitant un espace géographique à l'intérieur duquel les monnaies étaient convertibles et faisaient l'objet de protection commune vis-à-vis de l'extérieur notamment le contrôle de changes. À la veille de la Seconde Guerre Mondiale, la mise en commun des avoirs extérieurs (comptes d'opération) se généralisa et toutes les colonies africaines qui étaient sous la tutelle de la BOA furent transférées sous celle du Trésor français.

Au cours de la Seconde Guerre Mondiale, la France entreprit la redéfinition des privilèges de l'émission monétaire dans ses possessions d'Outre-mer. Ainsi fut créée la Caisse Centrale de la France d'outre-mer en 1944 dans les colonies d'Afrique noire en remplacement de la BOA. Dès la sortie de la guerre, la Métropole a consacré la création du Franc CFA avec une réglementation unique des changes, la mise en commun des devises et la libre convertibilité en parité fixe avec le franc français. Selon l'Office français des changes, deux raisons justifiaient le détachement du Franc CFA du franc français. La première est liée au souci de préserver la santé du franc français et de diversifier les relations commerciales des pays africains de la zone franc. La seconde est relative à la volonté de la Métropole d'imposer aux colonies le carcan de la réglementation avec le reste du monde en excluant de ce contrôle leurs flux à l'intérieur de la zone franc.

Suite à la création du Franc CFA, les prérogatives de la Caisse centrale de la France d'outre-mer ont encore été étendues. Placée sous la tutelle conjointe des Ministères des Finances et de la Coopération, la Caisse centrale était chargée de la gestion du Fonds d'Intervention pour le Développement Economique et Social (FIDES), des avances complémentaires aux territoires et de la promotion des investissements privés. Le FIDES fut créé par la loi du 30 avril 1946 et était financé à hauteur de 55% par le budget de la Métropole, le reste provenant de la contribution des colonies. Toutefois, la Caisse centrale jouait un rôle prépondérant dans le financement des déficits du FIDES à cause de la faiblesse des ressources tirées des colonies qui sont composées essentiellement de taxes locales et fonds de réserve. « Par exemple, de 1947 à 1955, les ressources du FIDES se sont élevées à 313 milliards de francs dont 179 milliards financés sur le budget de la Métropole et le reste étaient en majeure partie assurés par les avances de la Caisse centrale » (Vallée, 1988 p. 35).

2. La politique coloniale de développement sectoriel de l'économie ivoirienne

Le français Arthur Verdier fut le pionnier dans la mise en valeur effective du territoire colonial de Côte d'Ivoire. Il est arrivé dans la colonie en 1858 en s'installant d'abord à Grand-Bassam comme négociant avec sa Compagnie Commerciale du Kong (CCK). Ensuite, il partit à Elima (près d'Aboisso) où il introduisit les premiers plans de café et inaugura l'exploitation forestière par l'exportation de la première bille de bois d'acajou. Les activités de Verdier **inspirèrent** les autres opérateurs européens qui contribuèrent ainsi à la mutation de l'économie du territoire de Côte d'Ivoire peu avant qu'elle ne soit érigée en colonie autonome. Rougerie (1964, p. 81) résume bien l'importance de l'œuvre de Verdier **dans** l'économie coloniale ivoirienne :« (...), mais ce (Elima) fut le creuset où s'étudia et s'amorça une mise en exploitation rationnelle des possibilités offertes par le pays. Pour la Côte d'Ivoire, c'est à Elima que se fit le passage de l'économie de cueillette, jusqu'ici seule pratiquée aussi bien par les compagnies que par les autochtones, à une économie de mise en valeur et d'investissement, sinon de richesses monétaires, du moins de richesses agro-**économiques. »**

Ainsi, un véritable secteur primaire a pris forme au côté du secteur tertiaire qui fut le premier à se mettre en place à travers les factoreries construites à partir de 1823. Le secteur secondaire émergea, plus tard, à partir de 1912.

2.1. Le secteur primaire

Le négoce des produits de cueillette tels que le caoutchouc naturel, l'huile et l'amande de palme ont constitué, pendant longtemps, l'essentiel des activités des opérateurs européens sur le territoire ivoirien. La première plantation de café créée par Verdier contribua à l'afflux massif des colons européens dans l'économie de plantation à partir de 1925. La culture de cacao, introduite pratiquement en même temps que le café, fut imposée en 1908 aux planteurs africains par le Gouverneur Angoulvant. Les produits tels que la banane et l'ananas furent introduits respectivement juste avant et juste après la Seconde Guerre Mondiale. **Ils** furent exploités pendant de longues années par les opérateurs européens. Par la suite, les besoins de la Métropole en oléagineux et en caoutchouc **favorisèrent** la diversification de l'économie de la colonie par la promotion des cultures d'hévéa, de palmier à huile et de cocotier.

Quant aux produits vivriers tels que le riz, la banane plantain et le maïs, leur exploitation fut motivée par le souci de satisfaire une demande intérieure de plus en plus croissante due au développement de l'urbanisation. Il y eut également quelques initiatives assez timides dans la production de coton, de sisal, de kapok dans le Nord de la colonie et d'agrumes et de kola dans le Sud. À défaut de statistiques significatives sur ces productions assez marginales du point de vue des quantités, la suite de la réflexion sera exclusivement consacrée aux principales spéculations agricoles du territoire colonial de Côte d'Ivoire ainsi qu'aux activités d'exploitation forestière.

2.1.1. La filière café - cacao

Les premières expériences de plantations de café des exploitants européens se sont soldées par des résultats mitigés à cause de l'insuffisance des capitaux. Selon les statistiques du Ministère de l'Agriculture et des Eaux et forêts, les exportations de café vert qui étaient de 63 tonnes en 1897 et de 75 tonnes en 1903, ont chuté à 48 tonnes en 1908. Prenant la pleine mesure de la stagnation de la mise en valeur du territoire ivoirien, **l'Administration** coloniale a encouragé le colonat non seulement à réaliser des fermes de taille plus modeste, mais aussi à substituer **le cacao au café**. Pour ce faire, la culture du cacao fut imposée aux populations indigènes et la production **connût** une hausse fulgurante. De moins de 3 tonnes en 1908, les exportations du territoire de Côte d'Ivoire sont passées à 52 tonnes en 1913, puis ont plus que doublé deux ans plus tard pour franchir la barre des mille tonnes dès 1920. Malgré ce formidable essor de la production cacaoyère, les exportations ivoiriennes ont continué à reposer, jusqu'à 1925, sur les produits de cueillette tels que le caoutchouc, les produits de palmier à huile et de bois.

Avec la hausse successive des cours du cacao en 1926 et 1928, la culture du cacao connut un regain d'intérêt de la part du colonat. Ainsi, de puissantes sociétés se sont implantées dans la filière. Il s'agit de l'Union Tropicale des Plantations (UTP), de la Société des Plantations Réunies de l'Ouest Africain (SPROA) et de la Compagnie Coloniale de la Côte d'Ivoire (CCCI). Ces nouveaux opérateurs ont permis à la Côte d'Ivoire d'entrer dans « l'ère du cacao » en donnant au secteur un coup d'accélérateur significatif. À titre illustratif, les superficies de cacao plantées par la SPROA sont passées de 1 574 hectares en 1929 à 4343 hectares l'année suivante, soit une hausse de 176 % en l'espace d'un an (Gueby, 2012).

Le café, resté une spécialité des planteurs européens, a connu un regain d'intérêt après 1927 avec une mise en valeur d'environ 5 000 hectares de caféiers pour la seule année 1929, soit l'équivalent des superficies consacrées jusque-là à la culture du Cacao. À partir de 1930, cette culture est étendue aux paysans africains qui ont fourni, en moins d'une décennie, les deux tiers de la production du territoire.

L'engouement des planteurs européens et africains pour les cultures de café et de cacao a constitué, à partir de 1925, une étape décisive dans le développement de la colonie ivoirienne dans la mesure où les produits de cueillette ont largement laissé la place aux cultures de rente dans les exportations de la colonie (voir tableaux 1.1 et 1.2).

Tableau 1.1. Exportation de café et de cacao du territoire de Côte d'Ivoire entre 1920 et 1939 (en tonnes)

Année	*Café*	*Cacao*
1920	17	1 036
1922	18	2 363
1925	51	6 279
1926	120	6 839
1930	445	22 239
1935	5 183	43 565
1939	17 761	55 185

Source : Ministère de l'Agriculture et des Eaux et forêts, *Annuaire Rétrospectif de Statistiques Agricoles et Forestiers 1920-1983,* tome 1

Tableau 1.2. Part des produits de cueillettes et des plantations dans les exportations totales du territoire de Côte d'Ivoire (en %)

Année	*Produits de cueillettes (bois, palmier à huile)*	*Produits de plantation (café, cacao, coton, banane)*
1935	14,95	66,03
1936	12,79	64,74
1937	16,15	66,6
1938	12,93	76,13
1939	10,46	75,98

Source : Ministère de l'Agriculture et des Eaux et forêts, *Annuaire Rétrospectif de Statistiques Agricoles et Forestiers 1920-1983,* tome 1

Malheureusement, la seconde Guerre Mondiale a freiné cette dynamique de croissance des productions de cacao et de café. En effet, l'occupation militaire de la France a **entraîné** plusieurs difficultés économiques dans la colonie ivoirienne dont celles liées à l'écoulement des productions agricoles et à la trésorerie. Aussi, les biens de première nécessité importée connurent des hausses sensibles de leur prix. Les difficultés des planteurs se sont aggravées avec la hausse du prix du carburant et des outils de production notamment la machette dont le prix a triplé entre 1939 et 1940. Le ralentissement de l'activité économique dans cette période est parfaitement illustré par la chute drastique de la production de cacao qui est passée de 55 185 tonnes en 1939 à 14 672 de tonnes en 1944[2]. Quant aux exportations de la colonie, elles ont notablement chuté sur la même période en passant de 50 000 tonnes à 9 000 tonnes. La politique discriminatoire conduite par l'Administration coloniale pro-Vichy a eu pour conséquence la chute assez marquée des exportations émanant des Africains.

À la fin de la guerre, le nouvel Administrateur du Territoire de Côte d'Ivoire, André Latrille, a placé les planteurs africains au cœur de sa stratégie de relance des exportations. À cet effet, il prit des mesures assez volontaristes, dont le soutien du Syndicat Agricole Africain qui venait d'être créé. En effet, le Gouverneur Latrille a accompagné ce syndicat dans la création à la fois de coopératives d'achat et de vente de cacao-café et de coopératives d'importations de produits de consommation de masse. Il rétablit également l'équité dans la répartition des primes aux producteurs et prit des dispositions pour la disponibilité de la main d'œuvre dans les plantations africaines. Au niveau du financement de la Métropole, le deuxième plan du FIDES consacra 250 millions de FRANCS CFA aux actions en faveur du café et du cacao (Ministère français du Plan, 1958).

La conjugaison de cette politique de l'Administration territoriale et de la dotation progressive du territoire en infrastructures de transports a permis de relancer les productions de café et de cacao. La production de cacao est passée de 14 672 tonnes à 59 000 sur la période 1949 - 1950, et celle de café de 24 103 tonnes à 63 000 tonnes sur la même période (voir tableau1.3). Ainsi, la Côte d'Ivoire est

[2] Statistiques du Rapport Damas, Tome 1

devenue le troisième producteur mondial de café et le quatrième pour le cacao en 1957 (Chambre de commerce, 1958).

Tableau1.3. Exportations de café et de cacao de la période de guerre à l'Indépendance (1960)

Années	*Café*	*Cacao*
1940	15 606	45 359
1941	28 415	42 961
1942	19 798	28 592
1943	22 893	543
1944	24 103	14 672
1945	37 872	26 936
1946	36 936	28 337
1947	42 677	28 048
1949-50	63 500	59 000
1959-60	134 000	62 019

Sources :) ; Ministère de l'Agriculture et des Eaux et forêts, *Annuaire Rétrospectif de Statistiques Agricoles et Forestiers 1920-1983,* Tome 2.

Tableau 1.4. Évolution de la part des exportations émanant des producteurs européens

Année	*1915*	*1939*	*1947*	*1950*	*1955*
café	Nd	33	25	9	7
Cacao	25	10	Nd	9	5

Source : Gueby (2012)

Le contexte de la politique coloniale d'après-guerre dans le Territoire de Côte d'Ivoire a renforcé le contrôle de la filière café-cacao par les planteurs africains. Si en 1939, les planteurs européens fournissaient le tiers des exportations de café, cette contribution est tombée au quart en 1947 et ne représentait que 7% en 1955. En ce qui concerne le cacao, la prééminence des planteurs africains dans la production qui s'était déjà établie va se consolider au fil des années pour ramener la part des planteurs européens à seulement 5% des exportations en 1955. Ce recul, à partir des années 1950, s'explique certainement par le bras de fer, perdu par les planteurs colons, face au Gouverneur André Latrille. En effet, il a courageusement réussi à supprimer tous les privilèges dont jouissaient ceux-ci de la part de l'Administration pro-Vichy. Il s'agit notamment du soutien indéfectible apporté au projet de loi portant suppression du travail obligatoire qui fut voté en 1946. Les travailleurs redevenus tous libres, le coût de la main-d'œuvre est venu alourdir les charges d'exploitation des planteurs colons.

Pour la régulation de la filière café-cacao, les Caisses de Stabilisation ont été créées par la loi du 14 octobre 1954 en remplacement du Fonds café et cacao. Les principales missions assignées à ces Caisses se présentent comme suit :

- organiser les flux de sortie des produits sur le marché français dans le but d'ajuster l'offre à la demande ;
- autoriser les exportations hors zone avec la fixation des prix minima et l'exigence du rapatriement intégral des recettes en devises ;
- assurer aux producteurs un prix rémunérateur stable avec l'instauration d'un système de compensation.

2.1.2. La filière banane et ananas

Les cultures d'ananas et de la banane sont restées aux mains des planteurs colons de leur introduction jusqu'à la fin de l'époque coloniale. Deux raisons fondamentales expliquent cette spécificité par rapport aux cultures du café et du cacao. D'une part, les conditions écologiques et pédologiques exigées par ces cultures sont telles que leurs coûts de production sont relativement plus élevés. En effet, pour ces cultures, les sols exigeaient des conditions de préparation particulière comme la destruction complète de la végétation, l'installation d'infrastructures d'irrigation pour combler l'immense besoin en eau et l'usage de fumures minérales. D'autre part, la récolte et le conditionnement de ces deux fruits hautement périssables nécessitaient des entrepôts adaptés, la proximité du marché et surtout la disponibilité des moyens de locomotion.

L'autre particularité de la filière ananas et banane est la parfaite organisation des planteurs en coopératives. Ces dernières permettaient la réalisation d'économie d'échelle en réduisant certains coûts de production, de conditionnement et de transport. En outre, les coopératives de planteurs de bananes, par exemple, ont permis de défendre l'accessibilité de leurs produits aux marchés français et européen face à la concurrence de la production en provenance d'autres colonies et territoires d'Outre-mer. Quant aux coopératives de planteurs d'ananas de conserve, elles se chargeaient de négocier un bon prix de vente aux usines installées localement.

2.1.2.1. La culture de banane

Introduite en 1902, la culture de la banane d'exportation connaît un essor à partir de 1930. Le tableau 1.4 présente la dynamique de la production depuis cette date jusqu'au début de la Seconde Guerre Mondiale.

Tableau 1.5. Exportations de bananes de 1930 à 1939

Année	*1930*	*1931*	*1932*	*1933*	*1934*	*1935*	*1936*	*1937*	*1938*	*1939*
Exportations	2	10	13	196	1 614	4 360	6 612	8 614	12 271	14 286

Source : Ministère de l'Agriculture et des Eaux et forêts, *Annuaire Rétrospectif de Statistiques Agricoles et Forestiers 1920-1983,* Tome 1.

Trois facteurs expliquaient la hausse continue de la production de bananes de 1930 au début de la Seconde Guerre mondiale. Le premier facteur est l'esprit d'initiative d'une centaine d'Européens dans cette filière décrite par Hiernaux (1948, p.77, cité par Gueby, Op. Cit.) : « Les uns travaillent pour leur propre compte, les autres sont régisseurs de sociétés. Leurs origines sont excessivement diverses : anciens officiers, industriels, commerçants, anciens forestiers, jeunes sans spécialité, mais plein d'allant, tous venus de France (…), tous, ou à peu près, sans formation agricole sérieuse, mais apportant à la colonie leurs espoirs et leur énergie ». Le second facteur est le progrès de l'esprit coopératif qui a permis de résoudre les problèmes d'emballage et d'expédition des fruits vers la France. Enfin, il faut souligner la protection commerciale que la Métropole offrait aux bananes de ses colonies. En effet, les bananes en provenance des autres colonies et des autres pays étaient contingentées et frappées d'une taxe dont le produit était réparti entre les colonies françaises exportatrices.

Au regard des exigences écologiques de la culture de bananes et de son caractère périssable décrites précédemment, les exploitations étaient localisées d'abord dans les vallées humides du Sud-est et dans le Sud-ouest du pays. Pour bénéficier de la disponibilité des infrastructures de transport, elles furent implantées sur l'axe Abidjan – Dabou, à proximité du Wharf à Port – Bouët ; le long de la voie ferrée à Agboville et à Azaguié où se trouvaient les plus grandes. Par la suite, les implantations se sont poursuivies dans la région de Sassandra, dans le Sud–ouest pour son wharf. Tout comme la filière café – cacao, la filière banane fut frappée par les effets dévastateurs de la Seconde Guerre Mondiale. Les difficultés d'importation des intrants (produits chimiques, engins motorisés et pièces détachées), la flambée du prix du carburant et l'incertitude sur les débouchés ont fini par anéantir la filière puisque les exportations ont connu une chute drastique entre 1941 et 1945 (voir tableau 1.6).

Tableau 1.6. Exportations de bananes au cours de la période de guerre (en tonnes)

Année	*1940*	*1941*	*1942*	*1943*	*1944*	*1945*
Exportations	6 396	0	9	2	1	19

Source : Ministère de l'Agriculture et des Eaux et forêts, *Annuaire Rétrospectif de Statistiques Agricoles et Forestiers 1920-1983,* Tome 2.

La filière retrouva, toutefois, sa vitalité après la guerre avec les exportations de bananes qui sont passées de 19 tonnes en 1945 à 1 657 tonnes en 1946. Cette dynamique fut encore enrayée, mais cette fois, par l'instabilité des cours de la banane entre 1951 et 1952 (voir tableau 1.7). Après cette période, la production reprit avec un triplement des exportations entre 1951 et 1959. Le niveau de production record de 53 996 tonnes obtenues en 1959 s'explique par la forte remontée des cours de la banane en Europe suite à la destruction des plantations de bananes antillaises par un cyclone l'année précédente.

Tableau 1.7. Exportations de bananes de 1947 à 1959 (en tonnes)

Année	*1947*	*1948*	*1949*	*1950*	*1951*	*1952*	*1953*	*1954*	*1957*	*1959*
Exportations	6 476 0	13 447	18 259	22 965	16 063	17 991	21 322	20 939	34 709	53 996

Source : Ministère de l'Agriculture et des Eaux et forêts, *Annuaire Rétrospectif de Statistiques Agricoles et Forestiers 1920-1983,* Tome 2.

Le succès de l'exploitation bananière en Côte d'Ivoire reposait en grande partie sur l'esprit d'organisation des opérateurs de la filière. En effet, ils se sont regroupés en avril 1953 au sein de la coopérative bananière de Côte d'Ivoire (COBAFRUIT). La COBAFRUIT intervenait aussi bien au niveau de la coordination des activités de production que de commercialisation. En plus, une seconde coopérative à caractère régional (la COBASSANDRA) fut créée en 1958 dans la région de Sassandra.

2.1.2.2. La culture de l'ananas

L'ananas fut introduit en Côte d'Ivoire après la Seconde Guerre Mondiale par deux sociétés de transformation de l'ananas créées par des opérateurs européens. La Société Alsacienne de Conserve de Côte d'Ivoire (SALCI) était la plus ancienne et la plus grande. Ses premières plantations ont été créées en 1949 sur un domaine de 320 hectares dans le village d'Ono près de Bonoua. À terme, la SALCI gérait plus de 1310 hectares d'ananas.

La seconde société de transformation d'ananas est la Société Africaine de Conserve (SAFCO) créée en 1950 par des actionnaires quasi exclusivement français. Ces exploitations se trouvaient le long du fleuve Bandama à Tiassalé. Les approvisionnements en ananas de la SAFCO sont assurés à 75 % par ses propres plantations et à 25% par plusieurs petits planteurs africains.

Ces deux sociétés pionnières produisaient des ananas destinés exclusivement à la transformation en conserve. L'ananas frais destiné à la consommation finale a vu sa culture se développer à partir de 1958 par des producteurs européens venus de la Guinée française suite aux événements politiques survenus dans ce pays. Les planteurs d'ananas frais ont essaimé toute la région forestière méridionale comprenant Abidjan, Agboville, Tiassalé et l'Est du fleuve Comoé. Sous l'impulsion de ces nouveaux opérateurs dans la filière ananas, la production ivoirienne d'ananas frais a été multipliée par quatre entre 1956 et 1959, passant de 369 à 1 152 tonnes (Tableau1.8).

Tableau 1.8. Production d'ananas frais de 1950 à 1959 (tonnes)

Année	1950	1951	1952	1953	1954	1955	1956	1957	1958	1959
Production	100	22	239	47	236	274	369	469	994	1 152

Source : Ministère de l'Agriculture et des Eaux et forêts, *Annuaire Rétrospectif de Statistiques Agricoles et Forestiers 1920-1983*, Tome 2.

2.1.3. La filière des cultures de diversification : palmier à huile et hévéa

Les besoins de la Métropole en oléagineux et en caoutchouc ont favorisé la diversification de l'économie de plantation du territoire colonial de Côte d'Ivoire par la promotion des cultures d'hévéa et de palmier à huile.

2.1.3.1 La culture de palmier à huile

Traditionnellement exploité comme culture de cueillette, le palmier à huile a été progressivement industrialisé. En effet, des palmeraies artificielles issues de plants sélectionnés furent créées à partir de 1951. Du début de l'époque coloniale au début des années 1910, l'huile de palme était achetée auprès de la population autochtone pour être ensuite exportée. Toutefois, avec la création, en 1912 à Drewin dans la région de Sassandra, de la première entreprise du secteur en l'occurrence la Société des huileries et palmeraies de la Côte d'Ivoire (SHPCI), l'exploitation du palmier à huile prit forme. Cette société a pu créer plusieurs plantations de palmiers naturels dont la production était exclusivement destinée à son approvisionnement. À la suite de la SHPCI, cinq autres huileries ont vu le jour. Celles-ci présentaient la particularité de se ravitailler en huile de palme brute auprès des paysans africains.

Mais, c'est surtout le boom de l'économie de plantation en Côte d'Ivoire à partir de 1925 qui a dynamisé la culture du palmier à huile. Au cours de cette période, d'immenses complexes intégrés combinant huileries et plusieurs milliers d'hectares de palmeraies furent créés. À titre illustratif, on note avec Dago (op. cit.) que l'Union Tropicale des Plantations et la SHPH totalisaient 6740 ha dont 4187 ha. Cette nouvelle organisation agro-industrielle a permis d'accroître le volume de la production et surtout les rendements.

À l'instar des autres filières de l'économie de plantation de Côte d'Ivoire, la Seconde Guerre a porté un coup aux exportations de palmier à huile. En effet, selon l'Annuaire Rétrospectif de Statistiques Agricoles et Forestiers du Ministère de l'Agriculture et des Eaux et forêts, *1920-1983 (*Tome 2, pp. 194 et 196), les exportations d'amandes chutèrent à 1 095 tonnes et celles d'huile tombèrent à une tonne en 1947. La faillite de la filière s'est traduite soit, par l'abandon des palmeraies et des huileries, soit par leur cession à des instituts de recherche notamment, l'Institut de Recherche pour les Huiles et les Oléagineux (IRHO). La filière palmier à huile n'a pu se relever jusqu'à la fin de l'époque coloniale.

2.1.3.2 L'hévéaculture

Selon Amin (1967, p.68), l'exploitation de l'hévéa sauvage en Côte d'Ivoire a duré de 1905 à la fin de la Seconde Guerre et les exportations annuelles réalisées à partir de cette activité de cueillette s'élevaient à plus de 1 000 tonnes. Suite à la guerre d'Indochine, la production de latex a été relancée dans des conditions particulières. D'abord fut opéré le choix d'une seule essence à latex en l'occurrence l'hévéa domestiqué. Ensuite, la production de latex fut seulement réalisée par des grandes entreprises délocalisées suite aux événements politiques en Indochine. La première prise d'initiative fut celle de la Compagnie Française de Caoutchouc d'Extrême-Orient qui racheta à la Société Commerciale Ouest Africaine (SCOA) 400 hectares de palmeraie devenus improductifs, situés à Elaeis au Nord Est d'Abidjan. Dès 1953, sous le nom de Compagnie des Caoutchoucs de Pakidé (CCP), elle lança ses activités de plantage. Cette dernière est suivie plus tard par la Société Indochinoise des Plantations d'Hévéa (SIPH), qui prit la dénomination locale de Société Africaine des Plantations d'Hévéa (SAPH). Elle a acquis 16 000 hectares de concessions, dont 7 000 dans la zone de Dabou et 9 000 hectares dans la région de Bonoua. Ses sociétés dont les capitaux sont constituées de fonds transférés depuis l'Indochine et de prêts divers incarnaient le renouveau de la filière caoutchouc de la colonie ivoirienne.

2.1.4. L'exploitation forestière

Comme pour le cacao et le café, l'exploitation forestière en Côte d'Ivoire a eu pour pionniers Verdier et De Bretignière qui exportaient pour la première fois de la Côte d'Ivoire la première bille de bois d'Acajou en 1885 par le biais de leur Compagnie Commerciale du

Kong. L'acajou fut jusqu'en 1923, l'unique essence exploitée par les forestiers exportateurs.

Selon Rougerie (1964, pp. 89 – 90), les exportations ivoiriennes de billes de bois sont passées successivement de 13 000 tonnes en 1900 à 42 000 tonnes en 1913, puis à 100 000 tonnes en 1924 pour atteindre les 137 000 tonnes en 1928. Deux facteurs sont à la base de cette dynamique de croissance forte dans la filière ivoirienne de l'exploitation forestière. D'une part, le prix du bois tropical sur le marché européen a sextuplé passant de 180 francs à 1 100 francs ; ce qui a entraîné une ruée vers les forêts ivoiriennes à partir de 1920. D'autre part, la facilité relative d'acquisition du permis d'exploitation forestière a permis, par exemple, à la Société française du Kong (CFK) d'obtenir, le 7 août 1900, 270 000 hectares de concessions dans la région de San Pedro.

L'exploitation forestière en Côte d'Ivoire est assurée par des particuliers et des sociétés. En 1935, on dénombrait environ une quinzaine de particuliers de nationalité européenne à l'exception de Gueye Seyni, de nationalité sénégalaise et une vingtaine de sociétés (voir tableau 1.10). On notait, particulièrement, la présence de sociétés à capitaux très importants comme la Compagnie des Scieries Africaines (SCAF) et la Forestière Equatoriale (FE) avec des fonds de 15 millions de francs de l'époque et la Compagnie Forestière de l'Indénié (CFI) dotée d'un fonds propre de 8 millions de francs. En outre, on remarque que la plupart des exploitants forestiers sont domiciliés dans des zones proches du chemin de fer ou de la côte.

Tableau 1.9. Liste des particuliers exploitants forestiers

Noms (et Prénoms)	*Domicile*	*Observations du Receveur des Domaines*
Paoli (Louis)	Dabou	Affaire très bien menée
Romain (Armand)	Bassam	Affaire très bien menée et très importante
Claa (Albert)	Abidjan	Affaire très modeste. Peu viable
Franck	Agboville	Idem
Koenig	Agboville	Affaire très mauvaise
Gueye (Seyni)	Abidjan	Idem
Boutonnet	Bassam	Idem
Picard	Abidjan	Affaire modeste, mais bien menée
Diot	Abidjan	Idem
Courtieu	Abidjan	Idem
Fernagu	Abidjan	Idem
Eliantou	Tiassalé	Affaire paraissant mauvaise
Schwander	Sassandra	Affaire très bien menée
Oddos (Paul)	Bassam	Idem
Laporte	Bassam	Idem
Catusse	Agboville	Affaire très modeste.

Source : Receveur des domaines (1935) in ANCI

Tableau 1.10. Liste des sociétés exploitantes forestières

Raison sociale	*Siège*	*Fonds propres (en francs)*	*Observations du Receveur des Domaines*
Compagnie Coloniale de la Cote d'Ivoire	Bassam	13 500 000	Société appuyée par des groupements très puissants tels que DELMAS-VIELJEUX
Société d'Importation des Bois Exotiques (SIBE)	Assinie	5 000 000	Affaire saine et bien dirigée
Compagnie coloniale De la Bia	Bordeaux	Nd	À été en partie englobée par Elima
Société d'Exploitation des Acajou Bassam (SEAB)	Aboisso	5 600 000	Affaire saine et bien menée
Compagnie Forestière de Sassandra (CFS)	Grand-Lahou	1 500 000	Affaire très saine et bien dirigée
Société des Bois de Sassandra	Sassandra	2 500 000	Idem
Société Mounier Frères et Compagnie (SMFC)	Grand-Lahou	200 000	Idem
Société Forestière du Bandama	Grand-Lahou	1 000 000	Idem
Société Noel Frères (SNF)	Grand-Lahou	1 000 000	Idem
Société « La Forestière	Bassam	15 000 000	Puissante société fait partie du

Equatoriale » (FE)			groupement : Union tropicale de sociétés anglaises
Société Forestière du Tabou et Cavally (SFTC)	Bassam	1 000 000	Affaire nouvelle sous le contrôle de sociétés anglaises
Société Catusse et Franck	Agboville	150 000	En instance de dissolution
Société de Transit de Grand-Lahou (SFTC)	Grand-Lahou	400 000	Affaire viable
Compagnie des Scieries Africaines (SCAF)	Bassam	14 927 200	Cette société éprouve de très sérieuses difficultés.
Compagnie Forestière de l'Indénié (CFI)	Bassam	8 000 000	Cette société éprouve de sérieuses difficultés. Parait cependant viable.
Société d'exploitation des Produits Coloniaux (SEPC)	Abidjan	1 000 000	Idem
Société Balme et Compagnie (SBC)	Bassam	3 000 000	Cette affaire est commanditée par M. Oddos qui dispose de gros capitaux.
Scieries du Mafou (SM)	Agboville	450 000	Cette société est une filiale de la puissante Société Forestière Equatoriale.

Source : Receveur des domaines (1935) in ANCI

Suite à la grève des exploitants forestiers pour protester contre la suppression du travail obligatoire, le Gouverneur Latrille prit des mesures incitatives pour ouvrir l'exploitation forestière aux Africains.

L'autre dimension de l'exploitation forestière est qu'elle a permis de lever le caractère sacré de la forêt aux yeux des populations autochtones et de rendre sa pénétration possible par celle-ci grâce aux pistes ouvertes. « C'est ainsi que l'influence des scieries Angles et Cardona dans les régions d'Akoupé, Arrah, Bongouanou devait contribuer, pour beaucoup, à la mise en place [...] de la fameuse « boucle du cacao ». De la même façon, l'implantation dans les régions de l'ouest (Gagnoa, Sinfra, etc.) de plantations de café et de cacao n'a été possible que grâce aux pistes forestières ouvertes par les colons. De même le top départ à l'immigration dans le canton Bakwé est en fait donné par le démarrage de l'activité forestière. » (Gueby,op.cit, pp 103 – 104).

2.2. Le secteur industriel

L'initiative de la création d'un tissu industriel formel dans les colonies françaises d'Afrique noire remonte au ministre français des colonies, Sarraut. En effet, le projet de Loi Sarraut présenté devant la

Chambre des Représentants en 1921 plaidait pour une diversification des activités économiques dans les colonies d'Afrique noire par une amorce de leur industrialisation. Bien que ce projet de loi soit rejeté, sa quintessence est débattue en 1935 au cours de la Conférence économique des colonies. Mais les propositions de Sarraut relatives à la dotation en infrastructures, les franchises fiscales aux entrepreneurs industriels, le soutien financier, etc., resteront lettres mortes. Nonobstant l'absence cette volonté politique de la part de l'Administration coloniale, l'année 1912 peut être, dans une certaine mesure, considérée pour la colonie de Côte d'Ivoire comme la période de référence pour le processus d'implantation des unités de transformation manufacturière des matières premières locales. Avant cette date, le secteur secondaire du Territoire colonial de Côte d'Ivoire se résumait à quelques unités quasi artisanales de mécanisation de la production. L'activité industrielle en Côte d'Ivoire a été impulsée par les entrepreneurs français qui ont orienté leurs investissements principalement vers le secteur de l'agro-industrie.

2.2.1 La phase de pré-industrialisation de l'économie ivoirienne.

La pré-industrialisation de l'économie ivoirienne s'est faite, pour l'essentiel, autour des activités du concassage des graines de palme, de l'égrenage du coton et de la briqueterie. Toutefois, la première unité industrielle de la colonie ivoirienne a été l'usine d'Elima qui fut créée en 1895. Cette usine transformait les cerises de café en grains secs par des opérations enchaînées de dépulpage, de lavage, de séchage et de décorticage.

Le concassage des graines de palme qui était réalisé manuellement avec des matériaux rustiques, comme les pierres, a connu un début de mécanisation à partir de 1908. Les concasseurs mécaniques de graines de palme ont été distribués aux « indigènes » et à certains sous-traitants par l'Administration coloniale et les maisons de commerce. Grâce à ce procédé de production mécanique, les exportations de palmistes de la colonie ont doublé voire triplé (Yayat d'Alépé, 1979).

À la suite de l'introduction dans l'économie coloniale ivoirienne du concasseur mécanique de graines de palme, l'Association Cotonnière Coloniale (ACC) installa quatre égreneuses de coton à bras dans le cercle Baoulé. En 1910, quatre autres engins mécaniques ont renforcé la dotation en égreneuses de la région.

La première briqueterie de la colonie vit le jour en 1906 à Moossou près de Grand-Bassam grâce à la Société des Missions Africaines (SMA) de Lyon. Cette unité qui était au départ très rustique, s'est par la suite, modernisée pour voir sa production atteindre les 10 000 briques par jour. Une deuxième briqueterie fut montée près de Dabou par Monsieur Paolo. Ces deux entreprises pionnières dans le secteur du bâtiment contribueront à la réduction significative des importations de briques de la colonie ivoirienne.

2.2.2. L'amorce de l'industrialisation de l'économie ivoirienne

L'année 1912 marque l'amorce de l'implantation d'unités manufacturières techniquement plus élaborées dans la colonie ivoirienne. Le tissu industriel en formation, à cette époque en Côte d'Ivoire, réalisait des activités allant de la première transformation de certaines matières premières locales à la production de biens de consommation finale. Comme dans le cas du secteur primaire, le démarrage de l'industrialisation de la Côte d'Ivoire s'est fait sous l'impulsion d'une volonté politique de la métropole et d'acteurs européens. Ces derniers ont profité des opportunités d'affaires offertes en investissant dans différents secteurs agro-industriels en synergie avec les cultures agricoles en expansion.

2.2.2.1 Huilerie et Savonnerie

L'installation successive de plusieurs huileries à partir de 1912, a impulsé la dynamique d'industrialisation de la colonie ivoirienne. D'abord, il y a eu l'huilerie de Grand-Drewin (Sassandra) qui fut installée dès 1912, suivie de la création successive des huileries de Blachon (Bingerville) en 1912, d'impérial (Grand-Bassam) en 1913, de Vivioz (Bingerville) et surtout de celle de Blohorn à Abidjan en 1932.

Malheureusement, la conjugaison des difficultés d'approvisionnement en graines de palme et les problèmes techniques des usines vont conduire à la fermeture précoce de bon nombre de ces premières huileries. En 1953, la Côte d'Ivoire ne comptait que quatre huileries dont la production totale était estimée à 3 900 tonnes. Il s'agissait des huileries de Dabou (1 800 tonnes), de Mopoyem (1 500 tonnes), de Grand-Derwin (350 tonnes), et de la Mé (150 tonnes).

En ce qui concerne la savonnerie Blohorn installée à Abidjan en 1938, elle avait une capacité de production annuelle de 1 000 tonnes de savon. Suite à sa modernisation en 1946, sa capacité de production est passée à 4 000 puis à 6 000 tonnes en 1953.

Nonobstant le dynamisme relatif de sa filière huile de palme, la Côte d'Ivoire est restée dépendante des importations en provenance du Dahomey (actuel Bénin) pendant toute la période coloniale.

2.2.2.2. L'industrie textile

La première usine textile de la colonie ivoirienne fut installée à Bouaké en 1912 **à** l'initiative de l'ACC. Avant 1920, d'autres usines ont suivi dont celles de Dimbokro et de Yamoussoukro. Mais, c'est la création des Etablissements Robert Gonfreville à Bouaké en 1922 qui a donné du relief à l'industrie textile ivoirienne. La filature Gonfreville a vu sa capacité de production nettement améliorée en 1953 grâce à un prêt obtenu auprès de la Caisse Centrale. Dès lors, elle absorba la quasi-totalité de la production de coton de Côte d'Ivoire et s'approvisionnait même dans les territoires de Haute-Volta (actuel Burkina) et du Soudan (actuel Mali). Par exemple, elle absorba 5 000 tonnes de coton en 1951et produit 600 tonnes de fils et tissus en 1952. À la suite de cette filature, **fut créée**, en 1948, la société ''Les Ficelleries de Bouaké'' spécialisée dans l'extraction des fibres de sisal pour la production de ficelles et de cordages. En 1953, cette usine exporta 46 tonnes de sacs et 20 tonnes de ficelles et cordages. À partir de 1950, la filière accueillit ses premières unités de bonneteries.

2.2.2.3. L'industrie du bois

La première expérience de transformation manufacturière du bois en Côte d'Ivoire remontait à 1898 avec la société Chaban et Gravière. D'autres initiatives assez timides ont suivi notamment la Compagnie de l'Afrique Française et la société Vivioz respectivement en 1917 et en 1918. Toutefois, c'est à partir de 1920 que la transformation manufacturière du bois a réellement pris son essor avec la création de plusieurs scieries disséminées sur le territoire ivoirien avec une concentration, le long de la côte, des plus importantes en taille. Avant la Seconde Guerre Mondiale, ce secteur était constitué des unités comme la Compagnie des Scieries Africaines (SCAF) en 1920 à Bassam de la scierie de la Compagnie Forestière de l'Indénié (CFI) en 1924, de la scierie de la Société d'Exploitation des Produits de Côte d'Ivoire (SEPC) en 1927, des scieries de Monsieur Balet en 1934 et de Monsieur Jacob à Gueyo et Oumé en 1936. Au total, la Côte d'Ivoire comptait 13 unités industrielles de transformation de bois brut en 1939.

Après la Seconde Guerre Mondiale, l'industrie ivoirienne du bois reprit sa dynamique d'expansion avec la création successive de l'Entreprise Commerciale et de Transport de Côte d'Ivoire (ECTCI) en 1947, celle des Etablissements Jean Lalanne en Côte d'Ivoire en 1951 et celle de la Société de transformation industrielle du bois (STIB) à Yopougon en 1953. En 1955, ce fut le cas de la Société Industrielle et Forestière de Côte d'Ivoire (SIFCI) à Vavoua et de la Société ODDOS et Compagnie à Guibéroua.

Au nombre d'une trentaine en 1955, les unités de transformation industrielle du bois de la colonie ivoirienne ont débité 45 106 mètres cubes de bois en 1951 contre 37 000 mètres cubes l'année précédente. Elles ont exporté un peu plus de 85% de leur production vers la France, l'Angleterre et les pays scandinaves.

2.2.2.4 Les autres filières de l'industrie de la colonie ivoirienne

Les conserveries d'ananas ont renforcé la sphère industrielle ivoirienne à partir de 1947 avec la Société Alsacienne de Côte d'Ivoire (SALCI) implantée non loin d'Abidjan. Cette dernière a été suivie, en 1950, par la Société Africaine de Conserves (SAFCO) implantée à Tiassalé. Les conserves d'ananas produites par ces unités manufacturières sont essentiellement destinées à l'exportation. Dans ce sous-secteur de la préparation alimentaire, il y eut la création, en 1959, de la Compagnie de Préparation Alimentaire (CAPRAL) qui était une filiale ivoirienne du groupe Nestlé.

Dans la filière boisson alcoolisée et tabac, il fut créé les Brasseries de Côte d'Ivoire (BRACODI) en 1945 à Abidjan. En 1955, elle a produit 100 000 hectolitres de bière soit 70% de la consommation locale. La société Ganamet et compagnie, spécialisée dans l'importation et la mise en bouteille de vin et la Société Ivoirienne de Tabac (SITAB) sont venues étoffer la filière respectivement en 1953 et en 1956.

La Régie Industrielle de la Cellulose Coloniale (RICC) de Bimbresso était une usine pilote qui fut installée par l'Administration coloniale pour stimuler l'initiative dans des filières prometteuses. Créée par décret en 1944, cette usine avait pour objet la fabrication des papiers d'emballage à partir de la pâte de bois tropicaux. Les marchés ciblés sont l'emballage des bananes de Côte d'Ivoire et de la Guinée française ainsi que l'emballage du ciment de Rufisque. En 1952, la production de la RICC était estimée à 300 tonnes de papier.

2.3. Le secteur tertiaire

Les factoreries ou les comptoirs commerciaux se sont solidement implantés en Côte d'Ivoire dès le début de la colonisation. Les comptoirs commerciaux essaimaient les zones de production pour drainer les produits d'exportation et écouler les produits commerciaux. Ces factoreries qui étaient des représentations de grandes maisons commerciales, généralement de Bordeaux et de Marseille, ont vu leur structure évoluer au fil des années. Elles sont passées de sociétés familiales à des sociétés anonymes, statut social qui favorisa l'intervention des sociétés financières françaises. Le processus de mutation des factoreries s'accéléra après 1910 pour s'achever à la fin de la seconde Guerre Mondiale avec pour conséquences principales une forte concentration des activités tertiaires dans le secteur du commerce et un secteur de **type oligopole**.

2.3.1. Des maisons commerciales de type familial aux firmes commerciales

La maison Renard et Duniagou-Pecquet de Calais obtint l'autorisation de s'installer à Grand-Bassam en 1850. Elle fut suivie, dans la même région, par la création de la Compagnie de Kong de Arthur Verdier en 1858. L'année 1865 verra l'installation, dans les postes français, de l'importante maison anglaise Swanzy de Londres. Ces maisons commerciales à caractère familial ont dû affronter des concurrents du même statut, installés sur la côte du territoire colonial ivoirien. Ces premières maisons de commerce sont caractérisées par la faiblesse de leur capital. Il s'agissait généralement de l'initiative de quelques individus qui réunissaient leurs économies et plaçaient la gestion de leur affaire sous le contrôle d'un colon qui apportait son expérience du terrain et une modeste participation au capital social.

Le caractère assez modeste des ressources financières de la plupart de ces sociétés de personnes fut la cause la fermeture des moins dynamiques d'entre elles et la mutation des survivantes en sociétés anonymes. Ainsi, par ouverture du capital ou par appel de fonds extérieurs ou encore par absorption, les maisons de commerce familiales sont devenues des sociétés anonymes. À titre illustratif, en 1894, la Compagnie Française de l'Afrique de l'Ouest (CFAO) s'implante en Côte d'Ivoire suite au rachat de la maison Swanzy et de la Société Coloniale Française de Côte d'Ivoire. En 1907, les Etablissements Ryff et Roth, installés avant 1893, sont repris par SCOA. En 1908, ce sont les Etablissements Peyrissac qui se transformèrent en société anonyme. Quant à la Compagnie Française de Côte d'Ivoire (CFCI), filiale de UNILEVER, elle fut créée à la suite du rachat de la société Garabet Caloust et Compagnie. Il existait encore à cette époque quelques négociants qui exerçaient à leur propre compte, mais très peu nombreux. Les activités commerciales cristallisaient la plupart des investissements réalisés.

2.3.2. L'après-Grande Guerre et l'amorce de la concentration du sous - secteur du commerced'import – export

Entamé depuis la fin de la Première Guerre mondiale, le mouvement de concentration du secteur tertiaire de l'économie ivoirienne s'est intensifié dans la période d'entre-deux-guerres en raison de la concurrence particulièrement rude qui prévalait au cours de la crise de 1929. Ainsi, selon Cangah et Ekanza (1978) l'ensemble du territoire ivoirien comptait 18 principales maisons de commerce en 1931 contre 32 en 1911. Cette vague de fusion des maisons de commerce a conduit à une structure de type oligopole du sous-secteur du commerce d'import-export de l'économie ivoirienne et même de toute l'AOF. Par exemple, 7 maisons de commerce se partageaient, en 1939, les deux tiers du commerce total de l'Afrique occidentale, dont 40% pour la société United Africa Compagny (UAC) (Cangah et Ekanza, op.cit.). Cette concentration se faisait aussi bien pour les activités d'exportation que d'importation.

En effet, selon les mêmes auteurs, la CFAO, la UAC et la SCOA s'appropriaient, en 1939, respectivement 66%, 45% et 73% des importations des produits de première nécessité telles que le riz, la farine et le sucre. Étroitement liées aux banques, aux compagnies de transit, aux fournisseurs, ces grandes maisons de commerce se comportaient en monopole de fait en fixant librement les prix d'achat. Cette proximité offrait la possibilité aux grandes maisons de commerce de réaliser en toute logique l'essentiel des investissements du secteur. Ainsi, sur les 9 milliards de francs investis par les sociétés de commerce dans toute l'Afrique noire françaises, entre 1900 et 1940, 12 maisons seulement totalisaient 6 milliards d'investissements contre 3 milliards pour les 62 autres maisons (Dago, op. cit. p. 113).

La structure du sous-secteur du commerce d'import-export se présentait globalement comme suit. Le commerce de gros est totalement dominé par les maisons d'origine européenne. Celui de demi-gros et détail est l'apanage des libano-syriens qui font la jonction entre les grandes maisons de commerce et les petits détaillants africains. À partir de la fin de la Seconde Guerre mondiale, les grandes compagnies commerciales concentrent de plus en plus leurs activités dans les grands centres urbains en abandonnant les factoreries de brousse qui en étaient l'élément de base. Les marchés secondaires de brousse sont ainsi laissés aux mains des intermédiaires libanais qui **travaillent** en aval avec les petits détaillants africains en l'occurrence sénégalais, sierra-léonais, malien.

2.3.3. Les autres activités de service

Les autres activités de service **partageaient la structure de type oligopole** du sous-secteur de commerce d'import-export. Au regard de la faiblesse des infrastructures routières, le transport routier était essentiellement animé par les véhicules de grandes maisons de commerce. Les principaux acteurs du transport aérien étaient l'Union des Transports Aériens (UTA) et l'Union Aéro-maritime de Transport. Le transport du bois a suscité l'émergence de compagnies de transport lagunaire dont DELMAS-VIELJEUX **est** la plus ancienne. D'autres comme la TRANSAFRIC Messageries Lagunaires, l'Union des Remorqueurs d'Abidjan (URA) et la Société Africaine d'Entreprises Maritimes en Côte d'Ivoire (SOAEM-CI) ont été créées respectivement en 1938, 1951 et 1959. Les compagnies de commerce ont participé à cette activité avec leur flotte de chaland. Le transport ferroviaire était assuré par l'Administration coloniale à travers la Régie des Chemins Fer Abidjan-Niger (RAN).

Au niveau du secteur bancaire, la Banque de l'Afrique de l'Ouest (BAO) a été, pendant longtemps, en situation de monopole. Avec une agence ouverte en 1906 à **Grand-Bassam**, la BAO jouissait du privilège d'émettre de la monnaie dans l'ensemble des colonies françaises d'Afrique noire. Ensuite, l'ancêtre de l'actuel BCEAO a ouvert une agence à Abidjan en 1935. Toutefois, cette structure du marché a changé avec l'implantation de trois grandes banques françaises, dont la Banque Nationale, pour le Commerce et l'Industrie (BNCI), la Société Générale, et le Crédit Lyonnais. En 1955, fut créée la première banque de développement de l'économie ivoirienne par arrêté du ministre de la France **d'Outre-mer** (Chambre d'industrie de Côte d'Ivoire, 1979). Selon la même source, la Caisse Autonome d'Amortissement (CAA) a vu le jour en 1959 avec pour mission de gérer l'ensemble de la dette publique du territoire.

Quant aux services d'assurance et d'hôtellerie, ils sont restés à l'état embryonnaire pendant toute la période coloniale. Selon les Archives Nationales de Côte d'Ivoire, l'on notait en 1929 la présence de 5 maisons d'assurances de petite taille, et 6 hôtels de moindre importance essentiellement ouverts à Grand-Bassam.

Contrairement au secteur primaire, le secteur tertiaire tout comme le secteur industriel de l'économie coloniale ivoirienne étaient largement dominés par les opérateurs européens.

3. La politique coloniale de gestion des ressources humaines

Au cours de la période coloniale, la Côte d'Ivoire a connu non seulement une forte croissance démographique, mais aussi une urbanisation accélérée. Selon Amin (1971, p.77), la population ivoirienne est passée de 1 540 000 habitants en 1920 à 2 170 000 habitants en 1950. Sur la même période, la population urbaine a plus que sextuplé passant de 25 000 à 160 000 habitants.

L'afflux massif d'immigrants, notamment de Haute-Volta, dans les plantations et les centres urbains expliquaient en partie la forte croissance démographique et l'accélération de l'urbanisation qu'a connues le territoire de Côte d'Ivoire. Un aperçu de l'état des investissements sociaux servira de toile de fond à l'examen de la gestion de la disponibilité de la main-d'œuvre dans la mise en valeur du territoire colonial de Côte d'Ivoire.

3.1. L'état des investissements sociaux

Les investissements publics dans les secteurs sociaux de la santé et de l'enseignement ne faisaient pas partie des priorités de l'Administration coloniale. En effet, la part des investissements consacrés à ce secteur par le premier plan d'investissement du FIDES pour la Côte d'Ivoire était relativement faible. Par exemple, sur une dotation totale de 8,418 milliards (Cf. tableau 1.12) seulement 568 millions de Francs CFA étaient consacrés à l'Éducation et à la Santé. Cette faiblesse reste d'autant plus paradoxale qu'avant ce plan d'équipement de grande envergure du territoire, la Côte d'Ivoire n'était pas particulièrement bien équipée en infrastructures sociales. Selon les Archives nationales de Côte d'Ivoire (dossier V-306 -102), en 1931, le territoire de Côte d'Ivoire, dans le cadre de la lutte contre les grandes endémies, ne comptait qu'un institut de vaccination établi à Bouaké et d'une léproserie installée à Abidjan. En outre, en 1930, la Côte d'Ivoire ne comptait que moins d'un médecin pour 130 000 habitants. Cet équipement sanitaire restait très dérisoire au regard du grand risque de transmission des maladies telles que la syphilis, la variole, la tuberculose, la dysenterie liées aux flux migratoires et à l'accélération de l'urbanisation.

En ce qui concerne l'enseignement, la Côte d'Ivoire apparaît durant toute la première phase de la colonie (1893 - 1920) comme la colonie la plus réfractaire au système de l'enseignement colonial. En effet, les résultats enregistrés en Côte d'Ivoire dans le domaine de l'enseignement sont les moins bons de toute l'AOF. À titre illustratif, jusqu'à l'année scolaire 1918-1919, la Côte d'Ivoire n'avait pas enregistré plus de quatre admis par an pour l'entrée au Cours Secondaire de Saint Louis (Cangah et Ekanza, 1978). Les auteurs soutiennent leur constat par un bilan comparatif des résultats aux concours d'entrée dans les structures fédérales d'enseignement pour l'année 1918-1919 de la Côte d'Ivoire et du Dahomey (voir tableau 1.11).

Tableau 1.11. Bilan comparatif entre la Côte d'Ivoire et le Dahomey aux concours d'entrée dans les structures fédérales de formation de 1918-1919

Structures fédérales d'enseignement (Dakar)	*Côte d'Ivoire*	*Dahomey*
École Normale	11	20
Ecole Faidherbe	28	34
Ecole Pinel-Laprade	6	10
Pupilles mécaniciens	2	4
Cours infirmiers	3	4

Source: Bulletin de l'enseignement de l'AOF (1919), numéro 39, Juillet, cité par Cangah et Ekanza (op.cit., p.157).

L'essentiel des rares structures fédérales d'enseignement était implanté à Dakar, la capitale fédérale. Une école primaire supérieure (EPS) fut installée dans chacun des autres territoires de la Fédération par l'Administration coloniale à partir de 1912. En Côte d'Ivoire, cette école fut ouverte à Bingerville et fut suivie plus tard de celle des moniteurs d'enseignement rural qui a démarré ses activités à Dabou en 1938. La faiblesse des investissements dans le secteur de l'Enseignement a eu pour conséquence un faible taux de scolarisation qui était de 1,2% de la population des moins de 15 ans en 1936 contre 0,93% en 1925 (Kipré, 1985, tome 2, p.17). Ces taux de scolarisation faisaient de la Côte d'Ivoire, la colonie la moins lotie au plan de l'instruction. L'une des conséquences de ce faible niveau d'instruction de la population autochtone ivoirienne a été l'occupation par les Européens, des grands postes de direction dans le secteur privé de l'économie ivoirienne. Le même constat est fait dans le secteur public où l'on trouvait aux postes de direction une forte proportion d'Africains non ivoiriens et d'Européens.

3.2. La gestion de la disponibilité des ressources humaines dans la mise en valeur du territoire

La mise en valeur du territoire colonial de Côte d'Ivoire à travers l'économie de plantation et l'exploitation forestière exigeait, pour son succès, la disponibilité d'une main-d'œuvre abondante et bon marché. Pour résoudre efficacement ce problème, l'Administration coloniale a institué un marché de travail depuis le début de l'époque coloniale jusqu'à la fin des années 1940. Avec la suppression du travail obligatoire et le boom économique de la colonie à partir de 1950, l'économie ivoirienne a connu une véritable pénurie de main-d'œuvre dont la résolution a exigé de nouvelles dispositions.

3.2.1 Du début de l'époque coloniale à la fin des années 1940

L'instauration du marché du travail public, caractérisée par des prestations de travail obligatoire pour les populations indigènes depuis le début de l'époque coloniale, a permis de fournir une main-d'œuvre abondante et gratuite au secteur public, notamment pour la réalisation des infrastructures socio-économiques. Le marché du travail salarié était placé sous la haute autorité de l'Administration coloniale qui veillait à son équilibre en évitant toute pénurie de main-d'œuvre du secteur privé. Ainsi, « Dès 1925, l'Administration locale devient (…)

une vaste entreprise de fourniture de main- d'œuvre fonctionnant pour les entreprises privées, suite aux commandes que celles-ci ont passées près d'elle. (…) le nombre de demandes formulées par les entreprises privées auprès de l'Administration coloniale en manœuvres passe de 4 560 en 1919 à 24 000 en 1928, soit une progression de 81% en près de dix ans. » (Gueby , op. cit., p. 75).

Au niveau du secteur primaire, les prestations des recrues volontaires concernaient le portage et toutes autres tâches dans l'exploitation forestière et les plantations des colons.97% de ces emplois sont occupés par des ivoiriens et des Africains non ivoiriens en particulier de la Haute-Volta (Guerrini, op. cit., p.125). Le travail dans ce secteur était encadré par les arrêtés locaux de décembre 1926 et du 15 mars 1927. Il s'agit de la durée de l'engagement minimum qui était de six mois par an, de la durée du temps de travail fixée à dix heures par jour et six jours par semaine. Il y avait aussi, d'une part, la nature du travail avec le taux journalier de salaire fixé à 2 francs français dans les plantations et à 2,5 francs dans les chantiers forestiers et, d'autre part, la détermination de la ration alimentaire, des conditions de logements et d'obtention de vêtements et des conditions de recrutement (Meillassoux, op.cit.).

La grave pénurie de main-d'œuvre dans ce secteur (primaire) au cours de la Seconde Guerre, suite entre autres, au détournement du flux de la main d'œuvre voltaïque vers les plantations de cacao de la Gold Coast voisine, a conduit **l'Administration** coloniale à faire bénéficier les opérateurs européens des prestations de travail obligatoire gratuites. À la fin de la guerre, l'Administration territoriale a encouragé, les flux des travailleurs voltaïques et des bras valides des régions du centre et du nord de la colonie vers les plantations et les chantiers forestiers du sud en subventionnant les frais de transport. Selon Amin (1967), pour les seules plantations européennes de bananes et d'ananas, le nombre de salariés africains était de 1 500 en 1950 pour un salaire global de 280 millions.

Le secteur tertiaire a connu un besoin de main-d'œuvre de plus en plus accru à partir de la fin des années 1920. Le nombre de salariés dans ce secteur est passé de 260 employés en 1921 à 650 en 1929. Les unités de production industrielle peu nombreuses dans l'économie coloniale comptaient 7 093 ouvriers indigènes spécialisés et non spécialisés à la fin des années 1930. La part relative des employés des maisons de commerce a diminué, car elle est passée de 13% en 1923 à

2% en 1928, soit 520 employés sur les 25 800 recrutés par tout le secteur privé en 1928.

3.2.2. Du début des années 1950 à l'Indépendance

La construction du canal de Vridi avec le port d'Abidjan et l'expansion du réseau routier intérieur ont accéléré la mise en valeur du territoire durant les années 1950. Le boom des activités économiques comme l'exploitation forestière et les plantations de café et de cacao ont accru les besoins en mains-d'œuvre de l'économie ivoirienne. L'évaluation de cette pénurie de la main-d'œuvre pour l'année 1951 réalisée par Chaleur (1951) est présentée dans le tableau 1.12. Cette pénurie s'explique principalement par la suppression du travail obligatoire par l'Assemblée constituante en 1946 qui a rendu caduques les dispositions précédentes utilisées par l'Administration coloniale pour approvisionner en main-d'œuvre gratuite le marché du travail. Dans ce contexte, Chaleur (1951) soutient que le problème de la main d'œuvre en Côte d'Ivoire nécessitait une transformation progressive, mais profonde des conditions de travail. Cette transformation concernait particulièrement la catégorie des travailleurs classée sous la rubrique de manœuvres ordinaires, autrefois concernée par le travail forcé et pour laquelle la pénurie est de loin la plus importante (81 % des besoins).

Tableau 1.12. Besoins en main-d'œuvre des différents secteurs d'activités de la colonie ivoirienne en 1951

	Direction et maîtrise	*Employés*	*Techniciens et manœuvres spécialisés*	*Manœuvres ordinaires*
Agriculture	17	634	520	19 444
Exploitation forestière	22	299	332	6 519
Mines	1	119	141	1 985
Industrie	-	181	1 499	4 793
Transports et	3	74	170	447
manutention	6	100	2 041	6 250
Bâtiments et T.P.	96	4 081	1 929	8 617
Commerce et professions libérales	-	-	-	2 500
Personnel domestique				
Soit	145	5 488	6 632	50 385
Secteur public	31	849	1 787	14 495
Total	176	6 337	8 419	64 870

Source : Chauleur (1951)

Les employeurs locaux réunis au sein de la Chambre d'Agriculture et d'Industrie ont des initiatives pour combler au mieux leurs besoins en main-d'œuvre. L'initiative majeure reste la création du Syndicat interprofessionnel pour l'Acheminement gratuit de la Main d'œuvre (SIAMO) avec pour objectif la création de mécanismes d'incitation de l'afflux des bras valides du Centre et du Nord vers les exploitations forestières, les plantations et les centres urbains du sud de la Côte d'Ivoire.

Le SIAMO a remplacé efficacement l'Administration coloniale dans la mise à disposition des travailleurs, et a même innové en installant des bureaux de recrutement (centres SIAMO) tant sur le territoire ivoirien que sur celui de Haute-Volta. Le recrutement des travailleurs, financé par le SIAMO, a significativement contribué à la résolution du problème de la disponibilité des manœuvres ordinaires avec le recrutement de 128 770 travailleurs entre 1952 et 1958 (Chambre de Commerce et d'Industrie). Les ressources financières de cette structure étaient constituées par :

- une subvention des planteurs et exploitants forestiers calculée en fonction du tonnage exporté ;
- une subvention de la Caisse café et cacao ;
- une subvention des autres syndicats professionnels ;

- une subvention de l'Administration.

4. Le legs de la politique coloniale

Contrairement à certains territoires comme le Nigeria, le Ghana et le Sénégal, la mise en valeur de la Côte d'Ivoire n'a commencé véritablement qu'à partir des années 1950 avec une importante dotation en infrastructures économiques. Ainsi, au cours de la décennie 1950-60, l'économie ivoirienne connut un taux de croissance de 7- 8% avec les exportations de cacao, de café, de bananes et de bois qui sont passés de 13,767 milliards de Francs CFA en 1950 à 25,685 milliards en 1955 pour atteindre 37,329 milliards de Francs CFA en 1960 (Amin, opt. cit, p. 76). Parallèlement, son urbanisation s'est accélérée avec la population abidjanaise qui a triplé entre 1945 et 1960.Ces transformations économiques et sociales de la Côte d'Ivoire au cours de cette période définissaient les esquisses de la société ivoirienne post coloniale.

4.1. Les transformations économiques

La mise en valeur du territoire colonial de Côte d'Ivoire s'est opérée par le développement des exploitations du café, du cacao, de la banane et de ressources ligneuses forestières. Le succès de cette production de produits primaires a consolidé les investissements dans le secteur des services et suscité des investissements dans le secteur industriel ; ce qui a conduit la métropole à doter la colonie ivoirienne d'infrastructures économiques de grande envergure. Sous l'impulsion de ces investissements, la Côte d'Ivoire va consolider son intégration dans le commerce international à partir des années 1950.

4.1.1. La dotation en infrastructures économiques

Dans le premier plan FIDES (1947 à 1955), les investissements pour la Côte d'Ivoire atteignaient un volume global de 8,418 milliards de Francs CFA (Poumaillou, 1951). Il ressort de la ventilation des investissements du FIDES que les dépenses d'investissement du Gouvernement métropolitain dans la colonie ivoirienne sont quasi exclusivement orientées vers la dotation en infrastructures économiques avec 88,5% des interventions financières soit 7,442 milliards de Francs CFA, dont environ 6 milliards pour les infrastructures de transport. Ces dernières comprenaient le canal de Vridi et le port en eau profonde d'Abidjan, le wharf de Sassandra, les chemins de fer, les aéroports et le réseau routier (voir tableau 1.13). Ces infrastructures de transport seront, d'ailleurs, pour l'économie de la Côte d'Ivoire indépendante, l'un des principaux éléments de l'héritage colonial.

Les travaux du port d'Abidjan furent lancés en 1903. Ils ont consisté, d'abord, à creuser un canal de 800 mètres de longueur dans le cordon littoral. Les premières tentatives de réalisation de l'ouvrage furent si décevantes que le projet fut mis en adjudication en 1936. Le montant des travaux était évalué à 200 millions de francs français. Les travaux, qui reprirent en 1947 après une interruption, se sont achevés en 1950. Le port en eau profonde d'Abidjan constituait le nœud de l'économie ivoirienne, car il assurait l'essentiel des flux de marchandises sortant et entrant dans le territoire. Le tonnage manipulé a plus que triplé entre 1950 et 1960, passant de 516 907 à 1 766 709 (Chambre de Commerce et d'Industrie, opt. cit.). L'ouverture du port d'Abidjan consacra la fermeture des points d'embarcation maritimes de Grand-Bassam, de Grand-Lahou et d'Assinie. Il était appuyé dans ses activités par les ports de Sassandra et Tabou spécialisés dans l'embarcation de la banane et du bois.

Tableau 1.13. Ventilation des ressources du FIDES pour la Côte d'Ivoire

Secteurs ciblés	*Montant des investissements (Millions de FRANCS CFA)*	*Part relative (%)*
Secteur primaire	**408**	**4,8**
Agriculture	157	1,9
Élevage	69	0,8
Foresterie	182	21,6
Secteur social	**568**	**6,7**
Éducation	412	5
Santé	156	2
Infrastructures économiques	**7442**	**88,5**

Canal de Vridi	1 759	21
Port d'Abidjan	1993	23,6
Wharf de Sassandra	210	2,5
Chemin de fer	377	4,5
Routes et Ponts	1591	19
Télécommunication	513	6,1
Aéroports	69	0,8
Électrification	412	4,5
Travaux urbains et ruraux	518	6
TOTAL	**8418**	**100**

Source : Poumaillou (1951)

Le réseau routier et la ligne de chemin de fer ont été développés pour créer les liaisons entre le port d'Abidjan et l'arrière-pays. À la fin des années 1940, la Côte d'Ivoire ne comptait que 1,4 kilomètre de ponts et 10 850 kilomètres de routes dont 50 kilomètres bitumés. À partir de 1952, l'Administration coloniale entreprit une politique vigoureuse d'expansion du réseau routier ivoirien. Ainsi, une enveloppe de 1, 665 milliards de Francs CFA, essentiellement financés par le FIDES, fut dégagée pour l'entretien et la création de routes. En plus, un Fonds Routier fut mis en place et prit en 1957, le nom de Fonds d'Investissements Routier alimenté par des redevances sur le prix du carburant et des lubrifiants. En ce qui concerne le transport ferroviaire, l'unique voie de chemin de fer connut une modernisation avec la révision de certains tronçons pour faciliter la circulation de trains de six cent cinquante tonnes. En outre, le parc de matériel roulant est enrichi par des locomotives diesel et des wagons spécialement aménagés pour le transport de la banane.

Le développement du transport aérien fut également inscrit dans la politique de dotation de la Côte d'Ivoire en infrastructures économiques par l'Administration coloniale. L'aéroport international de Port-Bouët fut modernisé en avril 1952 avec une piste bitumée de 2 200 mètres qui lui permit de réaliser un trafic de 22 163 passagers au cours de la même année (Chambre de Commerce, 1953). Pour le trafic aérien intérieur, des aérodromes sont construits dans les villes de Bouaké, Korhogo, Man, Divo, Sassandra, Tabou, Agnibilékro et de Bondoukou.

4.1.2. Consolidation de l'intégration dans le commerce international

L'autorité coloniale a institué, en Côte d'Ivoire, une organisation économique en fonction des besoins de l'industrie métropolitaine. Il a été observé la mise en place du système de traite, avec le développement des cultures d'exportation et de l'exploitation forestière dont les productions sortaient du territoire sans véritable transformation manufacturière. Ces traits caractéristiques ont parfaitement reflété la position de la Côte d'Ivoire dans le commerce international au cours de l'époque coloniale. Les produits végétaux, socle de la mise en valeur du territoire, dominaient largement la structure du commerce extérieur de la colonie ivoirienne. Le passage en revue des exportations de la Côte d'Ivoire sur la période 1941-1960 met en évidence la domination nette du café et du cacao. De façon régulière, le café constituait à lui seul, la moitié des exportations ivoiriennes et a représenté avec le cacao, 92,6% des exportations totales de 1954 (voir graphique 1.2). Forte de sa dotation en forêt tropicale en basse altitude dans sa partie sud, les superficies cultivées de café et de cacao de la Côte d'Ivoire sont passées de 30 000 hectares en 1934 à 500 000 hectares en 1960, dont 200 000 hectares de cacaoyères (Chambre de commerce et d'industrie, 1962). L'explosion des productions de café et de cacao a placé la Côte d'Ivoire en pole position dans le commerce extérieur de l'AOF avec 46,9% des exportations de la région en 1952, dont 90% des exportations de café et la totalité de celles de cacao en 1957 (Chambre de Commerce et d'Industrie, 1958). Selon la même source et la même année, la Côte d'Ivoire s'est positionnée au 3e rang mondial pour la production de café et au 4e rang pour celle du cacao.

Les exportations totales en valeur nominale ont enregistré une croissance assez régulière et significative sur la période 1950-1960. Estimées à 13,767 milliards de Francs CFA en 1950, les exportations totales ivoiriennes sont passées à 27,311 milliards de Francs CFA quatre ans plus. Entre 1954 et 1957, elles se sont globalement contractées, évaluées à seulement 24,408 milliards de Francs CFA en 1957. À partir de 1958, elles reprirent leur rythme de croissance du début des années 1950 pour culminer à 37,329 milliards de Francs CFA en 1960 (voir figure 1.1).

Graphique 1.1. Évolution des exportations totales de la Côte d'Ivoire entre 1950 et 1960 (en Milliards de FRANCS CFA)

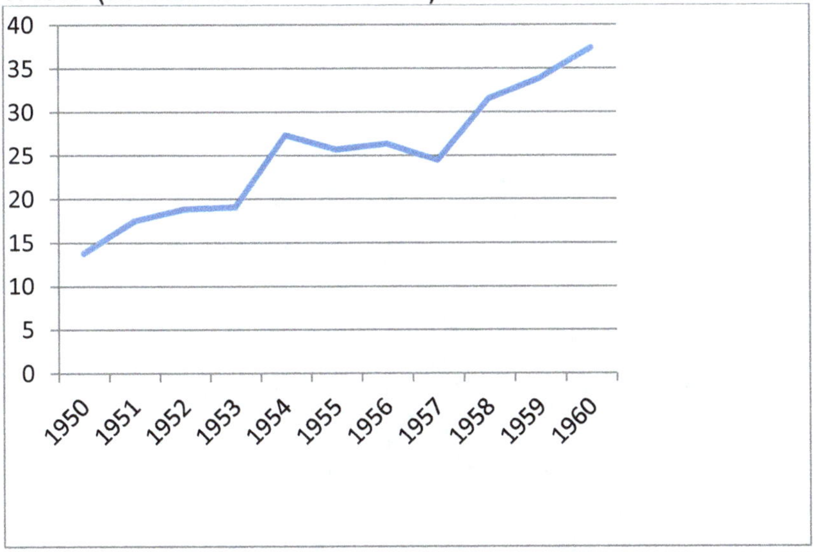

Source : Auteur à partir des données de la Chambre de commerce et d'industrie (1962)

Graphique 1.2. Évolution des parts relatives du Cacao, du Café, du Bois et de Banane dans les exportations ivoiriennes entre 1950 et 1960 (en %)

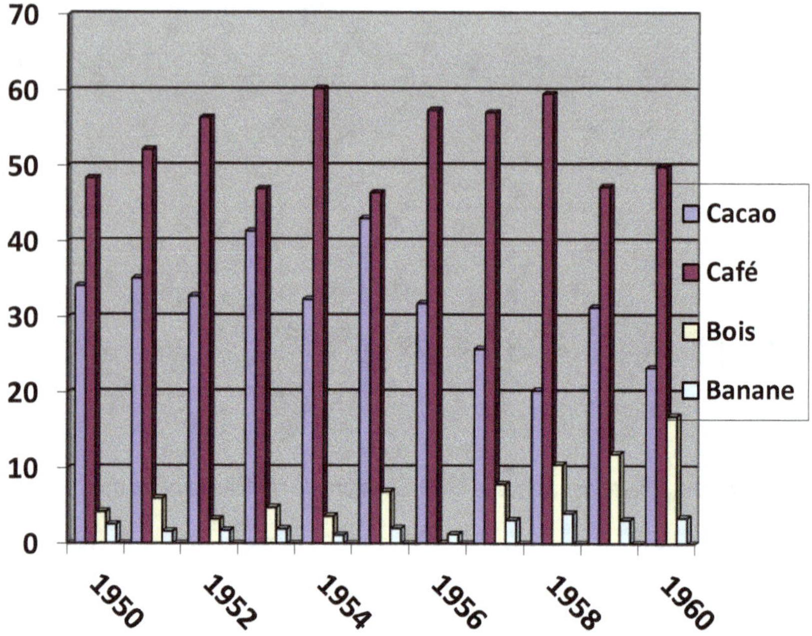

Source : Auteur à partir des données de la Chambre de commerce et d'industrie (1962)

Les importations en valeur nominale du Territoire de Côte d'Ivoire enregistrent la même tendance haussière que les exportations sur période 1950-1960. Seulement de 7,193 milliards de Francs CFA en 1950, les importations ivoiriennes ont plus que triplé en l'espace de quatre ans en atteignant les 19,676 milliards en 1954. Après deux années de chute régulière, 1955 et 1956, elles reprennent leur dynamique de croissance en passant de 19,512 à 22,827 milliards de Francs CFA et finissent par s'établir à 29,322 milliards Francs CFA en 1960 (voir graphique 1.3).

À l'instar de toutes les colonies, ces importations ivoiriennes sont caractérisées par l'importance des produits finis, des produits agricoles élaborés et des biens d'équipements. Sur la période 1950-1960, les produits finis importés par la Côte d'Ivoire sont particulièrement dominés par les produits textiles (sacs de jute, tissus et confections). Ils représentaient globalement en moyenne un peu plus de 16% des importations sur la période. Quant aux produits alimentaires, ils concernaient notamment les légumes frais, les conserves, les fruits frais et les boissons destinés à la population européenne résidente. Si leur proportion était relativement importante en 1950 et à 1951, respectivement de 28,5% et 27 %, elle a progressivement chuté pour se maintenir en moyenne autour des 15%. Les biens d'équipement étaient dominés par les automobiles, les matériaux de construction, les hydrocarbures, les machines et outillages. Ils ont régulièrement représenté plus du tiers des importations entre 1950 et 1960 (voir graphique 1.4).

Graphique 1.3. Évolution des importations totales de la Côte d'Ivoire entre 1950 et 1960 (en milliards de Francs CFA)

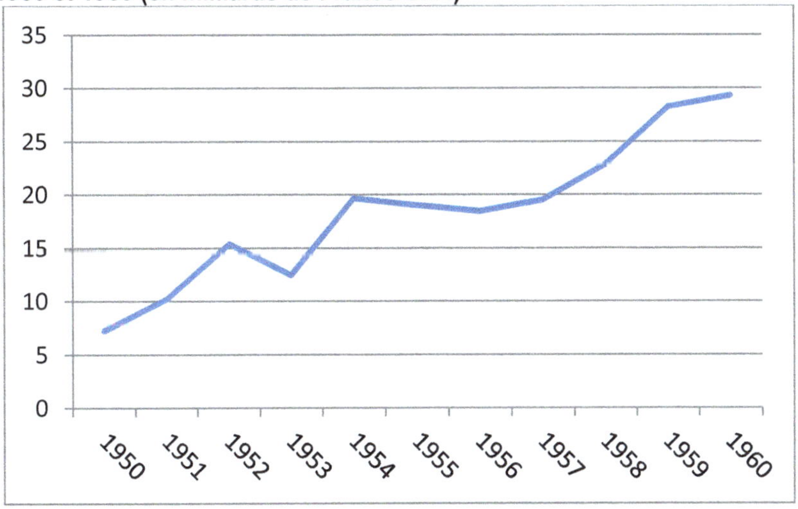

Source : Auteur à partir des données de la Chambre de commerce et d'industrie (1962)

Graphique 1.4. Évolution des parts relatives des Biens d'Équipements plus Hydrocarbures ; des Produits textiles ; et des Produits alimentaires dans les importations ivoiriennes entre 1950 et 1960 (en %)

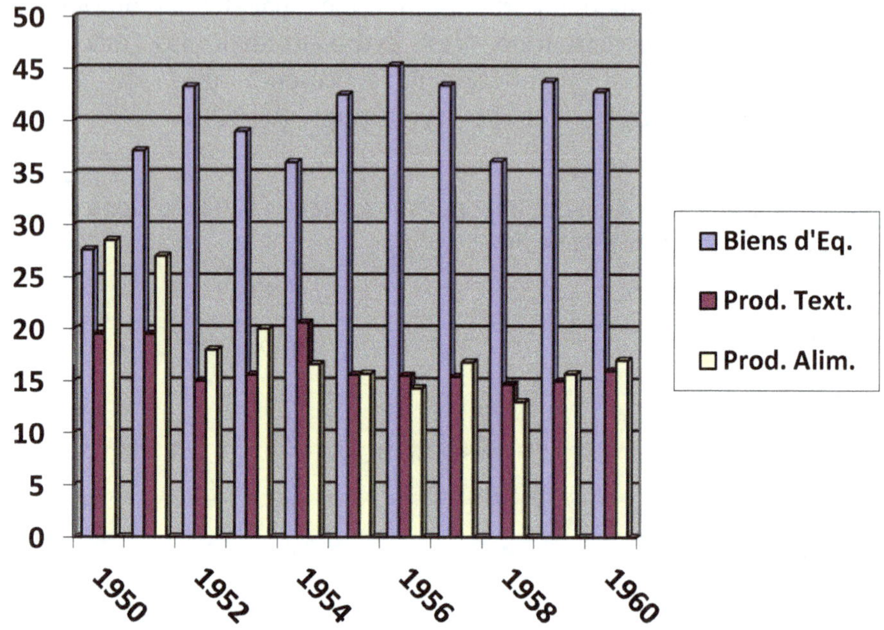

Source : Auteur à partir des données de la Chambre de commerce et d'industrie (1962)

La structure des partenaires commerciaux du territoire de Côte d'Ivoire était caractérisée par une prédominance des échanges avec la Métropole. Sur la période 1950-1960, la France fut le principal client de la Côte d'Ivoire en recevant, à l'exception des années 1955 et 1956, plus de la moitié de ses exportations. L'évolution des flux de matières premières végétaux entre la Côte d'Ivoire et la France laisse apparaître une chute globale de la part relative des exportations vers la Métropole entre le début et la fin des années 1950 : de plus de 60% en 1950 et 1951, la part relative des exportations ivoiriennes vers la France est tombée autour des 52% à partir de 1959 (voir graphique 1.5). Principal fournisseur du Territoire de Côte d'Ivoire, la provenance française a globalement représenté en moyenne plus de 60% des importations ivoiriennes sur la période allant de 1950 à 1960.

On note tout de même au cours de cette période la naissance d'un courant d'échanges entre la colonie Côte d'Ivoire et les autres colonies françaises, notamment de l'AOF.

Graphique 1.5. Évolution des parts relatives de la France dans les exportations et les importations ivoiriennes entre 1950 et 1960 (en %)

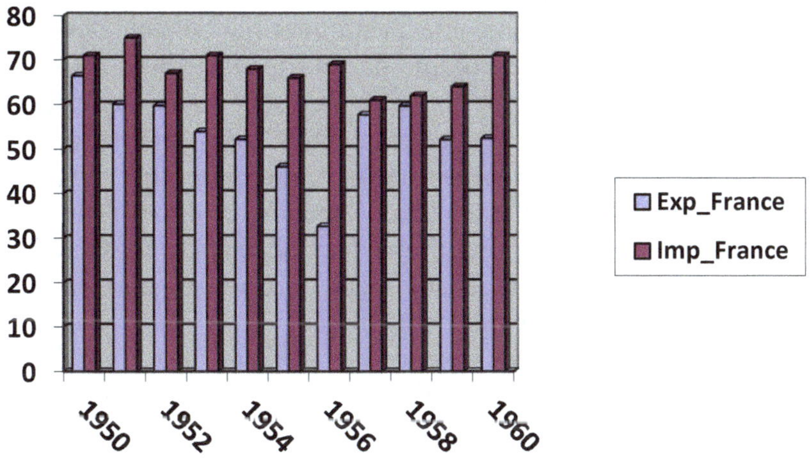

Source : Auteur à partir des données de la Chambre de commerce et d'industrie (1962)

En somme, l'économie du territoire colonial de Côte d'Ivoire fut organisée de sorte à faire de la Métropole le premier partenaire économique c'est-à-dire le premier fournisseur et le premier client. Nonobstant son solide ancrage dans le commerce international, la Côte d'Ivoire entretint un flux d'échanges avec les autres colonies françaises, notamment de l'AOF. Bien que ces flux soient restés marginaux, pendant longtemps ces colonies ont assuré un peu plus de 20% des importations ivoiriennes entre 1957 et 1959 et recevaient plus de 10% des exportations depuis 1951.

4.2. Les transformations sociales

La Côte d'Ivoire fut le théâtre de bouleversements sociaux considérables tout au long de l'époque coloniale. La monétarisation de la société par l'économie de plantation a favorisé le brassage de la population avec l'arrivée d'immigrés qui modifia les rapports et les comportements sociaux. Ces modifications concernent la taille et la composition des communautés rurales, les habitudes alimentaires, la religion et l'organisation familiale. On note, à cet effet avec Amin (1971), que les zones méridionales de plantations regroupaient 23 % de la population rurale avec un revenu annuel par tête de 11 700 francs contre 10 % dans la zone privilégiée du Sud avec un revenu par tête de 19 400 francs au cours de la même année. Ces changements ont été moins profonds dans le septentrion, dominés par les activités de production céréalière.

Quant à la société urbaine, elle s'est plutôt rapidement étendue que transformée. En effet, si le volume de revenus distribués a fortement augmenté, les proportions par classe sociale sont restées assez stables. Les salaires des Européens représentaient60% des salaires distribués dans le secteur non agricole en 1950. Cette proportion importante s'explique principalement par la domination croissante du capital étranger (Amin, opt. cit.). Les Européens y occupaient tous les postes-clés allant des postes d'encadrement technique aux postes de responsabilité administrative et économique.

La grande proportion des revenus des Africains est constituée soit des salaires soit des gains assez faibles de petits entrepreneurs. Dans la masse des salaires africains, les salaires versés par la fonction publique ont régulièrement augmenté représentant 42% des salaires en 1950.

En somme, tout au long de l'époque coloniale, la société ivoirienne a laissé apparaître des classes différentes du point de vue de leur rôle dans l'économie locale. En zone rurale, on note la formation de riches planteurs qui cohabitaient avec une classe d'ouvriers agricoles. En milieu urbain, trois classes sociales plus ou moins distinctes s'observaient. D'abord, il y avait les masses populaires qui rassemblaient la très grande majorité de la population urbaine incluant des ouvriers, des artisans, de petits commerçants et d'employés subalternes des entreprises et de l'Administration. Ensuite, il y avait la classe sociale moyenne avec un effectif plus resserré, composée notamment de fonctionnaires moyens et de détaillants commerciaux aisés. Enfin, il y avait la classe sociale aisée ou « bourgeoisie locale », qui est composée essentiellement de fonctionnaires supérieurs, de cadres de la grande entreprise et accessoirement des brillants entrepreneurs du secteur du commerce. Fortement gênée par la domination des capitaux étrangers, la couche sociale riche locale s'est, longtemps, contentée de chercher des revenus complémentaires dans la spéculation immobilière, foncière et l'exploitation de certains services.

*

* *

Parmi les produits introduits par l'Administration coloniale dans la société primitive lignagère ivoirienne, le café et le cacao ont, à la fois, marqué l'espace et les mentalités et orienté les comportements. En tant que vecteur de l'économie de plantation, le café et le cacao ont favorisé la mise en place d'infrastructures économiques de grande envergure dans la colonie.

À la fin de l'expérience coloniale, la Côte d'Ivoire hérita de deux éléments essentiels de transformation d'un milieu socio-économique. Il s'agit d'une part de la politique coloniale de désenclavement et d'ouverture sur l'extérieur symbolisée par le port en eau profonde d'Abidjan et d'autre part, de la ville d'Abidjan qui est le creuset des transformations sociales impulsées par la politique coloniale. En effet, le port d'Abidjan et la ville d'Abidjan furent les fers de lance d'une dynamique de croissance de l'économie ivoirienne dans les années 1950 qui s'est bien consolidée au cours des deux décennies qui ont suivi.

CHAPITRE 2 : LA DOUBLE DÉCENNIE DU MIRACLE IVOIRIEN : 1960 – 1980

La Côte d'Ivoire indépendante a hérité d'une économie coloniale de plantations en pleine croissance. C'est fort logiquement que les premières Autorités du jeune État ont adopté une stratégie de développement inspirée de l'expérience coloniale. Le choix d'un libéralisme économique particulièrement caractérisé par une intervention directe de l'État dans la sphère productive fut privilégié. Dans ce libéralisme à l'ivoirienne ou « capitalisme d'État », le choix des politiques de développement était orienté par des plans quinquennaux. L'objectif visé était celui d'une programmation équilibrée des investissements publics.

La stratégie de développement de l'économie ivoirienne se résumait, selon Azam (1994), à une transformation par l'État des surplus prélevés sur l'agriculture en accumulation de capital productif. Elle a permis à l'économie ivoirienne d'obtenir rapidement des résultats spectaculaires au cours de la période 1960-1980. Le PIB a augmenté en moyenne de plus de 7% sur cette période ; ce qui a permis à la Côte d'Ivoire d'être classée, dans les années 1970, dans la catégorie des pays à revenu intermédiaire avec un PIB par habitant atteignant 2237 $ en 1978. En moins de 20 ans, le jeune État ivoirien est devenu l'un des plus grands producteurs mondiaux de matières premières agricoles tropicales telles que le Café, le Cacao, la Banane, et l'Huile de Palme. Cette phase de croissance de l'économie ivoirienne qualifiée de « miracle ivoirien » est le reflet de la pertinence des politiques de développement élaborées dès l'ascension du pays à l'Indépendance.

Les points suivants seront analysés dans ce deuxième chapitre: (1) un examen des sources du « miracle ivoirien » à travers une présentation des orientations stratégiques définies dans les plans appliqués au cours de la période (2) une analyse de la dynamique macroéconomique ; (3) une présentation du développement sectoriel et l'aménagement du territoire ; (4) une présentation de la dynamique des secteurs sociaux de l'éducation et de la santé ; (5) une analyse des limites de la stratégie globale de développement.

1. Évolution de la stratégie globale de développement de l'économie ivoirienne au cours de la période 1960 - 1980

Dès son accession à l'Indépendance, la Côte d'Ivoire a opéré des choix pour concevoir l'évolution de sa stratégie globale de développement. L'orientation de la politique de développement, à forte coloration interventionniste, s'est faite à travers différents plans quinquennaux. On situe l'origine de cette politique ivoirienne de planification aux « perspectives décennales 1960–1970 » qui ont finalement laissé la place au premier plan quadriennal 1967-1970. À la suite de cela, il y eut successivement le second plan quinquennal 1971-1975 et le troisième plan quinquennal 1976-1980. Un examen de l'enchaînement de ces plans mettra en lumière les mesures de politiques économiques mises en œuvre au cours de la décennie 1960-1980[3].

1.1. La stratégie de développement dans "les perspectives décennales" et le premier plan quadriennal 1967-1970

Les perspectives décennales 1960-1970 projetaient une croissance économique fondée sur le dynamisme du secteur agricole d'exportation qui devrait constituer le principal moteur du développement. Le taux de croissance économique moyen annuel attendu était fixé à 8%. Il visait une croissance rapide de l'industrie au taux de 15,4% pour pouvoir réaliser l'objectif quantitatif de croissance économique. L'autre objectif assigné à la croissance de la production industrielle est de réduire la part du secteur primaire dans la formation du PIB. Le but ici est l'amorce de la modernisation des structures de l'économie ivoirienne.

Si l'objectif de croissance économique rapide est retenu par le premier plan quadriennal 1967-1970, celui-ci fait l'option supplémentaire d'un développement rapide des infrastructures économiques pour assurer un cadre adéquat pour la poursuite de la croissance. Les principaux leviers dont dispose l'État pour réaliser les options retenues tant dans ''les perspectives décennales'' que dans le premier plan quadriennal sont les investissements publics et la réforme du code des investissements. Les investissements publics

[3] Cette section est largement inspirée des plans successifs de développement économique, social et culturel de la République de Côte d'Ivoire publiés par le Ministère du Plan.

sont, pour l'essentiel, orientés vers le développement de l'agriculture de rente et la consolidation des infrastructures économiques héritées de l'époque coloniale.

Pour le secteur agricole, l'objectif visé par les investissements publics était de consolider la diversification des cultures d'exportation entreprise depuis l'époque coloniale. Cela urgeait d'autant plus que le café rencontrait des difficultés sur le marché mondial. Le plan privilégiait le développement de la culture du cacao au détriment de celle du café et prévoyait de dynamiser les productions de coton, d'hévéa et d'ananas. Un effort en faveur de la riziculture était envisagé pour réduire l'écart grandissant entre la consommation locale et la production nationale de riz.

Les investissements dans les infrastructures économiques concernent notamment l'extension du réseau routier, la production d'électricité, la poursuite de la modernisation du port d'Abidjan et la construction du port de San Pedro.

Pour la croissance de la production industrielle, la participation prévue par l'État représentait un volume d'investissement plus faible. En effet, l'Etat misait surtout sur l'incitation de l'initiative privée, en grande partie d'origine étrangère, à travers un code d'investissement réformé pour être plus attractif. Le plan a porté sur–un volume d'investissement industriel de 108 milliards de Francs CFA dont seulement 7 milliards de financements public. La politique industrielle pour cette première phase de développement a confiné l'État dans un rôle d'accompagnateur plutôt que d'acteur essentiel.

Au début de la décennie 1960, l'épargne budgétaire, tirée des ressources fiscales et parafiscales, a contribué à la hauteur de 60% au financement des investissements et au remboursement de la dette publique. Au cours de la période 1967-1970, il était prévu une diminution de la part de l'épargne budgétaire de 52% dans le financement des investissements au profit d'un renforcement de l'endettement.

Le plan quadriennal 1967-1970, premier plan ivoirien, présentait les caractéristiques propres à la planification ivoirienne. Celle-ci se résume globalement à l'affectation à travers les investissements publics du surplus prélevé sur les ressources primaires végétales et les appuis financiers extérieurs vers des sources de croissance ciblées. Ces caractéristiques devaient davantage s'affirmer dans les deux plans quinquennaux suivants.

1.2. Le plan quinquennal 1971-1975

Les orientations stratégiques de la période de 1971-1975-reposaient sur l'état de réalisation du plan précédent. Ce dernier a atteint son objectif général en réalisant un taux de croissance moyen annuel de 8%. De même, les objectifs sectoriels ont été atteints. Par exemple, le secteur primaire a contribué, à la fin de la période concernée, à hauteur de 32,3% à la formation du produit national contre 33% prévu. La production industrielle a également connu une croissance de 15,7% contre 15,3 % prévue. La croissance industrielle a été essentiellement impulsée par le développement de l'industrie d'import-substitution approvisionnant le marché local. Toutefois, des insuffisances ont été constatées dans la réalisation du plan précédent. Elles sont relatives à l'accroissement des disparités régionales au détriment des régions du Nord, à la faible présence d'Ivoiriens dans le secteur moderne de l'économie et au financement de projets non inscrits au plan dont les rentabilités sont restées assez faibles. Enfin, le recours au financement par emprunt a été plus important que prévu.

1.2.1. Les orientations stratégiques globales du plan

L'orientation de la stratégie de développement adoptée pour la période 1971-1975 et jusqu'à 1980, qui constitue l'horizon prospectif du plan quinquennal 1971-75, poursuit l'objectif de corriger au mieux les insuffisances constatées au niveau du plan précédent. Toutefois, le plan 1971-75 n'a pas perdu de vue les succès de la période 1960–70 qu'il entend d'ailleurs entretenir. Ainsi, l'option d'une croissance forte est maintenue avec un taux fixé autour de 7,7% pour la période 1971-75. Pourtant, cette prévision reste peu réalisable dans la mesure où le plan, lui-même, reconnaît que l'expansion de la production industrielle était fortement contrainte par l'étroitesse du marché local.

L'affirmation du rôle décisif de l'investissement public dans la croissance est plus marquée dans ce second plan. En ce qui concerne l'affectation significative des dépenses publiques, le secteur agricole a été encore une fois privilégié. La priorité est accordée aux cultures d'exportation qui ont parfaitement joué, au cours de la période précédente, leur rôle de première source de financement de la croissance. L'option de diversification de ces cultures est cette fois doublée de la préoccupation d'un équilibrage régional avec la consolidation de la culture de coton en zone de savane. L'autre grande préoccupation du plan quinquennal 1971-1975 est l'amélioration de la productivité de l'agriculture de rente par une modernisation du secteur jusque-là caractérisé par une production extensive.

Le plan quinquennal 1971-1975 se démarque clairement du plan de la période précédente à travers les prévisions du développement industriel. Partant du constat que les activités d'import-substitution se sont vite heurté à l'étroitesse du marché domestique empêchant ainsi les unités industrielles de bénéficier de gain de productivité induit par des économies d'échelle, le second plan envisageait la mise en place d'une nouvelle génération d'industries. Il s'agissait de densifier les relations interindustrielles dans l'optique d'améliorer la valeur ajoutée manufacturière. Ces industries de nouvelle génération devraient être de grande taille pour favoriser la croissance de la productivité et produire pour l'exportation. L'incitation à la délocalisation de firmes multinationales devrait conduire à la réalisation de cette option industrielle. Cette mutation de la politique industrielle implique un accroissement du rôle de l'État à travers une implication plus directe et plus significative de l'investissement public dans le développement industriel. Les prévisions de croissance de la production industrielle sont fixées à un niveau relativement plus modeste, nonobstant la nouvelle orientation de la politique d'industrialisation.

Le second plan quinquennal 1971-1975 a placé au centre de ses préoccupations, les secteurs sociaux de la santé et de l'éducation. Le développement accéléré prévu pour le système éducatif traduit la volonté de réaliser l'objectif d'ivoirisation du secteur moderne de l'économie.

1.2.2. Les sources de financement des objectifs définis

La maîtrise des investissements publics est au cœur des préoccupations du nouveau plan. Ainsi, la moitié des investissements publics devrait être réalisée dans le secteur productif. Le secteur secondaire, particulièrement ciblé par les investissements publics, devrait recevoir 11% du total des investissements contre 9% pour le secteur agricole. Cette orientation vers l'investissement productif dans l'industrie reflète bien la volonté affirmée de favoriser sa mutation.

Les options de financement des investissements publics restaient étroitement liées à leur répartition. Le poids de l'épargne budgétaire restait encore prédominant même s'il diminua légèrement entre 1970 et 1975, passant de 52,9% à 45,4% du total des ressources de l'État. Dans l'optique de réduire la part trop importante de l'endettement constatée au cours de la période précédente, le second plan poursuivit l'objectif volontariste de réduire considérablement la part du financement extérieur dans les investissements. La réalisation d'un tel objectif impliquait une augmentation soutenue de l'épargne des entreprises et au moins une stabilisation de celle des ménages.

1.3. Le plan quinquennal 1976-1980

Un bilan sommaire du plan précédent montre que le niveau de la croissance attendue ne s'est pas réalisé puisque le taux de croissance sur la période 1971-1975 a été seulement de 6,2% contre 7,7% prévu ; ce qui reste peu surprenant, car la production industrielle connaissait une baisse plus importante que prévu. En effet, elle s'établit à 8,5% contre 10,5 % prévue, confirmant ainsi les difficultés d'expansion de l'industrie d'import-substitution fortement contrainte par la petite taille du marché local. Ce niveau de croissance de l'industrie traduisait en outre les difficultés dans la mise en œuvre de la mutation du processus d'industrialisation. Le plan quinquennal 1976-1980 attribuait les mauvais points du bilan du plan précédent au ralentissement du développement lié à la mauvaise conjoncture induite par la crise pétrolière de 1973.

Au niveau de la production agroalimentaire, le second plan a fait ressortir des insuffisances dans l'application du premier. Le déficit de la production vivrière s'est accru, notamment pour le riz et la viande. Par ailleurs, le développement agricole s'est trouvé bloqué par la raréfaction des terres forestières, l'exode rural et la faible productivité.

1.3.1. Les orientations stratégiques globales du plan

Instruit des résultats assez mitigés du second plan quinquennal 1971-1975, le troisième plan quinquennal 1976-1980 se présente comme un approfondissement des objectifs du précédent. Ce plan prévoyait la modernisation de l'agriculture. Toutefois, cette prévision est associée à la volonté de créer des structures agricoles modernes à même de favoriser l'intensification des rendements des exploitations familiales. À cet effet, l'importance est accordée aux problèmes fonciers et à la promotion de jeunes agriculteurs. Pour la réduction des disparités régionales, il a été prévu une croissance plus rapide de la productivité agricole dans le Nord. À la lumière des objectifs ainsi définis, le plan 1976-1980 prévoyait une accélération de la production agricole au taux moyen annuel de 6,9% contre 4,5% pour la période précédente. Avec la consolidation des programmes riz et coton, le plan envisage une intégration agro-industrielle plus poussée.

Le troisième plan entendait ainsi rattraper les insuffisances de réalisation du développement industriel du précédent en fixant l'objectif de croissance de l'industrie à un taux de 12,7% sur la période ; ce qui permettrait aux activités manufacturières de représenter 20% de la valeur ajoutée globale à la fin de la décennie 1970. La redynamisation du secteur industriel devait s'accompagner d'une création significative d'emplois projetée à 131 000 postes en 1980 contre 80 000 en 1975. Du point de vue de la structure du tissu industriel, les orientations restaient celles du plan 1971-1975, à savoir la promotion de la production manufacturière destinée à être exportée sur des marchés internationaux comme dans la sous-région. Cette activité industrielle reposerait aussi bien sur la transformation des matières premières locales que sur des intrants importés pour la réalisation de l'objectif d'industrialisation accélérée, il a été envisagé, d'une part, d'améliorer la productivité par la formation des ressources humaines, et d'autre part, de dynamiser l'appareil industriel par la réduction du protectionnisme dont bénéficient les industries d'import-substitution.

Le plan quinquennal 1976-1980 qui se voulait assez volontariste prévoyait la poursuite des investissements en infrastructures de base. Les domaines particulièrement concernés sont les aménagements hydro-électriques, les infrastructures de transport et de télécommunication, ainsi que les équipements sociaux.

1.3.2. Les moyens de financement des investissements publics prévus

Dans l'optique d'atteindre ses buts, le plan quinquennal 1976-1980 prévoyait un volume d'investissements publics de 1 591 milliards de Francs CFA. Au-delà du chiffre record des ressources publiques à mobiliser, c'est plutôt la répartition des investissements qui constitue une rupture avec tous les plans précédents. En effet, il est prévu un rôle accru de l'État dans l'investissement productif. Celui-ci est envisagé à hauteur de 52% du total des investissements publics répartis entre les investissements des entreprises publiques et les prises de participation. Cette volonté de l'Etat de s'engager nettement dans la sphère de production marchande tient au fait que l'initiative privée, tant nationale qu'étrangère, ne s'intéressait pas suffisamment aux secteurs priorisés par les orientations stratégiques du développement. Bien que l'objectif de réduire sa dépendance vis-à-vis des sources de financement étranger demeurait, l'extérieur continuerait de contribuer pour plus du tiers des investissements publics de la période et d'apporter 50,6% des investissements de la période.

L'objectif d'accélération du processus de développement recherché par ce troisième plan a été atteint avec un taux de croissance moyen annuel de 7,9% et le revenu par habitant a crû de 5,1% par an ; ce qui a été réalisé grâce à un effort d'investissement public nettement au-dessus des prévisions avec un dépassement de 41% de l'objectif-cible. Ce dépassement traduit toutefois les faiblesses dans l'exécution du troisième plan quinquennal. En effet, les programmes d'investissement productif n'ont quasiment pas été réalisés. Le taux de réalisation se situe autour de 0,27% pour le développement agricole, industriel ou minier. A contrario, on note un large dépassement des investissements non productifs, notamment dans les secteurs de l'urbanisme et de l'habitat et de la formation. Dans le bilan que fit le quatrième plan quinquennal 1981-1985, les écarts dans l'exécution du troisième plan sont essentiellement liés aux coûts sociaux en termes de formation, de santé et d'urbanisation. Cette baisse d'efficacité des interventions économiques de l'État s'est traduite par la détérioration des équilibres financier et budgétaire.

2. La dynamique macroéconomique

La période 1960-1980 est caractérisée d'un point de vue macroéconomique par une longue dynamique de croissance forte. Cette croissance est essentiellement portée par l'entretien du dynamisme de la production extensive de l'agriculture d'exportation et des investissements publics soutenus pour accompagner le secteur productif. Cet interventionnisme étatique non maîtrisé a fini par fragiliser les équilibres interne et externe.

2.1. L'évolution de la production au cours de la période 1960-1980.

L'agriculture d'exportation et l'exploitation forestière sont restées le moteur de la dynamique de la croissance forte du PIB. Il importe, toutefois, de noter que les activités du secteur moderne, tirées par la demande intérieure et bénéficiant d'une croissance de la productivité des facteurs travail et capital, ont apporté une contribution non moins négligeable à l'accroissement de la valeur ajoutée dans l'économie ivoirienne.

2.1.1. La trajectoire de la croissance économique

La trajectoire très ascendante de la croissance de l'économie ivoirienne sur la période 1960-1978 présente deux phases.

La première phase, qui part du début de l'Indépendance au début du milieu des années 1970, est le prolongement de la dynamique économique du début des années 1950. Elle est caractérisée par un taux de croissance du PIB réel de 8%[4]. Malgré, un taux de croissance démographique d'environ 4 % sur toute la période 1960-1980, la Côte d'Ivoire est classée dans la catégorie des pays à revenu intermédiaire. Cette dynamique de croissance économique forte a pris sa source dans l'explosion des productions de bois, de café et de cacao des années 1950. La croissance de la production primaire fut entretenue dès l'Indépendance avec la promotion de l'agriculture extensive faite de plantations succédant au défrichage de larges superficies de la forêt tropicale primitive.

Ainsi, de 1965 à 1973, les cultures d'exportation, café et cacao notamment, connurent un taux de croissance moyen annuel de 7,4 % contre 10% entre 1950 et 1964. La contribution du secteur public dans l'entretien de la croissance impulsée par la production de matières premières agricoles restait assez significative. Les prélèvements effectués sur les ressources du café, du cacao et du bois, à titre fiscal et parafiscal, ont permis à l'État de porter ses investissements de 7 % du PIB entre 1960 et 1965 à 13% sur la période 1973-1974. La particularité de ces investissements publics est qu'ils étaient à près de 60% réalisés par des entreprises publiques opérant soit comme des agences de développement ou soit comme des unités complémentaires ou substituables dans les branches de production marchande. Le taux d'investissement observé au cours de cette phase est de l'ordre de 20% du PIB et largement financé par l'épargne nationale.

La seconde phase de croissance économique, de la période 1960-1980, débute en 1975 et est impulsée par la flambée des cours mondiaux des matières premières exportées par l'économie ivoirienne.

[4]Les statistiques présentées dans cette sous-section sont pour l'essentiel tirées de Berthélemy et Bourguignon (1996).

L'année 1975 est caractérisée, au plan international, par une hausse assez marquée des prix mondiaux du café et du cacao qui ont triplé. Ce contexte international favorable a induit, pour l'économie ivoirienne, des gains de recettes d'exportation de 50% (Davis, 1983). Les termes de l'échange connaissaient une hausse de 80% permettant de consolider les ressources de la CAISTAB qui représentaient 16% du PIB en 1977. Le supplément de ressources publiques a conduit l'État à accélérer ses investissements qui ont triplé de volume entre 1974 et 1978, suite à un taux de croissance moyen annuel de 36% et leur part a culminé à 17% en 1978. À l'instar de la phase précédente, ces investissements publics étaient largement dominés par les investissements réalisés par les entreprises publiques avec une part de l'ordre de 57%. Réagissant au renchérissement de la demande, les investissements privés connurent un rythme de croissance au taux annuel moyen de 19%. Le taux de croissance global du PIB sur la période 1975-1978 a été de l'ordre de 10%. Au cours de cette forte croissance, le taux de change effectif réel a enregistré une appréciation de l'ordre de 43%[5], du fait des fortes pressions inflationnistes. En effet, le taux d'inflation est assez rapidement passé en moyenne de –0,87% sur la période 1966-1974 à une moyenne de 10,64 % entre 1975 et 1977[6]. Ce taux moyen d'inflation a par la suite chuté de moitié se situant à 5,37% sur la période 1978-1980.

En somme, le boom du café-cacao et les programmes induits ont favorisé une hausse significative de la demande intérieure. Elles se sont traduites par un renchérissement d'une part, de la consommation des biens importés qui ont accru le déficit extérieur, et d'autre part, du prix des biens produits localement. L'économie ivoirienne a présenté le symptôme du *syndrome hollandais*[7] entre 1975 et 1980. En effet, l'appréciation brutale du taux de change effectif réel traduit « … une baisse du poids relatif de la valeur ajoutée des branches des secteurs

[5] Novak (1994), cité par Cogneau et al. (1999), définit le taux de change effectif réel comme le rapport entre le déflateur du PIB ivoirien et une moyenne de déflateurs du PIB des pays de l'OCDE. Il construit un indice de prix des biens non échangeables à partir des prix des produits alimentaires locaux, d'habitation et de services.

[6] Estimations réalisées par Kouadio (1993) sur la base des données de la BCEAO et de la Banque Mondiale.

[7] Le syndrome hollandais (*dutch disease*) décrit un ensemble de mécanismes par lesquels une forte dotation en ressources naturelles peut influencer négativement la croissance à long terme d'une économie. Le terme a été introduit par *The Economist* pour expliquer la stagnation de l'activité aux Pays-Bas durant les années soixante-dix comme le résultat de la découverte d'un large gisement de gaz naturel.

échangeables au profit des branches des secteurs non échangeables : tandis que les premières voient leur taux de croissance diminuer de 1,8% entre les périodes 1970 – 1975 et 1975 – 1981, les secondes connaissent une variation positive de croissance de 1,4%. Les effets sur les échanges extérieurs ne font pas attendre. Le taux de croissance moyen annuel des exportations réel (Franc CFA de 1971) hors café-cacao passe de 5,5% sur la période 1971-1976 à – 1,9% sur la période 1976-1981. Le taux de croissance des exportations manufacturières en volume ralentit, passant de 14,7% à 5,1% en moyenne par an. » (Novak, 1994, cité par Cogneau et al. (1999).

Au total, malgré l'amorce d'un début de diversification de la production et des échanges,le poids du café et du cacao s'est renforcé dans les exportations de l'économie ivoirienne.

2.1.2. Contribution sectorielle à la croissance du PIB

La croissance des principaux secteurs d'activité de l'économie ivoirienne est globalement satisfaisante sur la période 1960-1980. En dehors du secteur agricole, la croissance moyenne sectorielle a été plus importante au cours de la période 1966-1974 que de celle allant de 1975 à la fin des années 70 (voir tableau 2.1).

Tableau 2.1. Croissance moyenne sectorielle (%)

	1966-74	1975-80
Agriculture	2,79	5,03
Industrie	11,40	10,24
Services	14,59	1,19

Source : Auteur/ Comptabilité Nationale (1976) et Banque Mondiale (1990)

Le PIB agricole a crû à un taux globalement positif à l'exception notable de l'année 1969. Il était en moyenne de 2,79% sur la période 1966-1974 et a présenté un pic au cours de la période du boom du café et du cacao à partir de 1975.

La contribution de ce secteur dans le PIB global a connu une tendance baissière au cours de la période d'analyse. Elle est passée en moyenne de près de 39 % sur la période 1966-1974 à moins de 25% sur le reste de la décennie 1970. Toutefois, il y eut un pic pendant la courte période du boom des prix du café et du cacao bien qu'il fut atténué par le taux d'inflation agricole. Ce taux fut estimé à 16,3% au cours de cette sous-période (voir tableau 2.2). Pour la croissance du PIB réel, la contribution du secteur agricole est restée la plus faible au cours de la période 1966-74, avec un taux moyen de 0,85% qui crut pour atteindre 1,23% entre 1975 à 1980 (voir tableau 2.3).

L'industrie a généralement enregistré une croissance significative jusqu'à 1980, même si le taux de croissance moyen de ce secteur a légèrement décliné entre la période 1966-74 et la période 1975-1980, passant de 11,4 % à 10,24%.

Le secteur tertiaire, quant à lui, connaît une évolution assez contrastée. Sa croissance d'abord très forte au cours de la décennie 1966-1975, au taux moyen annuel d'environ 15%, baissa significativement au cours du quinquennat 1975-1980. La baisse des activités du secteur des services s'expliquait par le ralentissement de l'économie suite à la fin du boom du café-cacao. Sur le plan de la contribution dans le PIB réel global, le secteur des services restait de loin le secteur le plus productif de l'économie ivoirienne avec une part de plus de 50% sur la période allant de 1966 à 1980 contre en moyenne 15% pour l'industrie.

Tableau 2.2. Contribution relative annuelle moyenne de chaque secteur dans le PIB réel (%)

	1966-1974	1975-1980
Agriculture	31,94	24,47
Industrie	14,73	18,59
Services	53,33	56,94

Source : Auteur/ Comptabilité Nationale (1976) et Banque Mondiale (1990)

Tableau 2.3. Contribution sectorielle à la croissance du PIB réel[8] (%)

	1966-1974	1975-1980
Agriculture	0,85	1,23
Industrie	1,54	1,71
Services	6,96	0,65

Source : Kouadio Yao (1993)

[8] La contribution de chaque secteur à la croissance du PIB réel est calculée par l'auteur sur la base de la croissance de chaque secteur pondérée par sa part relative dans la PIB réel.

2.1.3. *La contribution des facteurs de production et de la demande globale à la croissance du PIB*

Une analyse de la décomposition de la croissance du PIB réel en termes de croissance des facteurs primaires de production (le travail et le capital) révélait que le facteur travail a apporté la contribution la plus importante à la croissance économique globale. Cette contribution est passée de 6,82% sur la période 1966-1974 à 7,08% sur la période allant de 1975 à 1977 (voir tableau 2.4). Elle a ensuite décliné pour tomber à 3,03 % entre 1978 et 1980. L'accumulation de capital humain et la réallocation de la main d'œuvre de l'agriculture vers les autres secteurs expliquent une grande partie de ces gains de productivité du facteur travail[9].

La contribution du facteur capital a présenté une tendance assez sinusoïdale. Elle est passée de 2,44% entre 1966 et 1974 à - 1,49% sur la période 1975-1977 pour ensuite devenir à nouveau positive de 1978 à 1980 en demeurant nettement en dessous de son niveau de la première période.

En ce qui concerne la productivité globale des facteurs, l'économie ivoirienne connut une situation assez contrastée. Sur la sous-période 1975-1977, elle a enregistré des gains de compétitivité significatifs avec une croissance moyenne de la productivité globale des facteurs de 4,09%, correspondant à une croissance du PIB réel au taux moyen de 9,68%. Sur la sous-période suivante 1978-1980, elle enregistra une dégradation notable de sa compétitivité traduite par une croissance de la productivité globale des facteurs au taux moyen négatif de 6,93%, avec également un taux moyen de croissance du PIB réel aussi négatif de -2,49%.

[9] Résultats des estimations réalisées par Berthélemy et Soderling (1999).

Tableau 2.4. Contribution des facteurs de production à la croissance du PIB réel (%)

	1966-74	1975-77	1978-80
Capital	2,44	-1,49	1,40
Travail	6,82	7,08	3,03
Productivité globale	0,10	4,09	-6,93
PIB	9,36	9,68	-2,49

Source : Kouadio Yao (opt. cit.)

De l'Indépendance jusqu'à la fin de la décennie 1970, la croissance de l'économie ivoirienne fut essentiellement tirée par la demande intérieure. En effet, au cours de la période 1966-1974 et de celle allant de 1975 à 1977, les contributions de la demande intérieure au PIB réel sont estimées respectivement à 8,12% et 11,25% et sont associées à un taux de croissance moyen annuel du PIB réel respectivement de 9,36% et 9,68% (voir tableau 2.5). Suite au retournement de la conjoncture à partir de 1978, l'absorption intérieure chute de façon drastique induisant une contribution négative à une croissance du PIB, elle-même, au taux moyen négatif sur la période 1978-1980.

De l'autre, la contribution de la demande extérieure nette, en dehors de la période 1966-1974 où elle était de 1,23%, fut en moyenne négative sur la période allant de 1975 à 1980. Notons que la demande intérieure se présente comme la somme de la consommation et de la formation brute du capital fixe tandis que la demande extérieure nette représente la balance des biens et services, c'est-à-dire la différence entre les exportations et les importations de biens et services.

Tableau 2.5 : Contribution des composantes de la demande globale à la croissance du PIB réel (%)

	1966-74	1975-77	1978-80
Demande Intérieure	8,12	11,25	-0,84
Demande Extérieure Nette	1,23	-1,57	-1,65
PIB	9,36	9,68	-2,49

Source : Kouadio Yao (opt. cit.)

2.2. L'évolution des finances publiques

Cette section met en exergue la forte intervention de l'État pour entretenir la longue et dynamique croissance économique observée au cours de la période allant de 1960 à 1978.

2.2.1. Les recettes publiques

Le trait caractéristique dominant du système fiscal ivoirien est sa forte dépendance envers les prélèvements faits sur le commerce extérieur. Ces taxes représentaient en moyenne près de 59 % des recettes fiscales sur la période 1970-1974 soit environ 9% du PIB. Cependant, cette part a légèrement baissé au cours de la période 1975-1980 (voir tableau 2.6). Cette structure du régime fiscal est de nature à rendre vulnérable l'économie ivoirienne face aux chocs extérieurs. Les impôts sur les biens et services et les impôts directs viennent par ordre d'importance après les impôts sur le commerce extérieur.

Tableau 2.6: Structure du système fiscal ivoirien en milliards de Francs CFA

	1970-74	1975-80
Impôts directs	11,6 (9,5)[10]	98,5 (26,5)
Impôts sur les biens et services	27 (27,8)	79,8 (22,2)
Impôts sur le commerce extérieur	60,4 (58,7)	167,5 (49,3)
Recettes fiscales	102,8 (100)	351, 3 (100)
Recettes non fiscales	19,3	174

Source : Direction de la Prévision Ministère de l'Économie (1998) et des Finances Publiques et Banque Mondiale (1990).

Le taux de pression fiscale avoisinant en moyenne les 20% sur la période allant de 1965 à 1980, était similaire à celui de la plupart des économies de la zone Franc puisqu'il était contraint par une limitation des avances des Banques centrales aux trésors.

Le système fiscal ivoirien était aussi caractérisé par une assiette fiscale assez étroite, essentiellement ancrée sur le secteur formel non agricole. Les nombreux avantages fiscaux offerts par le code des investissements expliqueraient l'autre trait caractéristique du système fiscal ivoirien, à savoir l'inélasticité des recettes fiscales par rapport au revenu national. En effet, la base de données couvrant la période 1965-1986 faisait ressortir une élasticité-revenu des recettes fiscales

[10]Les chiffres entre parenthèses représentent la part relative en pourcentage des recettes fiscales totales.

de 0,85%. Une hausse du revenu national de 1% induisait une augmentation des recettes fiscales d'au moins de 1%.

Les excédents de la caisse de stabilisation constituent l'essentiel des recettes non fiscales, et apportent une contribution significative dans les recettes publiques. Ces excédents représentaient 16,5% du PIB au cours du boom du café-cacao.

2.2.2. Les dépenses publiques

La structure des dépenses publiques des budgets de l'État ivoirien, au cours de la période d'analyse, se caractérise particulièrement par une hausse continuelle des dépenses courantes. Elles sont passées en moyenne de 14,3% du PIB sur la période 1965-1974 à 20,4% de 1978 à 1980 (voir tableau 2.7). Les traitements, salaires et les intérêts sur la dette affichaient des tendances inversées. En effet, si les traitements et salaires ont baissé passant en moyenne de 46,2% des dépenses courantes de 1965 à 1974 à 40,2% sur la période 1975-1980, les intérêts sur la dette ont, à contrario, augmenté passant respectivement d'environ 10% des dépenses courantes à 11% (voir tableau 2.8.

La tendance à la hausse des dépenses courantes fut paradoxalement conjuguée à une hausse régulière du taux d'épargne publique, c'est-à-dire la part de l'épargne publique dans le PIB qui est en moyenne annuelle de 4,4% sur la période 1965-1974 à 10,7% de 1978 à 1980.

L'investissement public a régulièrement augmenté depuis l'Indépendance. Dans le même élan, il a enregistré une hausse significative au cours de la période du boom du café-cacao en s'élevant en moyenne à 9,7% sur la période 1975 -1977 à 12% de 1978 en 1980.

Tableau 2.7 : Part des dépenses publiques et de l'épargne publique dans le PIB (en %)

	1965-74	1975-77	1978-80
Dépenses Courantes	14,3	17,1	20,4
Investissement Public	6,1	9,7	12
Épargne Publique	4,4	8,7	10 ,7

Source : Auteur / Comptabilité Nationale (1976) et Banque Mondiale (1990)

Tableau 2.8 : Part relative des principaux éléments de la structure des dépenses publiques (en %)

	1965-74	1975-80
Traitements et Salaires	46,2 (6,6)[11]	40,2 (7,5)
Intérêts sur la dette	10,1 (1,4)	11,2 (2,1)

Source : Auteur / Banque Mondiale (1990) et Direction de la Prévision (MEFP) (1998)

2.3. L'évolution des déficits des finances publiques

L'observation des indicateurs de déficit primaire et de déficit global, au cours des décennies 1960 et 1970, appelle les analyses suivantes (voir tableau 2.9).

Tableau 2.9 : Déficits des Finances Publiques en Pourcentage du PIB

	1965-74	1975-77	1978-1980
Déficit Primaire	0,68	4,57	7,59
Déficit Global	2,09	6,09	10,35

Source : Auteur / Banque Mondiale (1990) et Direction de la Prévision (MEFP) (1998)

Nous rappelons que le déficit primaire des finances publiques est défini ici comme la différence entre les dépenses publiques hors intérêts sur la dette publique et les recettes publiques. Quant au déficit global, il se rapporte à la somme du déficit primaire et des intérêts sur la dette publique. Relativement faible jusqu'en 1974, le déficit global a enregistré une hausse brutale durant et après le boom du café-cacao. Il est passé, en moyenne, de près de 2% du PIB sur la période 1965-1974 à 6% entre 1975 et 1977 pour culminer à environ 10% de 1978 à 1980.

Si le déficit primaire partage la même tendance que le déficit global au cours de la même période, on constate toutefois que son ampleur est plus faible que celui du déficit global, avec un écart moyen de près de deux points de pourcentage sur la période allant de 1965 à 1980. On pourrait alors conclure que les intérêts de la dette extérieure publique ont significativement influencé l'état des finances publiques ivoiriennes.

[11]Les statistiques entre parenthèses indiquent la part relative dans le PIB en pourcentage.

La balance commerciale de la Côte d'Ivoire fut toujours positive sur la période 1960-1980 grâce au dynamisme du commerce extérieur. « Le volume et la valeur du commerce extérieur de Côte d'Ivoire augmentent régulièrement chaque année, l'augmentation annuelle, de 1960 à 1970 de la valeur des importations et des exportations est d'environ 13%, tandis que les volumes exportés ont augmenté annuellement de 11%, en débit d'une chute très sensible entre 1969 et 1970 due à une forte réduction des exportations de bois en grumes ; les quantités importées ont une augmentation moyenne annuelle de 13%. La balance commerciale de la Côte d'Ivoire a toujours été excédentaire depuis 1960. » (Guerrini, op. cit.). (voir tableau 2.10).

Tableau 2.10. Évolution du Commerce Extérieur et de la Balance Commerciale (en Millions de Francs CFA)

Années	Exportations	Importations	Balance commerciale
1960	38 808	32 364	+ 6 444
1961	47 118	41 970	+ 5 328
1962	47 693	38 534	+ 9 159
1963	56 818	41 908	+14 910
1964	74 501	58 873	+15 628
1965	68 418	58 343	+ 10 075
1966	76 659	63 613	+ 13 046
1967	80 263	650 050	+ 15 215
1968	104 887	77 627	+ 27 260
1969	118 223	86 284	+ 31 939
1970	130 190	107 704	+ 22 486

Source : Amin (1971)

À l'opposé de la balance commerciale, les balances des services non-facteurs, du revenu net des facteurs à l'étranger et des transferts unilatéraux furent régulièrement déficitaires (voir tableau 2.11). Le déficit primaire des opérations courantes, c'est-à-dire le déficit de la balance courante hors intérêt sur la dette extérieure, a connu sur la période une tendance à la hausse avec une forte croissance entre les périodes 1975-1977 et 1978-1980. L'évolution du déficit de la balance extérieure courante épousait la même tendance que celui du déficit primaire. Au regard des écarts entre les deux déficits, on pourrait conclure, comme pour les finances publiques, que les intérêts de la dette extérieure dégradaient davantage la situation des comptes extérieurs de la Côte d'Ivoire.

Tableau 2.11. Éléments de la Balance des Paiements de la Côte d'Ivoire (% du PIB)

	1965-74	*1975-77*	*1978-80*
Balance commerciale	7.10	10,38	5.50
Services non-facteurs	-1,81	-7,81	-10,36
Revenu net des facteurs à l'étranger	-6,8	-3,90	-3,54
Transferts unilatéraux	-1,92	-4,66	-6,14
Déficits primaires des opérations courants	2,20	4, 49	11,39
Déficits des opérations courantes	3,40	6,00	14,55

Source : Auteur / BCEAO (1997) et Direction de la Prévision (MEFP) (1998)

Confrontée à l'étroitesse du marché domestique de capitaux et à l'impossibilité de recourir à la création monétaire du fait de l'appartenance à la zone Franc, la Côte d'Ivoire a eu recours à l'emprunt extérieur pour financer les projets de développement de son économie. Même au plus fort du boom du café-cacao, l'appel à l'épargne étranger fut permanent. Le stock de dettes extérieures qui s'élevaient déjà à 266 millions de dollars en 1970 n'a pas cessé de croître au cours de la décennie 1970. La Côte d'Ivoire a pu emprunter autant à l'étranger en un temps record du fait du dynamisme de son économie et surtout de son appartenance à la zone franc qui fait d'elle un pays à « bon risque » pour les bailleurs de fonds étrangers. L'économie ivoirienne n'a pas enregistré de problèmes de liquidité avant 1978. En effet, jusqu'à cette année, le ratio de la dette extérieure par rapport aux exportations et le ratio du service de la dette extérieure par rapport aux exportations étaient à la fois stable et modéré (voir tableau 2.12).

Tableau 2.12. Indicateurs du Fardeau de la Dette Extérieure (%)

	1970-74	**1975-77**
RDX[12]	55, 36	63,56
RSDX	7,60	9,20

Source: World Debt Tables (1979) in Kouadio (1993)

[12] RDX : Ratio de la Dette Extérieure par rapport aux Exportations

RSDX : Ratio du Service de la Dette Extérieure par rapport aux Exportations

On note en outre qu'au cours de cette période, la Côte d'Ivoire n'a pas enregistré d'insolvabilité financière. Cela est lié au fait que le taux de croissance annuel moyen des exportations en volume de la Côte d'Ivoire a été supérieur au taux d'intérêt réel moyen sur la dette. Les exportations ont augmenté en volume au taux moyen de 5,86% sur la période 1971-1974 pour un taux d'intérêt moyen sur la dette de 0,09%.

3. La dynamique sectorielle

Le système productif ivoirien est généralement divisé en trois secteurs. Il s'agit du secteur agroalimentaire incluant l'agriculture, l'élevage, la pêche et la forêt, du secteur secondaire, c'est-à-dire l'industrie et l'artisanat et du secteur des services qui prend en compte principalement le commerce et le tourisme. Dans cette section, nous nous intéressons à la manière dont le développement de chacun de ces secteurs s'est matérialisé suite aux différents choix stratégiques exprimés dans les plans successifs.

3.1. Le secteur agroalimentaire

Les choix productifs dans la stratégie de développement de l'économie ivoirienne ont réservé une place de premier plan au secteur agroalimentaire auquel ils attribuent deux rôles fondamentaux. Ce secteur devrait être la première source de financement des objectifs stratégiques définis par les plans successifs de développement à travers les recettes de ses filières d'exportation. En outre, il devrait contribuer largement à la fourniture des ressources alimentaires. Au regard de ce double rôle, le secteur agroalimentaire fut particulièrement encadré et stimulé dans les actions de l'État. Ainsi, de l'Indépendance jusqu'à la fin des années 1970, le secteur agroalimentaire s'est rapidement imposé, à travers ses cultures d'exportation, comme le secteur le plus dynamique de l'économie nationale. Cette performance s'est traduite par le positionnement de la Côte d'Ivoire dans le groupe des grands producteurs mondiaux de matières premières agricoles.

Si l'essor des cultures d'exportation, largement dominées par le binôme café-cacao, a globalement été à la hauteur des attentes du planificateur ivoirien, la production vivrière, quant à elle, n'a pas véritablement répondu aux défis d'une croissance démographique rapide et surtout d'une urbanisation accélérée.

3.1.1. Les filières agricoles d'exportation

La Côte d'Ivoire indépendante a hérité d'un secteur de cultures d'exportation, bien dominé par le cacao et le café, en pleine expansion depuis le début des années 1950. Les premières options stratégiques de développement sectoriel ont consisté à consolider la production de l'agriculture de rente essentiellement pratiquée dans la zone forestière du pays. À cet effet, l'État a pris différentes mesures pour inciter les initiatives de production. Il y eut une politique d'accès quasi libre aux ressources foncières, une politique migratoire très ouverte pour assurer la disponibilité des ressources humaines, une politique de prix bord champ garanti et uniformes sur l'ensemble du territoire et la disponibilité des biens de consommation et d'outillage à travers la mise en place de réseaux d'approvisionnement. Ces mesures, qui s'inscrivent pour la plupart dans le prolongement de la politique coloniale, furent complétées en aval par des opérations intégrées de développement. Ces opérations ont conduit à l'arrivée de nouveaux organismes (les sociétés de développement) et à la mise en œuvre d'une politique ambitieuse d'aménagement du territoire.

Dans la filière café-cacao, fleuron du sous-secteur des cultures d'exportation, les choix productifs ont consisté en un rééquilibrage en faveur du cacao dès le début des années 1960 ; cela fut justifié par une évolution des prix sur le marché mondial assez défavorable au café. La fixation des prix aux producteurs par la CAISTAB fut relativement favorable au cacao. En effet, le prix relatif assez neutre entre les fèves de cacao et les cerises de café a défavorisé la culture du café qui exige 30 % de main d'œuvre de plus[13]. À partir du milieu de la décennie 1970, la production du café, bien caractérisée par une évolution sinusoïdale depuis 1960, n'a cessé de chuter passant de 308 100 tonnes en 1975 à 195 600 tonnes en 1977. Le café commença ainsi à perdre du terrain face au cacao dont la production est passée de 231 100 tonnes à 303 600 tonnes entre ces deux années (voir graphique 2.1).

En somme, le rééquilibrage dans la filière café - cacao s'est traduit dans les faits par un début de tendance à la monoculture dans la filière avec la consolidation de la tendance haussière de la production de cacao depuis le début des années 1970.

---

[13]Ruf F. (1995)

Graphique 2.1. Évolution de la Production de Café et de Cacao de 1960 à 1978 (en milliers de Kilogrammes)

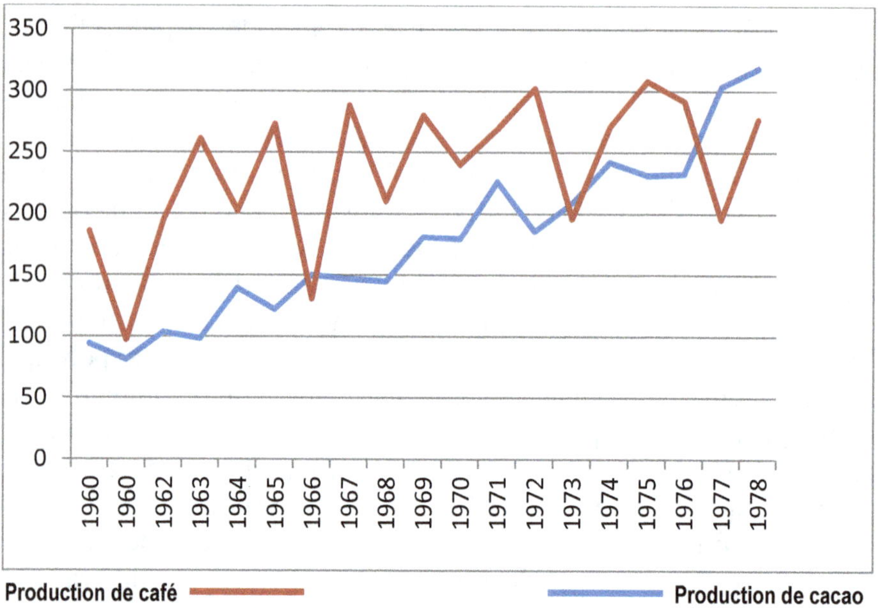

Source : auteur à partir des données CSSPPA (1990), FAO (1997)

Il importe de noter que le rendement des exploitations de cacao ne s'est pas particulièrement amélioré au cours de la période 1960-1978. Il était seulement de 260 kilogrammes par hectare en 1960 pour finalement se stabiliser autour de 430 kilogrammes à partir de 1967 (voir graphique 2. 3). A contrario, les superficies cultivées ont pratiquement triplé entre 1960 et 1978, passant de 261 400 à 740 100 hectares (voir graphique 2.2). En somme, l'explosion de la production de cacao, sur la période 1960-1980, s'expliquait davantage par une exploitation extensive des terres forestières. Les importants investissements publics réalisés dans le secteur agricole, depuis les perspectives décennales, n'ont pas favorisé une véritable modernisation des techniques culturales dans la filière café-cacao.

Graphique 2.2. Évolution des superficies cultivées de cacao sur la période 1960-1978 (en milliers d'Hectares)

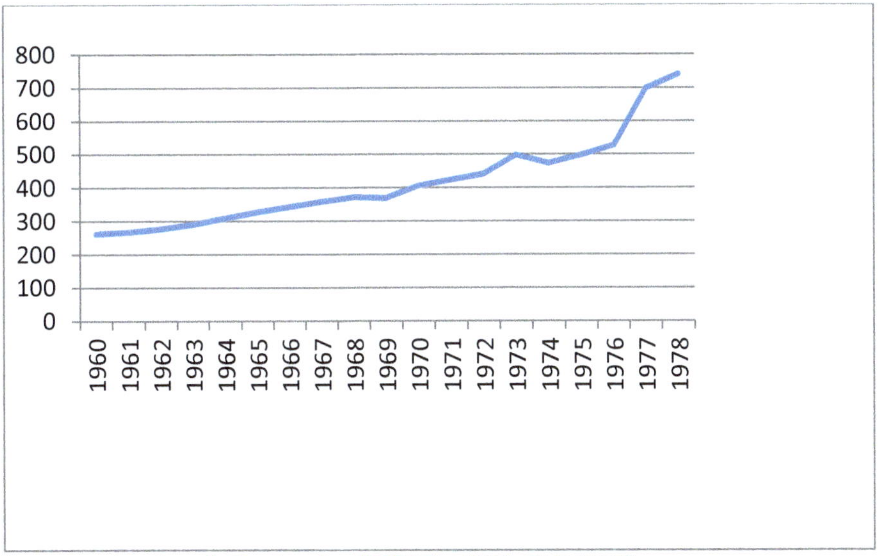

Source : auteur à partir des données CSSPPA (1990), FAO (1997).

Graphique 2.3. Évolution des rendements des exploitations de cacao sur la période 1960-1978 (en Kilogrammes par Hectare)

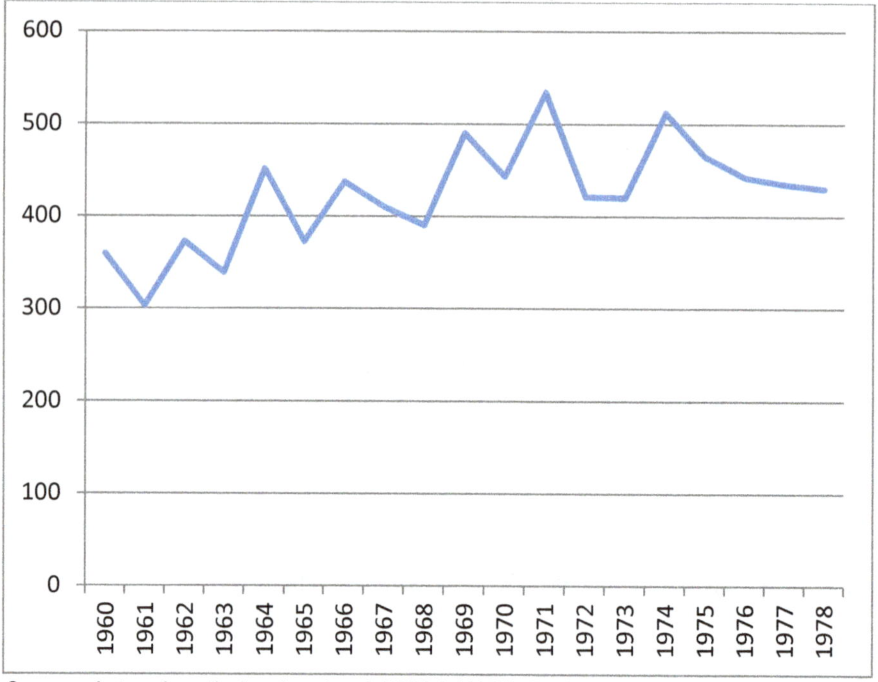

Source : Auteur à partir des données CSSPPA (1990), FAO (1997).

Les cultures d'exportation de diversification initiées, depuis l'époque coloniale, ont vu leur développement pris en compte dans les trois plans de la période 1960-1980. La filière palmier à huile, qui ne s'est pas remise des effets de la Seconde Guerre Mondiale, a particulièrement retenu l'attention du planificateur qui a fixé comme objectif-cible une production de 203 000 tonnes de régimes à la fin des années 1960. Avec la création de la société d'État de développement de la culture de cet oléagineux, la production explosa dans la décennie suivante, avec une production s'élevant à 750 000 tonnes régimes à la fin des années 1970. L'hévéa culture a bénéficié du même effort d'investissement productif public avec la création de la Société de Grand-Béreby (SOGB). La production de la filière est ainsi rapidement passée de 17 000 tonnes de latex en 1975 à 21 000 tonnes en 1980. Les autres cultures de diversification, bien implantées depuis l'époque coloniale, ont vu leur croissance consolidée avec la production d'ananas[14] qui a enregistré un taux global de croissance de 29 % entre 1975 et 1980. La production de bananes est passée d'environ 54 000 tonnes en 1959 à 160 000 tonnes en 1975, en dépit de la dynamique enrayée, par la suite, du fait des difficultés de commercialisation à l'exportation. Cette réalité fut traduite par la chute de la production de l'ordre de 19% entre 1975 et 1980.

L'État a mis en place un programme très ambitieux pour le coton. L'objectif poursuivi est de dynamiser l'agriculture industrielle de savane. Des efforts importants furent consentis avec la création d'une structure d'encadrement, la Compagnie Ivoirienne de Développement Textile (CIDT), chargée, entre autres, d'administrer les subventions des intrants. Ainsi, la production de coton, assez marginale au cours de l'époque coloniale, atteignit les 55 000 tonnes en 1970 pour ensuite culminer à 150 000 tonnes en 1980. L'orientation de l'économie ivoirienne, au milieu des années 1970, vers un secteur sucrier produisant pour l'exportation, a favorisé un bond remarquable de la production de canne à sucre. Le cadre de complexes agro-industriels intégrés a porté la production nationale de canne à sucre de 115 000 tonnes en 1975 à 1 420 000 tonnes en 1980.

3.1.2. Les productions vivrières

La tension naissante sur les disponibilités en riz a retenu l'attention des perspectives décennales et du premier plan quadriennal. Dans l'optique de doubler la superficie cultivée en riz irrigué et quadrupler celle du riz pluvial, une société d'encadrement spécialisée, la SODERIZ, est créée dans les années 1970. Des actions assez volontaristes furent entreprises par la SODERIZ et sont relatives au développement de la riziculture irriguée par l'aménagement des périmètres et l'introduction de la motorisation. Cette politique connut un succès relatif, car le déficit après s'être un temps résorbé, est vite réapparu avec une ampleur plus importante. Cela est dû à la production nationale de riz paddy qui a pratiquement, stagné sur la période 1970-1980 passant de 359 000 tonnes à seulement 456 000 tonnes. La SODERIZ fut, par la suite, dissoute, car pilotant un programme de développement peu efficace, surdimensionné et donc très coûteux. Le développement des cultures maraîchères figure en bonne place dans les objectifs du plan 1971-1975. Pour la réalisation

[14]Ananas frais et ananas de conserve combinés

du double objectif de satisfaction des besoins nationaux et d'exportation,-la SODEFEL fut créée, en tant que société spécialisée dans l'encadrement. Le développement du maraîchage de contre-saison et surtout l'appropriation de la filière par la population féminine nationale ont largement contribué à la réalisation du premier objectif.

Avec l'accélération de l'urbanisation et l'apparition de nouvelles habitudes alimentaires, la volonté de vulgariser l'élevage, d'organiser les circuits de distribution de viande et de développer la pêche s'affirmait au fil des plans successifs de développement. Une société d'encadrement des éleveurs, la SODEPRA vit le jour. Le programme de développement que pilote cette structure étatique peut se résumer à la promotion de ranchs naisseurs, à la vulgarisation de l'élevage traditionnel d'ovins et de bovins, à l'assainissement des circuits de transformation et de commercialisation par la création d'infrastructures pour l'abattage et le stockage et surtout à la promotion d'unités industrielles et semi-industrielles avicoles.

Cette politique n'a pas porté tous les résultats escomptés. Le déficit très important en viande bovine a persisté. Les importations représentaient près de 80% de la consommation nationale bien que la production ait plus que doublé entre 1970 et 1980 passant de 4 300 à 10 600 tonnes de viandes. Pour la viande de volaille, la situation est relativement plus favorable avec une production de 30 400 tonnes en 1980 rapprochant la filière de l'autosuffisance. La situation reste similaire pour le secteur de la pêche. La politique halieutique essentiellement axée sur l'appui de la pêche artisanale a souffert des possibilités limitées de cette pêche qui a vite vu ses ressources s'épuiser aussi bien dans les eaux continentales que dans les lagunes. Le taux d'autosuffisance des produits de pêche n'a alors cessé de stagner à 40%.

3.1.3. L'exploitation forestière

La contribution du bois dans le dynamisme des exportations ivoiriennes n'a pas été perdue de vue. Le pouvoir public ivoirien s'est plutôt fixé pour objectif principal de mettre fin au caractère anarchique de la filière d'exploitation forestière, lié à la politique coloniale d'attribution des permis d'exploitation forestière. La nouvelle politique se trouvait alors principalement axée sur la sauvegarde du patrimoine forestier et la reforestation du fait des problèmes posés par la surexploitation et les défrichements. Dans le cadre de cette politique, il est envisagé, dès le début des années 1970, de réduire la production de grumes et d'améliorer dans le même temps le taux de transformation locale des ressources ligneuses. En outre, la SODEFOR fut mise sur pied pour piloter le programme national de gestion des ressources forestières avec pour mission principale de conduire les opérations de reboisement et de définir un domaine forestier permanent de l'État.

Malgré toutes les orientations et les ressources affectées pour leur mise en œuvre, la production de grumes n'a cessé d'augmenter atteignant les 5 millions de mètres cubes en 1980. A contrario, le taux d'usinage local de grumes s'est quelque peu dégradé passant de 38% au milieu des années 1970 à 35% à la fin de cette décennie. Sous l'action conjuguée d'une exploitation forestière difficile à rationaliser et le déplacement des fronts pionniers agricoles, le taux de reforestation s'établissait seulement à 28 % au cours de la décennie 1970.

3.2. Le secteur secondaire

À défaut d'une délimitation claire de la frontière entre les formes de production artisanale et la petite entreprise industrielle, les activités artisanales et la production manufacturière furent incluses dans le secteur secondaire par le planificateur ivoirien.

3.2.1. Le secteur industriel

Le secteur industriel ivoirien, initialement handicapé par une politique coloniale de développement industriel en faveur de la colonie sénégalaise, s'est illustré, au cours de la période 1960-1978 en raison de sa forte croissance comme l'un des principaux facteurs du succès économique de la Côte d'Ivoire. À la base de ce dynamisme des activités manufacturières ivoiriennes se trouvaient un apport extérieur massif de facteurs de production (capital, technologie, ressources humaines) et une intervention étatique active.

Les deux grands axes de développement industriel, définis par les perspectives décennales, sont : (1) la substitution aux importations, et (2) la valorisation des ressources locales et en particulier des produits primaires du secteur agricole.

La politique industrielle a essentiellement consisté à la création d'un environnement des affaires favorable à l'afflux des capitaux privés étrangers, en adoptant un code des investissements assez incitatif. En effet, dès le 3 septembre 1959, la Côte d'Ivoire adoptait une loi destinée à inciter les investissements directs étrangers et accessoirement nationaux. L'objectif visé était de rattraper le retard d'industrialisation par rapport à d'autres pays ouest-africains comme le Ghana, le Nigeria et le Sénégal. Ce code des investissements définit le concept d'entreprises prioritaires[15]. Les articles 1er et 2e dudit code définissent les entreprises réputées prioritaires comme suit : i) les entreprises immobilières ; ii) les entreprises de cultures industrielles ; iii) les industries de préparation de transformation mécanique ou chimique des productions végétales et animales ; et iv) les industries de fabrication et de montage des articles et objets de grande consommation. L'article 3 ajoute que ces entreprises doivent concourir à l'exécution des plans de développement économique et social. Une fois agréées, les entreprises prioritaires bénéficient d'un certain nombre de faveurs fiscales : exemption de droits de douane pendant dix ans sur les éléments du capital technique et les consommations intermédiaires importés et exemption du droit fiscal d'entrée. En outre, le code prévoyait que 40% des bénéfices pouvaient être transférés dans le pays d'origine des investisseurs.

Le code des investissements fut complété par des instruments spécifiques et complémentaires visant essentiellement la promotion de l'entrepreneuriat des nationaux.

- En 1962 fut créé le Fonds National d'Investissement pour stimuler l'épargne et atténuer les transferts des bénéfices. Ce Fonds est alimenté par un prélèvement de type placement de 10% sur les bénéfices industriels destinés principalement à partir de 1963 au financement du développement de petites moyennes entreprises à capitaux ivoiriens par le biais de la SONAFI.

- La création de l'Office National de Promotion de l'Entreprise Ivoirienne (OPEI) en juillet 1971. Sa mission principale est entre autres, de promouvoir la participation ivoirienne à certaines réalisations industrielles à capitaux étrangers. Il fut également créé, le Bureau de Développement Industriel (BDI) qui démarra ses activités en novembre 1971. Il était chargé de faire bénéficier aux investisseurs ivoiriens potentiels d'un service d'études et d'assistance technique en matière de gestion et d'analyse de projet.

---

[15] Référence, Loi –Plan, Annexe III, p.65.

Les avantages offerts par le code des investissements se sont traduits par une forte croissance de la production industrielle ivoirienne. L'afflux des investissements directs étrangers a permis d'accroître rapidement le nombre d'entreprises industrielles. Ainsi, entre 1960 et 1978, 105 entreprises industrielles furent créées. Le groupe des entreprises prioritaires réalisait plus de la moitié des investissements bruts cumulés de toute l'industrie ivoirienne. Vu de plus près, le cycle d'efficacité du code laisse apparaître une première période d'expansion allant de 1960 à 1972, suivie d'une phase de déclin progressif avec l'année 1972 représentant le pic du cycle. La part des entreprises prioritaires dans la valeur ajoutée industrielle qui était de 25% en 1961 a crû régulièrement pour atteindre les 57% en 1972, ce qui a favorisé un triplement en valeur réelle de la production industrielle entre 1960 et 1968. À partir de 1972, cette part a chuté brutalement pour atteindre 31% en 1975.

Le tissu industriel ivoirien était composé, selon la Chambre d'Industrie, de 307 entreprises en 1968 et 412 en 1972, avec une forte concentration de ces unités industrielles dans la région d'Abidjan. Ce tissu est largement dominé par les industries d'import-substitution (cuir et chaussures, chimie et parachimie, minoterie, montage de véhicules) majoritairement peu intégrées, car travaillant à partir de produits intermédiaires et semi-finis importés. L'étroitesse relative du marché local limitait la productivité de ces industries dont la survie face à la concurrence étrangère est assurée par des dispositions protectionnistes.

La recherche de débouchés à l'exportation vers des marchés extra africains s'imposa et la transformation des matières premières locales à des fins d'exportation fut privilégiée. À cet effet, dans l'agroalimentaire des filières furent particulièrement ciblées par la nouvelle orientation stratégique de l'industrie ivoirienne. Le développement de la conserverie d'ananas est encouragé avec pour cible le marché européen. On note la mise sur pied d'une industrie de la conserverie de thon pour la transformation locale de la production halieutique des flottilles étrangères de pêche. L'orientation est aussi portée vers l'exportation des industries des corps gras à base d'huile de graine de palme pour lesquelles les objectifs d'import-substitution étaient largement atteints. On note la création de six complexes sucriers devant transformer la canne à sucre locale pour la satisfaction des besoins nationaux et l'exportation. Il y eut également la réalisation de projets de production de café soluble et de chocolat. L'accent était aussi mis sur les industries du bois et des dérivés.

Sur la période 1976-1980, le taux de croissance de l'industrie ivoirienne a été de l'ordre de 11% par an. On doit principalement cette dynamique de croissance forte au marché local, boosté par le boom économique, et non à l'expansion des débouchés à l'exportation. L'échec relatif de l'orientation de la production industrielle vers l'exportation s'explique essentiellement par le fait que les avantages comparatifs en matière de main d'œuvre notamment, n'ont pas réussi à contrebalancer les contreperformances essentiellement liés aux surcoûts des intrants importés. On note, au cours de cette période, que l'industrie ivoirienne fut stimulée par une participation plus marquée de l'État traduite par un énorme volume d'investissements publics. Ces investissements, à hauteur de 270 milliards de Francs CFA, concernaient les dépenses de développement industriel (infrastructures, soutien, recherches), les prises de participation dans les principaux projets industriels et les investissements pour la création ou le renforcement des entreprises publiques.

3.2.2. Le secteur de l'artisanat

L'artisanat, dans les différents plans, a été défini comme recouvrant les secteurs économiques désignés habituellement par les expressions de secteur traditionnel ou secteur informel. On retrouve, dans la politique économique de 1976-1980, une catégorisation de l'artisanat : l'artisan urbain, l'artisanat rural et l'artisanat d'art.

L'artisanat d'art est lié au tourisme et aux activités culturelles. L'action étatique à l'endroit de ce sous-secteur a principalement consisté au renforcement du contrôle de la qualité. L'artisanat rural se présentait comme une activité de production au service du monde rural. Il s'agissait notamment de la production de petits matériels agricoles. En dehors de l'encadrement par des services de vulgarisation, rien de particulier ne fut prévu pour le développement de cette catégorie de l'artisanat.

La spécificité de l'artisanat par rapport aux activités industrielles formelles se rapportait principalement à l'artisanat urbain. En effet, le planificateur ivoirien reconnaît que l'artisanat en milieu urbain satisfait des besoins spécifiques de consommation (maintenance, confections diverses) qui ne peuvent être pris en charge par l'industrie, compte tenu notamment de l'exiguïté du marché. Ces caractéristiques économiques et techniques spécifiques furent clairement définies. Il s'agissait des faiblesses du coût de création d'emplois, la facilité d'adaptation, l'intensité de la concurrence, la recherche de la technicité la plus ingénieuse au moindre coût. Dans l'optique de préserver ces caractéristiques, l'action de l'État va porter sur la vulgarisation de l'information technologique, et l'amélioration de l'environnement. L'objectif visé est l'impulsion d'une dynamique d'assimilation consistante à la transformation à terme des entreprises artisanales en entreprises modernes.

3.3. Le secteur tertiaire

Contrairement aux secteurs primaire et secondaire, le secteur tertiaire n'a pas connu une évolution extraordinaire au cours de la période 1960-1980. S'il continue de demeurer le secteur le plus productif de l'économie ivoirienne, sa contribution au produit intérieur brut était passée de 28% en 1960 à seulement 36% en 1970. Au moment de l'Indépendance, ce secteur tertiaire était dominé par les sociétés commerciales d'import-export. Cette structure s'est maintenue jusqu'à la fin des années 1970. Cependant, de grands efforts d'investissement ont été réalisés pour développer le secteur bancaire et financier, les services de transport ainsi que le tourisme.

3.3.1. Le commerce

Le plan 1971-1975 fait la typologie suivante du commerce en Côte d'Ivoire : le commerce traditionnel, le commerce général, le commerce spécialisé et le commerce d'exportation. Cette typologie fut, par la suite, simplifiée en commerce intérieur et en commerce extérieur. Jusqu'en 1976, les activités commerciales n'ont pas fait l'objet d'une politique particulière de développement, le planificateur considérant que le commerce évolue parallèlement à la production des autres secteurs d'activité sans poser de problème spécifique de structure et d'adaptation.

La perception, en termes de laisser-faire, des activités commerciales fut profondément revue dans le plan 1976-1980. Ce dernier part d'un certain nombre de constats. Au niveau du commerce extérieur, les difficultés à la promotion des exportations ivoiriennes sont constatées. Pour ce qui concerne le commerce intérieur, on note d'abord une rupture entre le commerce moderne, fortement concentré dans les milieux urbains à forte densité démographique et disposant d'importants capitaux et le commerce traditionnel, mal organisé, à faibles revenus et opérant seul dans les zones peu peuplées. De plus, ces deux circuits commerciaux étaient mal reliés au reste du secteur productif. En effet, le commerce moderne reste sous la domination des maisons d'import-export installés depuis l'époque coloniale (SCOA, CFAO, CFCI…) favorisant ainsi la commercialisation des produits importés. Le commerce traditionnel, quant à lui, souffrait de l'irrationalité de ses circuits et de sa faible productivité. Fort de ces constats, le plan conclut que le commerce intérieur, qu'il soit moderne ou traditionnel, dans ses caractéristiques du moment, ne remplissait pas entièrement ses missions de commercialisation des produits ivoiriens et de satisfaction des besoins des populations. Il posait, en outre, un problème d'ivoirisation du personnel.

La nouvelle politique commerciale visait alors principalement la création de nouveaux circuits de distribution susceptibles d'atténuer l'hégémonie des sociétés d'import-export à capitaux étrangers et de se substituer au mieux aux circuits traditionnels. La mise en œuvre de cette politique va impliquer, encore une fois, une action directe et déterminante de l'État à travers sa prise en charge d'une partie de la distribution. À cet effet, des sociétés d'État furent créées : AGRIPAC, DISTRIPAC, OCPA, SOGIEXCI. Le coût de cette intervention étatique était important et s'évaluait à 5,9 milliards de Francs CFA, uniquement pour les programmes AGRIPAC et DISTRIPAC. D'autres sociétés d'État furent créées pour opérer dans le commerce extérieur. Il s'agit notamment de la SONACO et de la COFRUTEL.

La nouvelle stratégie suivie à l'égard du système commercial a quelque peu été entachée par son inefficacité. En effet, les sociétés d'État créées dans le secteur du commerce intérieur n'ont pas pu atteindre un niveau suffisant de rentabilité. Elles sont, cependant, arrivées à évincer d'anciennes sociétés d'import-export, désorganisant ainsi la structure du secteur. En outre, l'aggravation de la variation des prix sur les marchés internationaux a mis en mal l'action des sociétés d'État opérant dans le secteur du commerce extérieur.

3.3.2. Le secteur bancaire et financier[16]

Le secteur bancaire et financier s'est assez peu développé au cours de la période 1960-1980. Les quatre banques de dépôt existantes ou

[16]Sources des statistiques: Guerrini, M-C (1975)

installées dès l'Indépendance dominent largement le secteur. La Banque Internationale pour le Commerce et l'Industrie de Côte d'Ivoire (BICICI), la Société Générale de Banque de Côte d'Ivoire (SGBCI), la Société Ivoirienne de Banque (SIB) et la Banque Internationale pour l'Afrique de l'Ouest (BIAO) constituaient les principaux acteurs d'un marché financier ivoirien à structure oligopolistique.

Avec le développement des activités économiques du pays et la mise en place de l'appareil de l'État, des banques spécialisées et des organismes de crédit ont vu le jour. Ces nouveaux établissements financiers interviennent dans l'économie par des crédits à court, moyen et long terme. Il s'agit, notamment, d'une part, de la Banque Nationale de Développement Agricole (BNDA) et de la Banque Ivoirienne de Développement Industriel (BIDI) pour les banques de développement et d'autre part, du Crédit de Côte d'Ivoire (CCI) pour les organismes de crédit. La BNDA, largement contrôlée par l'État, effectuait la plus grande partie de ses interventions en faveur des sociétés de développement. La BIDI, partiellement contrôlée par l'État, apportait un appui financier aux entreprises industrielles les plus importantes. La CCI, contrairement aux banques de développement, existait avant l'Indépendance : elle fut créée en 1955. Son capital était largement aux mains de l'État et le champ d'action que lui laissaient les banques de développement incluait le financement des opérations immobilières et des petites et moyennes entreprises artisanales, commerciales et industrielles.

La création de ces établissements financiers à participation étatique plus ou moins forte visait, entre autres, l'objectif d'introduire des capitaux nationaux dans les entreprises du secteur productif et le système financier fut particulièrement concerné par cette politique. Ainsi, à partir du début des années 1970, les grandes banques françaises ne possédaient plus la majorité dans le capital des quatre principales banques de dépôts de l'économie ivoirienne. L'État ivoirien détenait désormais 51% de la BICICI contre 21% pour la BNP ; le Crédit Lyonnais ne détenait plus que 31% de la SIB et la Société Générale 42,5% de la SGBCI.

La volonté d'ivoirisation des capitaux des entreprises financières s'est aussi exprimée dans le secteur des assurances où de nombreuses sociétés à capitaux français ont intégré des capitaux nationaux. La première compagnie d'assurance à capitaux majoritairement ivoirien fut créée en 1972. Il s'agit de la Compagnie Nationale d'Assurance dont 60% du capital était détenu par les nationaux. L'activité des assurances, si elle s'est développée après l'Indépendance a, toutefois, subi une certaine concentration. Des 85 sociétés d'assurances qui opéraient en Côte d'Ivoire dès l'Indépendance, une trentaine a fini par animer effectivement le secteur et les grandes compagnies détenaient près de 90% du marché, qui était dominé par la branche des assurances automobiles avec plus de 60% des contrats. La gestion des accidents de travail fut confiée à une structure publique, la Caisse de Compensation et des Prestations Familiales de Côte d'Ivoire (CCPFCI).

3.3.3. Le secteur des transports

La politique des transports s'est opérée dans le cadre de l'aménagement du territoire et avait pour objectif général d'assurer la circulation des personnes, des marchandises au moindre coût et avec des délais raisonnables et le maximum de sécurité et d'adaptation aux besoins.

Au début des années 1970, l'État a entrepris un vaste programme de développement routier. Il visait d'abord l'entretien du réseau routier existant à travers les rechargements nécessaires sur toutes les routes en terre de catégorie A et B. Les routes de catégorie A, alors estimées à 6 300 km, sont des voies de grandes circulations et celles de catégorie B (7 400 km) sont d'intérêt régional. L'autre volet de ce programme volontariste de développement routier concernait l'aménagement du Sud-ouest, dans le cadre du projet ARSO, et la liaison entre le Centre et le Nord du pays. Ce programme a coûté environ 35 milliards de Francs CFA, soit 51% des investissements publics consacrés aux infrastructures économiques au cours de la période 1971-1975. À partir de la seconde moitié de la décennie 1970, la politique des transports s'est plus orientée vers les échanges extérieurs. On note, à cet effet, au niveau des transports maritimes, le développement de la société d'État spécialisée dans ce domaine, la SITRAM ; la consolidation de l'infrastructure aéroportuaire d'Abidjan, l'équipement de l'aéroport de Yamoussoukro et un effort de modernisation du réseau ferroviaire Abidjan-Niger. Le développement routier n'était pas resté à la marge, il a même absorbé au cours de cette période 96,6 des 149,6 milliards d'investissements publics consacrés aux transports et aux télécommunications et n'a concerné quasi exclusivement que des chantiers en cours de réalisation. Il s'agit de l'aboutissement des projets de liaison routière Man-Touba, Katiola-Ferké-Korhogo, et Abidjan-Sikensi.

3.3.4. Le tourisme

La politique économique menée au cours de la période 1971-1975 a fait du développement du tourisme une de ses priorités. Si avec le développement des activités économiques, le tourisme d'affaires était déjà en pleine expansion, la politique du tourisme visait plutôt à faire de la Côte d'Ivoire une destination privilégiée au titre du tourisme de loisir à l'image des principales destinations tropicales. Les marchés européens et nord-américains à hauts revenus étaient principalement ciblés. Les moyens de mise en œuvre de cette politique du tourisme se résumaient à l'extension du réceptif hôtelier tant à Abidjan qu'à l'intérieur et sur la côte, avec notamment une infrastructure balnéaire à Assinie. Les investissements prévus, à cette fin, devaient s'élever à près de 6 milliards de Francs CFA entre 1971-1975. Les objectifs de fréquentation visés ont été partiellement atteints avec une fréquentation touristique inférieure aux 100 000 visiteurs prévus en 1975. Le tourisme d'affaires comptait plus du tiers de ces fréquentations traduisant le peu d'attrait de la destination Côte d'Ivoire pour les touristes de loisir américains et européens. Le point de satisfaction du développement des infrastructures hôtelières à l'intérieur du pays et sur la côte fut l'essor inattendu du tourisme de loisir des résidents étrangers de Côte d'Ivoire à l'intérieur et dans les zones côtières.

Dans l'optique d'améliorer la fréquentation touristique de loisir tant pour les Européens et Américains que pour les résidents étrangers de Côte d'Ivoire, le plan 1976-1980 privilégia la promotion des stations balnéaires et du patrimoine culturel traditionnel comme principaux produits touristiques. À cet effet, il entendait renforcer l'infrastructure hôtelière de l'intérieur du pays et poursuivre sur une échelle de plus grande ampleur l'équipement de la zone Assinie - Grand-Bassam pour en faire des villages de vacances avec une capacité d'accueil de 5 000 lits. Pour remplir ces objectifs complémentaires, la participation attendue de l'État était estimée à 2,4 milliards de Francs CFA d'investissements en équipement et à 4,3 milliards de budget de fonctionnement. Le bilan de cette nouvelle orientation de la politique du tourisme se chiffrait à 180 000 fréquentations, encore une fois dominées par le tourisme d'affaires et le tourisme de loisir des résidents étrangers de Côte d'Ivoire.

4. La dynamique des secteurs sociaux de l'éducation nationale et de la santé publique

À l'Indépendance, le niveau d'éducation de l'ensemble de la population ivoirienne était très bas du fait de la politique coloniale qui privilégiait la formation d'une « élite ». La Côte d'Ivoire a alors réalisé de gros efforts, au cours de la période 1960-1980, pour combler son retard et surtout pour améliorer la qualité du facteur travail de son économie. Contrairement au secteur de l'Éducation Nationale, le secteur de la Santé publique n'a pas véritablement bénéficié du « miracle » économique puisqu'à la fin des années 1970 le niveau sanitaire en Côte d'Ivoire était comparable à celui des pays voisins à niveau de vie de développement inférieur.

4.1. Politique d'éducation nationale

Dans le premier plan de 1967-1970, l'Éducation Nationale était classée dans la fonction principale de développement culturel, au côté de la jeunesse et des sports. Il passe ensuite dans la nouvelle catégorie de Promotion des hommes, avec l'emploi et l'ivoirisation. Ce changement de perspective à l'égard de l'Éducation Nationale traduit la volonté du Gouvernement ivoirien de cette période d'en faire l'élément primordial de l'amélioration du facteur travail.

Fort du constat de retard accusé par la Côte d'Ivoire dans le domaine de l'éducation au cours de l'époque coloniale, le premier plan faisait de la fonction d'éducation et de formation une de ses priorités. Il exposait de façon exhaustive l'orientation à donner, aux actions éducatives dans l'optique d'intégrer au mieux les stratégies de développement des ressources humaines dans la politique globale du développement. Ces orientations se présentaient comme suit :

- Développement quantitatif et qualitatif du système éducatif qui devrait essentiellement se traduire par une réduction des disparités régionales et la hausse des taux de scolarisation. Cette orientation est justifiée par le fait que le taux de scolarisation variait entre 95% et 5% selon les régions, pour une moyenne nationale de 40% en 1966.

- Ajustement au mieux des besoins de formation avec la promotion professionnelle en mettant l'accent sur la formation technique ; ce qui a justifié la création de l'Office Nationale de la Formation Professionnelle et l'instauration de la taxe professionnelle.

- Développement des moyens d'information, d'orientation et de sélection qui passa par l'harmonisation des actions de l'Office de la Main d'œuvre du Ministère du Travail et des Services d'Orientation Scolaire du Ministère de l'Éducation Nationale.

Les ressources prévues pour réaliser ces objectifs s'élevaient à 8 milliards de Francs CFA d'investissements publics à réaliser essentiellement dans l'enseignement primaire et dans l'enseignement technique.

Le second plan 1971-1975 approfondit les deux principaux objectifs du plan précédent par l'introduction d'un nouvel outil pédagogique dans l'enseignement, la télévision, présentée comme un élément primordial du développement des facultés de communication des apprenants. La priorité à l'enseignement technique et professionnel est placée dans une perspective plus large de formation des cadres du développement national. Il découle, de ses objectifs, une prédominance des dépenses de l'enseignement primaire (33%) et de l'enseignement technique (18%) dans les dépenses publiques allouées au Développement culturel.

En termes d'orientation stratégique, le troisième plan (quinquennal) 1976-1980 opère une certaine rupture avec les plans antérieurs. Inscrivant la politique de l'éducation dans son objectif global qui est celui de l'ivoirisation des cadres et de la réduction du coût du facteur travail dans le secteur moderne de l'économie nationale, ce document de politique privilégie davantage l'enseignement secondaire général et l'enseignement supérieur. Il reste, toutefois, favorable à l'option de promotion de l'enseignement primaire et de la formation professionnelle. Fort logiquement, les prévisions de dotation budgétaire sont restées largement en faveur de l'enseignement secondaire général et de l'enseignement supérieur auxquels on devrait respectivement consacrer 17,9 et 6,3 milliards de Francs CFA d'investissements publics contre 2,7 milliards pour l'enseignement technique. En outre, il est accordé une attention particulière à la formation des formateurs, l'objectif étant d'améliorer les relations entre les enseignements et les milieux professionnels.

L'observation de l'évolution des effectifs scolarisés jusqu'en 1980 laisse apparaître une bonne réussite des missions respectives des trois plans successifs, à savoir une place plus importante pour les enseignements primaire et technique dans les deux premiers plans et l'accent mis davantage sur les enseignements secondaires général et supérieur dans le troisième plan (voir tableau 2.13).

Tableau 2.13. Les Objectifs et les Résultats dans le Domaine de l'Éducation des Trois Premiers Plans

	Situation en 1967	1er Plan		2e Plan		3e Plan	
		Objectifs 1970	Résultats 1970	Objectifs 1975	Résultats 1975	Objectifs 1980	Résultats 1980
Effectifs du 1er Cycle	25 000	35 000	36 500	43 700	100 000	160 000	152 000
Effectifs du 2e cycle	2 200	3 300	3 900	9 650	13 000	19 800	20 000
Taux de scolarisation	40%	50%	50%	60%	57%	80%	-

Source : Ministère du Plan (1968, 1972, 1976, 1983)

En somme, l'amélioration de la productivité du facteur travail par des efforts soutenus en matière d'éducation fut, en règle générale, une priorité des politiques de développement de la Côte d'Ivoire.

4.2. La politique de santé publique

Une orientation stratégique affirmée pour le secteur de la santé publique apparut clairement à partir du deuxième plan 1971-1975. Ce plan se proposait de corriger les grands déséquilibres concernant la couverture sanitaire du territoire national. Pour cause, l'essentiel des gros équipements du secteur de la santé a été, jusqu'à la fin des années 1960 réalisé au profit de la région d'Abidjan. Il s'agit notamment du CHU de Cocody, de la modernisation de l'hôpital de Treichville et de la construction de l'Institut National de Santé Publique. Ainsi ce plan envisage l'affectation de 38% des dépenses d'infrastructures sanitaires à la création de deux centres hospitaliers à Korhogo et à Man, et la construction d'un hôpital général à San-Pedro. Le troisième plan quinquennal 1976-1980 plaça, quant à lui, le secteur de la santé publique à la marge de ses priorités. Sa part relative dans les investissements publics totaux de la période est de moins de 4%. L'argument avancé pour justifier la baisse des dépenses publiques de santé reste assez discutable. En effet, il a été soutenu que les problèmes de santé publique sont intégrés dans l'ensemble des problèmes sociaux tels que l'approvisionnement en eau potable, l'assainissement, l'habitat, la nutrition, le poids des croyances, les conditions de travail, la condition de la femme, etc. Ce plan considérait que c'est autant par des actions dans ces domaines que par des dépenses directes de santé qu'il est possible d'améliorer l'état sanitaire de la population ivoirienne. La réduction des coûts s'est opérée au niveau des grandes catégories d'affectation. Ainsi, alors que 20,6 milliards de Francs CFA d'investissements publics ont été dépensés pour le secteur de la santé au cours de la période 1976-1980, un peu plus de la moitié avait été prévue pour les deux postes budgétaires du secteur. Par exemple, 4 milliards de Francs CFA avaient été prévus pour la création de centres de santé et 7,9 milliards de Francs CFA pour la rénovation des lits d'hôpitaux généraux.

L'analyse de la réalisation des objectifs des trois plans successifs laisse apparaître que le secteur de la santé publique fut le point faible de la politique économique et sociale de la Côte d'Ivoire au cours de la période du « miracle ivoirien ». Les dépenses d'investissements dans le secteur de la santé ont été assez souvent inférieures aux prévisions. Le taux de réalisation des investissements publics était de 90% dans la mise en œuvre du premier plan et est tombé à 80% dans le second. Dans le troisième plan, ce taux est estimé à 100%, mais il reste largement inférieur à la moyenne globale de réalisation de 142% ; la plupart des structures fonctionnelles ayant connu un dépassement d'objectifs. Il ressort du Tableau 2.14 que les objectifs pour 1975 et 1980 n'ont pas été atteints et que l'écart entre prévisions et réalisations s'est plutôt accru sur la décennie 1970-1980. En outre, sur certains points comme le nombre de lits, le nombre d'infirmiers par habitant, la situation est moins bonne en 1980 qu'en 1975.

Tableau 2.14 : Objectifs et Résultats dans le Domaine de la Santé publique de 1970 à 1980

Population pour	Situation en 1970	Objectifs		Résultats	
		1975	1980	1975	1980
1 Médecin	27 400	20 000	15 000	22 000	20 000
1 Sage-femme	33 600	10 000	5 000	15 000	12 000
1 Infirmier	4 000	3 000	2 000	2 500	2 800
1 Maternité	2 000	-	-	1 984	2 400
1 Lit d'hospitalisation	1 100	-		1 240	1 400

Source : Ministère du Plan (1972,1976,1983)

5. Limites des orientations stratégiques du développement de l'économie ivoirienne au cours de la période 60-80

La longue dynamique de croissance économique forte, au cours de la période 1960-78, ainsi que l'endettement public qui s'en est suivi a favorisé la réalisation de vastes programmes d'investissements publics. En effet, c'est au cours de cette phase du processus de développement de l'économie ivoirienne que l'essentiel des infrastructures de base actuelles a été mis en place. Les programmes d'investissements publics, fer de lance du « miracle » économique ivoirien, furent en grande partie alloués à des entreprises publiques dont les défaillances de gouvernance ont entaché la rentabilité. L'inefficacité d'un secteur public aux effectifs pléthoriques fut la principale faiblesse reconnue aux orientations stratégiques du développement de l'économie ivoirienne définies comme objectifs dans les plans successifs de la période 1960-1980. À cette faiblesse pourraient s'ajouter les disparités régionales nées des inégalités dues à la politique globale de développement, pour lesquelles la politique d'aménagement du territoire n'a pas produit de solutions pertinentes.

5.1. Les défaillances de gouvernance des entreprises publiques

Le problème de gestion des entreprises publiques de l'époque en Côte d'Ivoire, comme dans la plupart des pays en développement, provient de leur statut hybride qui les place dans une catégorie entre l'État et les entreprises privées. Elles ne sont ni soumises aux règles de l'exercice budgétaire des administrations publiques ni aux exigences de rentabilité des entreprises privées. Il en résulte une absence de règles de jeu claires pour ce qui concerne le type de gestion à attribuer à telle ou telle entreprise publique. Dans le contexte ivoirien, ce flou juridique fut le facteur essentiel de l'inefficacité du secteur pléthorique des entreprises publiques. Une typologie des entreprises publiques éclairera leur performance au cours de la période 1960-1980.

5.1.1. Typologie des entreprises du secteur public de l'économie ivoirienne.

En 1980, la Côte d'Ivoire comptait 211 entreprises[17] à participation publique (EPP) avec des parts de l'État allant de 1% à 100%. Mais dans les faits, seulement 84 de ces entreprises appartenaient véritablement au secteur public, c'est-à-dire dans lesquelles la participation de l'État est largement suffisante. Du point de vue de la particularité de leurs activités, ces entreprises se distinguent en trois catégories.

- *Les entreprises marchandes stratégiques,* à participation majoritaire de l'État à cause de leur caractère stratégique, mais demeurant en concurrence avec les entreprises privées et astreintes aux règles de rentabilité de court terme. Ce caractère stratégique tient de deux éléments : le caractère général de la nature de leurs activités comme la SIR dans le domaine de l'énergie ; les motivations spécifiques d'intérêt général relatives aux prix exercés comme les cas de la SITRAM et des PAC.

- *Les entreprises d'assistance et de développement* non exposées à la concurrence, car ayant seul client l'État pour lequel elles s'occupent d'un secteur particulier de développement. C'est le cas de la SODESUCRE, de la SODEPALM, de la SODEFOR, de L'ARSO, de la SETU, de l'AVB…

- *Les entreprises de service public* non soumises également à la concurrence, mais avec la particularité de ne pas avoir l'Etat pour unique client. Elles s'adressent à un grand nombre d'utilisateurs. Leurs prestations sont taxées quand bien même elles remplissent des missions de service public. La SOTRA, la RAN, l'EECI, l'OPT, par exemple, appartiennent à cette catégorie.

[17]Les statistiques présentées dans cette sous-section sont tirées de Lecallo (1982) cité parFoirry et Requier-Desjardins (1986).

À la lumière de cette typologie, on classe dans la rubrique des entreprises publiques l'ensemble des 34 sociétés d'État (SODE), les 20 Établissements Publics à caractère Industriel et Commercial (EPIC), un petit nombre de Société d'Économie Mixte (SEM), 30 sur un total de 127.

5.1.2. L'imprécision des textes régissant la gestion des entreprises du secteur public

L'organisation du secteur para-public était particulièrement caractérisée par un certain flou juridique. On observe avec Lecallo (1982)18 que le fonctionnement ou le contrôle des Établissements publics (EP) était organisé par des règles particulières, à l'absence de tout texte formel d'organisation.

Les Sociétés d'Économie Mixte pour lesquelles la participation de l'État est supérieure à 50% sont assimilables aux Sociétés d'État. Le statut et le fonctionnement des Sociétés d'État étaient fixés par la loi du 5 novembre 1970. Cette loi organise, en théorie, le contrôle de l'État par une tutelle a priori sur les personnes, avec la nomination du Directeur et des membres du Conseil d'Administration. Il y avait également une tutelle sur les actes, avec la désignation d'un Contrôleur d'État et d'un Commissaire du Gouvernement. Enfin, il y avait une tutelle sur les comptes, avec la désignation d'un Commissaire aux comptes. Dans les faits, les organes de contrôle se sont avérés inefficaces. Le Commissaire du Gouvernement n'avait aucun pouvoir, le Conseil d'Administration n'était rien d'autre qu'une chambre d'enregistrement et les contrôleurs d'Etat manquaient de moyens pour que leur association à la gestion soit fructueuse19. Ces défaillances de gouvernance se sont accentuées avec l'absence d'un système d'évaluation des performances et de dispositif de sanctions, positives ou négatives.

Les médiocres résultats financiers liés à une absence de contrôle ont suscité un rapport dit : « Rapport au Président sur l'assainissement du secteur des entreprises publiques » en mai 1974. Ce rapport dont l'objectif était d'accroître l'efficacité et de faciliter le contrôle des Sociétés d'État et Économie Mixte, suggérait, entre autres, la création de Conseils de surveillance sectoriels ; le renforcement des pouvoirs

[18]Lecallo (1982) cité par Foirry et al. (1986).

[19] Cf. Dutheil de la Rochère (1976).

des Conseils d'Administration ; la création d'une Direction des Participants au Ministère de l'Économie et des Finances ; et la transformation des Sociétés d'État non soumises à la sanction de la concurrence en Établissements Publics à caractère Administratif. Ces recommandations ne furent malheureusement pas appliquées.

5.1.3. La situation financière des entreprises publiques

Le poids dans l'économie ivoirienne des entreprises à participation publique fut assez considérable. Elles réalisaient environ 65% des investissements du secteur moderne productif exigeant une main-d'œuvre plus qualifiée que le secteur des entreprises privées. Nonobstant ce poids, les entreprises à participation publique ne réalisaient que 25% de la valeur ajoutée de l'économie ivoirienne pour 34% des emplois du secteur moderne. Leur épargne constituant 40% de l'épargne brute des entreprises modernes, les entreprises parapubliques concentraient 54% de la dette extérieure en cours au 31 décembre 1979 et 63% des crédits bancaires intérieurs à long et moyen terme.

De façon spécifique, on constate, au cours de la décennie 1970-1980, une dégradation croissante de la trésorerie consolidée des entreprises publiques dont les structures financières sont particulièrement caractérisées par l'endettement massif et des frais financiers importants (voir tableau 2.15). La conjugaison de plusieurs facteurs était à la base de cette dégradation de la trésorerie des entreprises publiques. Selon les entreprises, on peut noter les insuffisances de fonds propres, la longueur des délais de déclenchement des procédures financières, les excès d'immobilisation, l'insuffisance des recouvrements des créances, le sureffectif, et l'insuffisance de la fonction de tarification. En période de climat économique optimiste, comme ce fut le cas lors du boom du café-cacao, les entreprises publiques se sont endettées massivement tant à l'intérieur qu'à l'extérieur. Profitant du climat économique favorable nourrissant des prévisions optimistes, les normes de gestion, ne reposant d'ailleurs pas sur de règles bien établies, ont vite disparu et un grand nombre d'emprunts extérieurs des entreprises publiques ont reçu l'aval de l'État quoique s'agissant parfois d'emprunts à haut risque. Ainsi, dès 1977, l'endettement maximal extérieur fut atteint.

Tableau 2.15 : Caractéristiques Financières des Entreprises Publiques de 1975-1978

	SODE	SEM	Entreprises Industrielles	Entreprises Commerciales
% de Fonds Propres nets sur les capitaux permanents nets	25	18	35	70
Crédits bancaires à court terme en jours de CA TTC	180	60	50	30
Frais Financiers sur CA TTC (%)	15	5	3	1

Source : Lecallo (1982) cité par Foirry et al. (1986).

Tableau 2.16: Transferts de l'État vers les entreprises (en Millions de FRANCS CFA)

	1976	1977	1978
Flux financiers de l'État vers les EPP	34 558	69 344	89 802
Dont avances et Prêts	(2 198)	(14 026)	(28 033)
Avals de l'État	65 221	169 425	42 337
Dont % de hauts risques	(86)	(71)	(6)

Source : Lecallo (1982) cité par Foirry et al. (1986).

À partir de 1978, on note un accroissement des flux financiers de l'État vers les établissements à participation publique (EPP) qui ont enregistré une croissance de l'ordre de 30% entre 1977 et 1978 et dont près du tiers était des avances et prêts (voir tableau 2.16).

On note également qu'à partir de 1978, six Sociétés d'État, en occurrence la SODESUCRE, la SONAGECI, la MOTORAGRI, la PAC, la SOGEFHIA, et la PALMINDUSTRIE et six Sociétés à Économie Mixte, à savoir la CIDT, la SIR, l'EECI, la SOTRA, et la RAN, représentaient 97% des trésoreries négatives connues. En outre, il ressortait que les problèmes de surendettement et de suréquipement concernaient essentiellement les Sociétés d'État. En 1977, 158,689 milliards de Francs CFA sur les 169,425 milliards d'aval de l'Etat se sont faits au profit des Sociétés d'État.

La réforme des entreprises publiques de 1980 présentait la particularité de s'être inspirée du « Rapport à Monsieur le Président sur l'assainissement du secteur des entreprises publiques » du 20 mai 1974. Ainsi, avec un peu plus de volonté de la part de la tutelle, six années de lourdes conséquences financières d'une gouvernance défaillante des entreprises publiques auraient pu être évitées.

5.2. La faiblesse des résultats de la politique de développement régional

Conscient du fait que la politique globale de développement, ancrée sur l'exploitation des ressources forestière et la Ville d'Abidjan, pouvait engendrer de graves disparités régionales, le pouvoir ivoirien accorda une place toujours plus grande aux problèmes régionaux. Ainsi, entre le premier plan et le troisième plan, la vision du développement régional s'est progressivement modifiée. Cependant, la décennie 1970 s'acheva avec de fortes disparités d'équipements régionaux productifs et collectifs en dépit de la volonté affirmée dans les plans successifs, de s'attaquer aux problèmes d'équilibre et de programmation régionaux.

5.2.1. Le développement régional dans les trois premiers plans

La véritable politique d'aménagement du territoire fixe ses objectifs régionaux d'attribution d'équipement en même temps qu'est définie la politique générale du développement et que sont connus les éléments de développement des différentes régions. En d'autres termes, la politique d'aménagement du territoire visait à faire de chaque région à la fois un espace polarisé, avec l'existence de forces d'attraction interne suffisantes, et un espace homogène au niveau duquel le problème crucial est celui d'un certain équilibre entre les projets productifs nouveaux et les projets d'équipements collectifs. Le deuxième plan 1971-1975 a consacré la volonté de veiller à l'aménagement du territoire. La mise en œuvre s'est faite dans le cadre de projets régionaux qui donnèrent lieu à deux études d'aménagement intégré concernant l'ensemble des fonctions collectives et des dépenses d'investissements publics. Il s'agit de l'aménagement de la région du Sud-ouest autour du pôle San Pedro et l'aménagement de la vallée du Bandama autour du barrage de Kossou.

Le troisième plan 1976-1980 prend véritablement en compte cette dimension fondamentale du développement qu'est l'aménagement du territoire. Ainsi, est créée en 1973 au sein du Ministère du Plan, la Direction de l'Aménagement du Territoire et de l'Action Régionale (DATAR) et le lancement des programmes d'urgence du Chef de l'État formulés lors de ses voyages au Nord en 1974 et 1975. Le schéma d'aménagement régional du troisième plan est fondé sur la définition de régions polarisées. Il constitue ainsi dans l'espace national cinq régions comportant un pôle d'équilibre : le Sud-est autour d'Abidjan, seul pôle national majeur ; le Sud-ouest autour de San Pedro ; le Centre-ouest autour de Man ; le Centre-est autour de Bouaké et le Nord autour de Korhogo et Ferké. Ces agglomérations ont pour vocation de devenir des centres régionaux. Cela suppose :

- l'existence d'une population active importante et croissante se consacrant aux activités des secteurs secondaire et tertiaire ;
- l'existence d'un certain nombre de services à l'usage de l'économie : grossistes, sièges sociaux d'entreprises publiques et privées, Chambre de Commerce, aéroport, etc.
- l'existence d'une zone d'influence suffisante : liaisons ferroviaires et routières, existence de villes satellites des pôles d'équilibre.

De façon concrète, le troisième plan prévoyait des orientations en matière de régionalisation des programmes agricoles et industriels. Ainsi, dans le domaine industriel, l'objectif était de quadrupler le nombre d'emplois créés dans les régions autres qu'Abidjan. Les complexes sucriers dans le Nord, les complexes textiles et les industries agro-alimentaires dans le Centre et le Centre-ouest, l'industrie du bois dans le Sud-ouest devraient permettre de réaliser les objectifs de régionalisation des activités manufacturières.

5.2.2. Bilan contrasté de la politique d'équipements régionaux productifs et collectifs

À l'actif des trois premiers plans, on note le fait que le développement agricole et les équipements collectifs ont bien touché toutes les régions du territoire ivoirien. Toutefois, ils n'ont pas réussi à réduire, d'une façon significative, les disparités de revenu et d'équipements héritées de l'époque coloniale. À cet effet, on note que le revenu monétaire d'un paysan, en termes de valeur ajoutée, dans le Sud du pays est dix fois supérieur à celui d'un paysan du Nord.

En outre, l'observation des disparités d'équipements collectifs montre les points faibles de chaque région et de chaque fonction. Il s'agit de la capacité limitée de l'accès à l'eau potable dans le Sud, des difficultés d'accès aux soins de santé dans le centre et le Centre-ouest ; de l'insuffisance de l'hydraulique villageoise dans le Sud-ouest, de la restriction du réseau routier bitumé dans le Centre-ouest et le Nord, de la faiblesse de l'encadrement agricole dans le Centre et de la défaillance de l'équipement éducatif dans le Nord. De façon générale, on note, à la fin de la décennie 1970, que les disparités de revenu et d'équipements collectifs sont largement corrélées. En ce qui concerne les objectifs de régionalisation de la production industrielle du troisième plan, contrairement aux orientations prévues, Abidjan a enregistré plus de création d'emplois industriels, entre 1975 et 1980 que toutes les autres régions du pays.

La difficulté d'atténuer les déséquilibres régionaux dus à la politique générale de développement pourrait provenir de l'une des principales défaillances du système de planification ivoirien. En effet, dans la réalisation des plans ivoiriens, les opérations hors programmes ont souvent eu plus de poids que celles programmées et la priorité qui leur a été accordée a parfois désarçonné le plan initial. Dans ce contexte, de nombreux objectifs de planification n'ont pu être réalisés quoiqu'ils aient été correctement définis initialement. Les ressources nécessaires n'ont pas toujours été disponibles pour la mise à exécution des actions projetées.

*

* *

Les deux premières décennies qui ont suivi l'Indépendance furent une période charnière dans le processus de développement de l'économie ivoirienne. Au cours de cette période dite du ''miracle'' économique ivoirien, le système d'exploitation colonial transformé en modèle de développement économique fut une référence de réussite. Les orientations stratégiques définies, dans le cadre de plans cohérents de moyen terme par l'État ivoirien, ont permis de mettre en place les infrastructures de base et de former des ressources humaines assez appréciables pour la construction d'une économie moderne.

Ces orientations stratégiques du développement ont tout de même imputé au reste du processus du développement de l'économie ivoirienne des contraintes majeures. La volonté d'entreprendre de l'Etat, qui n'a pas été tempérée par un manque d'expérience antérieure, a favorisé la conduite simultanée d'un trop grand nombre de programmes de développement. Au final, l'économie ivoirienne s'est retrouvée avec un secteur public assez important dont la gouvernance défaillante fut très coûteuse pour les finances publiques. Certaines économies du tiers-monde d'alors, la Malaisie et l'Indonésie notamment, ont opté pour une plus grande affectation du surplus prélevé sur le secteur primaire afin d'accélérer le développement de leur secteur moderne tandis que l'économie ivoirienne ne s'est pas véritablement désengagée de la logique de dépendance tous azimuts héritée de la politique coloniale. Et la forte vulnérabilité aux chocs exogènes induite sera l'un des principaux facteurs explicatifs de la longue période de crise économique que connaîtra la Côte d'Ivoire à partir de la fin des années 1970.

CHAPITRE 3 : LA PÉRIODE DE L'ÉTOUFFEMENT DE LA CROISSANCE (1981-1989)

La période de 1981-1989 que l'on peut qualifier de période d'étouffement de la croissance en Côte d'Ivoire a été ponctuée par une succession de programmes d'ajustements structurels. Dès l'entame des années 1980, le déficit du secteur public avait atteint un niveau alarmant d'environ 12 % du PNB et celui du compte d'opérations courantes de 17 % du PNB (BCEAO, 1990). Cette croissance économique, fortement ralentie, a suscité la mise en œuvre d'une série de trois programmes d'ajustement structurel sur la période 1981-1989.

Le premier programme d'ajustement structurel a été initié de 1981 à 1983. Il avait pour objectif de redresser la situation financière extérieure de la Côte d'Ivoire et de créer les conditions d'une reprise de la croissance économique. Le second programme a eu pour objectif la réduction du déficit budgétaire et l'augmentation des recettes publiques sur l'intervalle 1983-1986. À la fin de l'année 1986, sous l'effet conjugué de la chute des recettes d'exportation et de l'alourdissement du service de la dette, la Côte d'Ivoire s'est résolue à déclarer son impossibilité à payer les intérêts des emprunts étrangers. Sur le plan strictement interne, il y eut une augmentation de la fiscalité en général et de la TVA en particulier. Face à cette précarité, de nombreuses activités commerciales ont transité du secteur formel vers le secteur informel. Ces mesures ont pesé très lourdement sur la vie économique et socio-politique du pays en créant un contexte assez tendu. Dès lors, un troisième programme d'ajustement structurel fut mis en œuvre sur la période 1987-1989.

La mise en œuvre de ces trois programmes d'ajustement structurel suscite de nombreuses préoccupations relatives aux causes, aux stratégies mises en œuvre, aux résultats et aux enseignements à tirer.

1. Les causes endogènes et exogènes de la récession économique

La chute des cours des produits agricoles de base survenue à la fin des années 1970 a provoqué une dépression. À la faveur du « boom du café et du cacao », la Côte d'Ivoire s'était engagée dans une politique monétaire et fiscale expansionniste fondée sur les recettes d'exportations en forte croissance. De plus, l'augmentation de l'endettement extérieur et l'inflation ont été immédiates. Le taux de change réel du pays s'est trouvé surévalué puisque le taux d'inflation était nettement supérieur à celui de ses partenaires ; ce qui a ruiné la compétitivité de l'industrie nationale (FMI, 1990).

Au début des années 1980, le constat était alarmant dans la mesure où le déficit du secteur public et du compte d'opérations courantes avaient atteint respectivement 12 % et 17 % du PNB.

1.1. Choc pétrolier, détérioration des termes de l'échange et tentative de récupération

En Côte d'Ivoire, la croissance économique avait atteint son niveau le plus élevé au cours de la décennie 1970-1980 avec le boom du café et du cacao survenu dans les années 1976-1977. Suite à la destruction de la récolte brésilienne par la gelée, les prix des boissons tropicales se sont accrus substantiellement. Fort de sa position privilégiée dans le rang des producteurs de café et de cacao, la Côte d'Ivoire a pu s'assurer des recettes d'exportations considérables. À ce titre, l'économie ivoirienne a connu un accroissement régulier du PIB réel avec un taux moyen annuel de plus de 7% en termes réels. Sur cette base, l'État ivoirien a fait le choix d'une politique d'investissement massif en augmentant le volume de l'investissement public, parapublic et la consommation publique.

Malheureusement, cette politique ambitieuse d'investissement n'a pas atteint les résultats escomptés même si certains observateurs de la politique économique ont parlé de « miracle ivoirien ». En effet, dès la fin des années 70, ce « miracle » s'est transformé en « mirage ivoirien ». Le deuxième choc pétrolier de 1979 combiné à la flambée des taux d'intérêt internationaux et des taux de change ainsi que la chute des matières premières ont inversé la tendance de l'économie ivoirienne. Le pays a commencé à enregistrer des taux de croissance négatifs. Dès 1980, le pays a engagé des négociations avec les institutions de Bretton Woods. À l'instar de la quasi-totalité des économies au Sud du Sahara, la Côte d'Ivoire s'est trouvée, dès la fin des années 1970, dans une situation de crise persistante. Dès lors, l'hypothèse d'une simple mauvaise conjoncture susceptible de se résorber, d'elle-même, ne tenait plus. Les restructurations du système de production étaient plus que jamais incontournables même dans l'hypothèse d'une remontée des cours du cacao.

1.2. L'origine des difficultés

Le dynamisme de l'appareil de production devrait être apprécié par la quantité de biens et services produits. L'évolution du PIB à prix constant fait apparaître un ralentissement à partir du début des années 1980 avec des taux négatifs dès 1983.

Cette évolution a été masquée par la forte hausse des prix du début des années 80 et par la reprise des années 85-86 qui n'a été qu'une embellie passagère. Ces deux facteurs ont certainement contribué à alimenter un "front du refus" de la crise observable dans la première moitié des années 80. La Banque mondiale a même publié, début 1987, un rapport très optimiste sur la Côte d'Ivoire intitulé "De l'ajustement structurel à la croissance auto-entretenue ? '' Dans ce rapport, il est fait état d'une croissance soutenue et d'une stabilité externe et interne de 1970 à 1985. Toutefois, on peut émettre des réserves sur ce découpage chronologique. Il a fallu attendre la déclaration d'insolvabilité pour que la "conjoncture" devienne structurelle. Pour certains observateurs[20], l'économie ivoirienne a commencé à s'essouffler dès les années 70. Le ralentissement aurait été masqué par la très forte hausse des investissements publics des années 1975-1980 que l'envolée des cours des matières premières et la facilité d'endettement extérieur ont rendue possible.

Seule une étude sectorielle, faisant la part des investissements publics, pourrait permettre d'apprécier le caractère "artificiel" ou non du maintien, jusqu'au début des années 1980, d'un fort rythme de croissance. On peut, néanmoins, faire observer que le processus de croissance de la fin des années 1970 ne pouvait être durable dans la mesure où il exigeait des financements extrêmement élevés qui étaient hors de portée de la Côte d'Ivoire. L'observation d'autres indicateurs en particulier le solde des opérations de l'Etat et l'encours de la dette extérieure public révèlent qu'il y eut de profonds déséquilibres dès la fin des années 1970. Cette période pourrait être considérée comme le point de départ des difficultés économiques du pays.

1.3. Handicap du binôme café-cacao et absence de transformation structurelle de l'économie

À l'origine de ce qui a été appelé le "miracle ivoirien", il y eut, incontestablement, une progression exceptionnelle de l'agriculture et

---

[20] G DURUFLE, *Ajustements structurels en Afrique,* **Paris : Kartala, 1988.**

de l'exploitation forestière (Samir Amin, 1967). Pourtant, on peut considérer que c'est à partir des années 1970 que l'agriculture ivoirienne a réalisé des performances remarquables au point où le pays est devenu le premier producteur mondial de cacao en 1978 avec une production de 304 000 tonnes qui a plus que doublé en 1989[21]. Par contre, le café a connu une progression nettement moins marquée, mais il constitue avec le cacao l'ossature de l'économie ivoirienne. Ces deux produits ont fourni plus de la moitié des recettes d'exportation du pays au cours de la période 1981-1989. Toutefois, un vaste programme de diversification agricole a été entrepris au début des années 1970 pour réduire la forte dépendance du pays à l'égard de ces deux produits. Il s'agissait de la banane, de l'ananas, du palmier à huile, du cocotier, de l'hévéa et du coton.

Malgré les avancées significatives enregistrées dans la production de ces produits, il faut reconnaître que le pays est resté fortement tributaire du café et du cacao dont les modes de culture n'ont pu se moderniser. Or, les cours de ces deux produits sont instables et se sont même drastiquement effondrés durant de la période 1981-1989.Par conséquent, les exportations de café n'ont rapporté à la Côte d'Ivoire que 46,5 milliards de francs CFA en 1989 contre 266 milliards en 1985 et celles du cacao ont été de 247 milliards contre 498,7 milliards[22]. La CSSPPA a même subi des pertes nettes qui se chiffraient à 169,8 milliards au début de l'année1989. En réaction, l'État a divisé par deux les prix d'achat au producteur pour ramener le déficit à 32,2 milliards à la fin de l'année.

En plus du handicap du binôme café-cacao, une autre cause de la crise a été l'absence de transformation structurelle de l'économie, comme cela fut le cas au Brésil. En effet, les énormes recettes obtenues suite aux exportations du café et du cacao n'ont pas été réinvesties dans les industries technologiques et dans les industries de transformation des produits d'exportations, comme ce fut le cas au Brésil.

---

[21] Données du Ministère de l'Agriculture et des Ressources Animales (MINAGRA).

[22] Données du Ministère de l'Agriculture et des Ressources Animales (MINAGRA).

1.4. Étouffement du secteur industriel et essor du secteur informel

La crise profonde qui secoue l'économie ivoirienne marque les limites d'un modèle de croissance fondé sur l'agriculture d'exportation (café-cacao) et les industries légères de substitution aux importations. Ce modèle repose sur la théorie de la croissance transmise et des avantages comparatifs. Il suppose également une industrialisation mécanique qui peut résulter de succès agricoles.

Or, dès que les transferts financiers en provenance de l'agriculture ont cessé à la fin des années 1970, l'industrie ivoirienne est entrée en pleine récession avec un solde net d'emploi négatif. Ce secteur qui fut caractérisé, jusque-là, par une croissance soutenue de plus de 8 % en moyenne par an entre 1960 et 1980 est soudainement apparu fragile. De 1980 à 1981, l'activité a baissé de façon significative dans l'industrie du bois, du caoutchouc, de la sidérurgie et des matériels de transport.

Le déclin atteignit toutes les branches en 1983 et l'industrie manufacturière perdit environ 15 000 emplois. Depuis lors, le secteur industriel ne s'est pas totalement redressé. Malgré les mesures prises dans le cadre du PAS en 1985, l'emploi a continué sa chute à un taux annuel moyen de 3 % à partir de 1986 et le taux de croissance de la production est devenu négatif, soit -2,8 % en 1988 et -1,9 % en 1989[23].

Au total, l'industrie n'a pas pu prendre le relais de l'agriculture dans la mesure où elle ne dégageait que très peu de valeur ajoutée. Elle a été incapable, non seulement, d'exporter sur les marchés extérieurs et de créer des emplois, mais aussi et surtout de procurer des devises nécessaires à la poursuite du processus de développement.

Concernant le secteur informel, il subsiste une perception illusoire. L'amenuisement des ressources en provenance de l'agriculture a favorisé l'essor du secteur informel. En 1985, la direction de l'emploi dénombrait 910 000 personnes dans le secteur informel, soit le double de celui du secteur formel (405 000 actifs)[24]. Ce secteur informel fournissait 60% de l'emploi urbain et générait de nouveaux emplois pendant que le secteur moderne se contractait fortement. À l'évidence, le secteur informel était un puissant secteur de résorption du chômage

[23] Développements Economiques Récents et Perspectives (1996-2000).

[24] Données de l'Agence d'Etudes et de Promotion de l'Emploi de Côte d'Ivoire (AGEPE).

urbain, de création de richesses et de distribution de revenus. La Banque Mondiale a admis que le développement devrait se faire par la base.

Il faut souligner que le secteur informel tire ses ressources du secteur moderne auquel il reste subordonné. En effet, la masse des salaires payés dans le secteur formel est la source principale de la demande adressée aux activités informelles. Il n'est pas évident que les entreprises informelles, même celles de la frange supérieure, se transforment à court terme ou à moyen terme en véritables entreprises modernes.

1.5. La gestion des finances publiques, les dettes et la mauvaise gouvernance des sociétés d'État.

Dès le début des années 1960, l'État de Côte d'Ivoire s'est montré très dévoué dans la collecte des ressources fiscales. Jusqu'en 1973, l'équilibre entre les recettes et les dépenses de l'État était assuré.Cependant, des déséquilibres sont apparus dans les comptes de l'État à partir du premier choc pétrolier. Dans un premier temps, ces déficits budgétaires ont été considérés comme conjoncturels. Plus tard, on s'est rendu compte qu'ils étaient structurels.

L'absence de rigueur dans la gestion des sociétés d'État, l'insuffisance d'audit et de contrôle régulier de ces sociétés avaient conduit à des dettes importantes. En effet, la mauvaise gouvernance comme mentionnée dans le chapitre II s'était particulièrement illustrée dans la gestion des sociétés d'État et des entreprises publiques. À titre d'exemple, lors de la dissolution de la BNDA, il apparaissait que plus de 60% des crédits de la BNDA avaient été octroyés à des fins non agricoles et seulement moins de 30% des crédits avaient été orientés vers le secteur agricole. Pourtant, la BNDA avait une vocation agricole. De même, dans de nombreuses sociétés d'État et autres sociétés ou établissements publics, une grande partie des fonctionnaires étaient payés à ne rien faire à cause de recrutements faits sur des bases complaisantes (liens familiaux, amitié, liens ethniques) et non sur de la compétence et des besoins réels de ces structures.

À l'analyse, la dette avalisée issue de la mauvaise gouvernance (dettes contractées par des entreprises publiques ou privées avec l'aval de l'État) représentait 35,40% de l'endettement ivoirien en 1979. De même, en 1980, la dette des sociétés d'économie mixte, en raison de la mauvaise gouvernance et celles entièrement privées, se chiffrait à 100 milliards de Francs CFA[25].

Parallèlement, les établissements financiers publics cumulaient des dettes de 30 milliards de Francs CFA. Ces dettes consolidées et répercutées sous tutelle de la CAA s'élevaient à 217 milliards de Francs CFA en 1979 et représentaient un véritable fardeau pour les finances publiques au cours de la période 1981-1989[26].

2. Fondements théoriques de l'ajustement structurel

Les outils de l'ajustement structurels sont fortement tributaires de la pensée économique, particulièrement, de la théorie économique. Les Institutions de Bretton Woods (IBW) vont s'inspirer de plusieurs théories pour la conception et la mise en œuvre des politiques économiques suggérées aux États. L'approche monétaire de la balance de paiements et l'approche de l'absorption ont été fréquemment utilisées par les IBW, notamment le FMI pour la résolution des questions relatives à la stabilité macro-économique. En outre, les modèles multisectoriels incluant les prix relatifs et les taux de change, ont été les instruments utilisés par le Groupe de la Banque Mondiale lors de l'élaboration de ces P.A.S.

Toutefois, avant toute présentation des différentes approches théoriques de l'ajustement structurel, il serait utile de définir la notion de l'ajustement structurel et les structures concernées par l'ajustement structurel.

2.1. Le concept d'ajustement structurel

L'ajustement peut être perçu dans le cadre d'une étude économique comme un instrument ayant pour mission de procéder à l'équilibrage d'une situation économique donnée. Sur cette base, l'ajustement pourrait concerner les différentes composantes de l'activité économique qui peuvent s'identifier à un ensemble structurel donné; d'où l'appellation d'ajustement structurel par opposition à la « conjoncture ». Quant au terme structurel, il peut être appréhendé comme un ensemble d'éléments liés les uns aux autres dont la rupture de l'un élément peut entraîner la modification de toute la structure. Au

[25] Ministère de l'Économie et des finances, MEF.

[26] Données de l'Association Professionnelle des Banques et Établissements Financiers de la Côte d'Ivoire, APBEFCI.

total, le concept économique « d'ajustement structurel » désigne un procédé consistant à l'équilibrage ou au rééquilibrage des entités interdépendantes d'un système économique et social.

2.2. Les secteurs concernés par l'ajustement

L'ajustement structurel est un inducteur de croissance créé et imposé par les bailleurs de fonds en l'occurrence la Banque Mondiale (BM) et le Fonds Monétaire International (FMI) aux pays en développement en crise. Son application en Côte d'Ivoire résulte d'une remise en cause du modèle économique ivoirien. Ainsi, de nombreux secteurs furent concernés par l'ajustement structurel.

Au niveau du secteur agricole, les Institutions de Bretton Woods ont toujours prôné le désengagement de l'État dans le financement des subventions du secteur. En plus, celles-ci ont exigé la libéralisation de la commercialisation des produits agricoles.

Pour ce qui est du secteur secondaire, les IBW ont encouragé les États à opter pour une réduction des charges de l'État dans les secteurs publics, parapublics et privés. Par conséquent, elles ont exigé la révision du système fiscal.

Enfin, pour les IBW, le secteur tertiaire devrait se conformer à la déréglementation du circuit commercial par une libéralisation des prix. En plus, elles encourageaient la réduction ou la suppression des monopoles étatiques dans les transports maritimes, terrestres ou aériens.

2.3. L'approche monétaire de la balance des paiements

L'excès de création monétaire est très souvent cité parmi les facteurs de déséquilibre de la balance des paiements. En effet, la constance de la demande de monnaie fonction du revenu et son caractère exogène sont deux hypothèses fondamentales du modèle théorique de l'approche monétaire[27].Ce modèle présente l'offre de monnaie avec deux composantes dont le crédit intérieur et des réserves de change. Quant à la demande de monnaie, elle est déterminée par le niveau d'encaisses désiré par les agents, des prix intérieurs et du revenu national en volume. Plusieurs simulations théoriques ont été faites.

---

[27] Modèle POLAK cf. JACQUEMOT et RAFFINOT « la nouvelle politique économique en Afrique », éd.. Edicef, France, 1993.

La première concerne l'excès d'offre de monnaie par rapport à la demande d'encaisses. En effet, lorsque le Crédit intérieur est supérieur à la demande de monnaie, il en résulte une baisse des avoirs extérieurs. Ainsi, les acteurs économiques pourront acheter des biens importés ou des titres à l'étranger. L'effet inverse est pris en compte dans la deuxième simulation. En effet, lorsque le crédit intérieur est inférieur à la demande de monnaie, le résultat est l'augmentation des avoirs extérieurs et les acteurs économiques limiteront leurs importations de biens étrangers ou vendront une partie de leurs actifs. Le troisième scénario décrit le cas où la création monétaire est largement supérieure à la demande de monnaie en face d'une offre réelle partiellement rigide. Dans ce cas, cet excès d'offre de monnaie produira une inflation cumulée à la baisse des avoirs extérieurs et la demande nominale augmentera pour un niveau d'encaisse donnée. En plus, il y aura une hausse des prix et une baisse de la compétitivité extérieure. Par conséquent, seul un ajustement monétaire ou une correction paritaire pourrait résoudre et restaurer la compétitivité entamée.

Un autre scénario est envisageable au cas où le système des prix étrangers est exogène, le comportement d'encaisses stable, les réserves de change dépendent concomitamment de l'évolution du crédit intérieur et du taux de change. Dans ce cas, le rétablissement de l'équilibre provient de deux stratégies. La première consiste à trouver une parité entre l'offre de monnaie et celle des encaisses (politique monétaire restrictive) tandis que la seconde viserait un ajustement du taux de change (dévaluation). Ce scénario peut être interprété à partir de Mundell-Fleming en considérant que les agents sont passifs face aux variations du taux de change. En effet, dans les conditions d'utilisation judicieuse de la politique monétaire et de la politique budgétaire, des flux de capitaux constituent des facteurs de rééquilibrage de la balance des paiements qui contribuent alors à l'équilibre interne. D'où l'intérêt de la mobilité des capitaux avec la monnaie qui se positionne au centre du processus de l'ajustement.

2.4. L'approche de l'absorption

Dans cette approche, le contexte économique est celui du plein emploi, assorti d'un déséquilibre résultant d'un excès de revenus distribués. Comme hypothèse, le solde de la balance courante est égal à la différence entre PIB et l'absorption. Cette dernière est la somme de l'investissement et de la consommation. Quant au déficit extérieur, il est appréhendé comme le reflet du déséquilibre intérieur résultant d'un excès d'absorption par rapport à la production. Lorsque le niveau de consommation intérieure et de l'investissement public est très élevé alors le PIB est élevé et le niveau d'importation devient supérieur aux exportations qui sont considérées comme exogènes et fixes à court terme.

L'origine du déséquilibre pourrait être relative à la demande interne effective trop élevée ou à l'épargne domestique trop faible. L'approche de l'absorption, appelée aussi approche de l'équilibre épargne-investissement en économie ouverte, préconise également le financement d'une dépense excédentaire d'actifs qu'il importe d'acquérir à l'étranger. Cette approche permet de définir une origine interne aux déséquilibres externes. La combinaison de cette approche avec celle des élasticités permet de conceptualiser l'ajustement selon les paradigmes de l'école keynésienne en énonçant le modèle de l'économie insulaire. La variation du taux de change réel agit sur l'ajustement externe par substitution de la demande entre les marchandises domestiques et les marchandises étrangères. Des points de convergence existent entre l'approche monétaire de la balance des paiements et l'approche de l'absorption. En effet, ces deux approches font l'apologie du financement monétaire. À cet égard, elles préconisent l'outil monétaire comme instrument de financement du déficit budgétaire, tout en l'inscrivant comme la principale cause du déséquilibre extérieur.

2.5. L'approche de l'offre et des prix relatifs

La Banque Mondiale s'inspire couramment de cette approche de l'offre et des prix relatifs. Dans cette approche, deux types de biens sont distingués comme étant produits par l'économie, en l'occurrence les biens échangeables ou biens d'importations et d'exportations et les biens non échangeables ou biens domestiques.

La logique des ajustements centrés sur l'offre est facilement perceptible. On part de l'hypothèse d'une économie ouverte et simplifiée avec un bien domestique, un bien d'exportation, des ménages et une administration étatique. On considère que la consommation de l'Administration n'est constituée que de biens non directement échangeables. Les simulations font apparaître un déficit du commerce extérieur. Aussi, observe-t-on une réduction dans la production des biens échangeables et du volume des exportations à la suite de l'augmentation de la consommation publique. Le rapport des prix relatifs change et le nouveau point d'équilibre de la consommation des ménages s'est amélioré avec une substitution entre biens échangeables et non échangeables. En effet, les consommateurs privés ont consommé moins de biens non échangeables et plus de biens échangeables. Les importations se sont alors accrues.

Au total, le résultat est un accroissement considérable du déficit de la balance commerciale, une hausse du niveau des importations et une contraction des exportations. Une politique d'ajustement aura donc pour effet de produire la situation inverse. En effet, une réduction du déficit public devrait susciter une baisse significative du déficit extérieur à travers une augmentation du niveau des exportations et une réduction significative de la consommation privée de biens importés.

Une autre vision de cette approche de l'offre et des prix relatifs se fonde sur des hypothèses de concurrence imparfaite entre producteurs résidents et non-résidents des économies insulaires. À ce titre, elle permet d'examiner les forces qui agissent sur les exportations et les importations. Le taux de change, qui est l'indicateur synthétique de la compétitivité des producteurs résidents vis-à-vis des non-résidents, définit la variable principale de l'ajustement via les élasticités prix des exportations et des importations. La somme de ces élasticités doit être supérieure à un seuil critique qui dépend du taux de couverture des exportations au début de l'ajustement.

3. Diagnostic de la crise économique de 1981 à 1989

Dans la théorie économique, un déséquilibre externe dont la cause est un déficit ou un surplus de la balance de paiement peut être résorbé par une manipulation du taux de change. Dans le cas d'un surplus, la monnaie nationale doit être réévaluée. Dans le cas inverse, un ajustement monétaire est nécessaire.

Cette stratégie est appréciée lorsque la condition de Marshall-Lerner est satisfaite, c'est-à-dire lorsque la somme des élasticités de la demande d'importation et de l'offre des exportations est supérieure à l'unité28. Dans ce cas, une réduction des importations suivie d'une

[28]Pour plus de détails sur la condition de Marshall-lerner, voir P. Krugman et M. Obstfeld, 1995, *EconomieInternationale* de Boeck Université, p. 528-530 et p.541-544.

stimulation des exportations sont nécessaire pour réduire le déficit. De telles mesures ont été mises en œuvre par certains pays libéraux pour corriger les déséquilibres externes et internes de leurs économies.

3.1. Examen de la crise économique

Sur la période 1981-1989, les crises qu'ont connues les pays d'Afrique subsaharienne dont la Côte d'Ivoire présentaient certaines similarités au niveau macro-économique. La première est relative aux taux d'intérêt réels négatifs enregistrés sur le marché des capitaux. Cette situation favorise la constitution d'une économie du crédit préjudiciable au système bancaire dans la mesure où l'effort d'épargne est faible. La seconde a trait aux distorsions des prix consécutives à l'intervention excessive de l'État sur le marché des biens et services. Ce phénomène pénalise le système d'incitation à la production et encourage la consommation qui devient supérieure à l'offre. La dernière est relative à la surévaluation des monnaies africaines sur le marché des changes. Cette situation, qui correspond à une surprotection des secteurs de l'importation, conduit à une fragilisation des secteurs de l'exportation.

Il apparaît évident que la crise économique est intimement liée aux dysfonctionnements des principales économies notamment les principaux marchés régissant ces économies. Du coup, les solutions envisageables peuvent être orientées vers les programmes d'ajustements structurels.

3.2. Ajustement structurel et évolution des dépenses publiques en Côte d'Ivoire.

Les dépenses publiques revêtent un enjeu primordial dans la conduite de la politique économique d'un État. En effet, il apparaît que des progrès très importants ont été réalisés dans la limitation de l'absorption interne depuis le début des années 1980 suite à la mise en œuvre de programmes d'ajustements structurels.

En plus, l'ajustement a été réalisé davantage au moyen de la compression des dépenses que par un effort soutenu d'accroissement des recettes et d'une amélioration de l'efficacité de leur recouvrement. En effet, l'État a réussi à orienter, constamment dans le sens souhaité, les tendances des dépenses primaires sans en affecter les éléments les plus sensibles (dépenses de sécurité sociale et transfert notamment). Ces dépenses concernent la masse salariale, les investissements publics, les dépenses des structures autonomes de l'Etat, les comptes et fonds spéciaux.

3.2.1. Analyse de l'évolution des dépenses publiques.

Une bonne analyse économique nécessite une parfaite maîtrise de la structure des dépenses publiques. Ces dernières sont regroupées en deux grandes catégories que sont les dépenses primaires et les dépenses totales.

Les dépenses primaires sont issues de l'agrégation des dépenses courantes et des dépenses d'investissement. Quant aux dépenses totales, elles constituent la somme des dépenses primaires et des intérêts dus sur la dette publique. Notre analyse sera menée sur les composantes des dépenses primaires et le Budget Spécial d'Investissement et d'Équipement (BSIE) intérêts de la dette de la période 1981-1989.

3.2.1.1. Les dépenses primaires.

À partir des chiffres du Ministère de l'Économie et des Finances publiques, on dresse l'évolution des dépenses primaires dans le tableau 3.1.

Tableau 3.1. Évolution des dépenses primaires

	1980	1982	1985	1987	1989
en % du PIB	36.02	3.71	-4.08	13.5	-23.81
Dépenses primaires	774.5	811	786	900	693.5
PIB	2150	2486.5	3134.8	3031.8	2938.2

Source : Auteur / Données du Ministère de l'Économie et des Finances,1994.

Ce tableau révèle que les dépenses primaires ont évolué en dents de scie sur la période 1980 à 1989. Ces évolutions semblent refléter une sorte de mouvement « stop and go » dans la politique des dépenses de l'État qui serait sûrement lié à la mise en œuvre de programmes d'ajustements structurels et aux fluctuations des cours mondiaux des principales cultures d'exportations.

3.2.1.2. Budget Spécial d'investissement et d'équipement (BSIE)

D'importants investissements publics ont été effectués sur la période 1970-1980. Le tableau 3.2 retrace l'évolution des dépenses du BSIE.

Tableau 3.2: évolution des dépenses du BSIE

Milliards de FCFA	1980	1982	1985	1987	1989
Dépenses du BSIE	312.8	300.9	109.9	179	73.7
Taux de croissance en %	5.11	-4.8	-62.06	61.87	-59.26
En % du PIB	10.54	12.1	3.5	5.9	2.54
En % dépenses primaires	40.38	37.1	13.98	19.88	10.75

Sources : Auteur / Données de la direction des Investissements Publics et de la direction de la prévision, 1992.

D'un taux de croissance positif et régulier, le BSIE a connu pour la première fois en 1982, un taux de croissance négatif (-4.8%). Parallèlement, les dépenses primaires se sont accrues d'environ 4%. Par conséquent, les mesures financières restrictives de l'ajustement structurel ont particulièrement visé la composante- investissement.

On souligne qu'en dehors de la réduction des dépenses, aucun autre objectif assigné à ce PAS n'a été atteint. En plus, la tendance à la baisse s'est poursuivie jusqu'en 1985 avec l'exécution du deuxième PAS (1985-1986).Par contre, le troisième PAS (1985-1986) a été relativement une réussite puisque la plupart des objectifs ont été atteints dont ceux relatifs aux variables financières (réduction des dépenses de 51 milliards de Francs CFA et augmentation des recettes de 15%). L'État a pu dégager un excédent de 2% du PIB sur ses opérations financières et le taux d'investissement est redevenu positif en 1987 (BCEAO, 1992).

Toutefois, il est difficile de dire que ces performances ont été le seul fait de la bonne exécution des PAS dans la mesure où il y a eu, à la même époque, une expansion considérable du secteur agricole accompagné d'un relèvement substantiel des cours mondiaux du café et du cacao. En effet, la superficie cultivable est passée de 1 078 600 à 1 239 800 kilomètres carrés pour le café, et de 1 347 200 à 1 520 000 kilomètres carrés, de 1984 à fin 1986 (Sodieu, 1993). Dans cette logique, l'effondrement des cours en 1987 a provoqué une détérioration de 40% des termes de l'échange faisant perdre au pays le bénéfice des mesures antérieures de rééquilibrage des finances publiques. La crise économique qui s'en est suivi (chute du PIB) a entraîné la baisse des investissements et le taux de croissance a été négatif à la fin de 1989. De 1987 à 1990, deux PAS ont été mis en œuvre, mais malheureusement n'ont pu être conduits à leur terme respectif.

L'ensemble des programmes d'ajustement structurels n'a pas eu l'impact souhaité ; ce qui montre toutes leurs limites comme instrument de correction des déséquilibres. En effet, les réformes fiscales engagées ont conduit à la réduction des recettes à travers le rétrécissement de l'assiette de l'impôt (évasion fiscale). Ainsi, l'investissement en infrastructures économiques et sociales a continué d'être comprimé. Au total, suite aux différents PAS mis en œuvre depuis 1981, le budget spécial d'investissement a subi une baisse considérable entre 1985 et 1989.

3.3. Ajustement et évolution de la dette publique

La dette publique est constituée de la dette intérieure et de la dette extérieure. La dette extérieure est liée aux emprunts contractés par l'État de Côte d'Ivoire ou de ses entreprises auprès des organismes bilatéraux (certains pays amis comme la France, la Belgique, l'Allemagne) et multilatéraux (la Banque Mondiale, le Fonds Monétaire International, la Banque Africaine de Développement, etc.) ou de banques ou entreprises privées étrangères. Quant à la dette intérieure, elle peut se définir comme l'ensemble des emprunts auprès des banques locales et autres organismes financiers ou privés locaux, ainsi que des prestations que des opérateurs privés nationaux ont réalisées pour le compte de l'État. L'accumulation sans cesse croissante de la dette publique, depuis le début des années 1980, a constitué une préoccupation pour les autorités du pays. L'effet conjugué de l'endettement et des PAS a constitué un obstacle à la reprise économique des pays africains en général et de la Côte d'Ivoire en particulier.

3.3.1. La dette extérieure : une difficulté récurrente

L'histoire de la dette extérieure africaine trouve son origine dans la volonté des gouvernants africains de mobiliser des ressources financières pour le développement des leurs pays. En conséquence, L'État ivoirien s'est engagé sur cette voie dès l'Indépendance.

3.3.1.1. L'évolution du poids de la dette

Si le processus des emprunts qui a conduit à l'endettement date de plusieurs décennies, c'est seulement vers le début des années 1980 que le poids de la dette publique s'est véritablement révélées d'une part, comme un frein à l'équilibre socio-économique des pays emprunteurs et d'autre part comme la fin d'une illusion pour les pays et organismes donateurs. En effet, dès 1980, les premières manifestations de la dette sont apparues à la suite des crises mondiales du pétrole en général et celles des produits d'exportations de café-cacao en particulier pour la Côte d'Ivoire.

En 1987, l'État ivoirien a annoncé son impossibilité à pouvoir rembourser aussi bien sa dette que les intérêts de celle-ci vis-à-vis de ses créanciers de Londres qui représentaient une part importante de la dette souscrite par la Côte d'Ivoire.

La première catégorie de dette de la Côte d'Ivoire est la créance bilatérale avec la France comme principal créancier. La deuxième catégorie est constituée par les créanciers multilatéraux avec le FMI, la Banque Mondiale et la BAD comme principaux créanciers. Enfin, la troisième catégorie est constituée par le club de Londres (les banques privées étrangères). Parmi ces trois catégories, ce sont les deux premières seulement qui rentrent dans le plan d'ajustement structurel.

En effet, les institutions internationales ont imposé à la Côte d'Ivoire le paiement des arriérés des dettes pour pouvoir bénéficier de subventions ultérieures. Ainsi depuis 1980, l'État s'est engagé dans un vaste processus de remboursement de sa dette au détriment des investissements intérieurs et de l'amélioration de l'efficacité de l'État.

Tableau 3.3. Évolution des investissements publics et du service de la dette (en pourcentage du PIB)

Année	Investissement	Paiements des intérêts de la dette
1981	9%	2%
1985	5%	6%
1989	3,5%	9%

Source : Auteur / Colloque GIDIS du 28 au 02 déc. 1994, en Abidjan

Ce tableau montre que les investissements publics ont chuté de 9% du PIB à 5% entre 1981 et 1985. Cette baisse a été de 1,5% entre 1985 et 1989. À l'inverse, l'État s'est résolument tourné vers le remboursement des intérêts de sa dette qui est passée de 2% à 6% puis à 9% entre 1981, 1985 et 1989.

Tableau 3.4. Investissements intérieurs bruts en Côte d'Ivoire en millions de Dollars US de 1980 à 1989.

Année	1980	1983	1985	1987	1989
Investissements	1289	1000	904	709	608

Source : Auteur / Colloque GIDIS du 28 au 02 Novembre 1994.

Le tableau ci-dessus montre que les fonds alloués à l'investissement ont diminué considérablement pour représenter en 1989 presque la moitié du montant de 1980. Le constat est que l'État a concentré tous les efforts financiers et les sacrifices fournis par les contribuables au paiement de la dette extérieure. Pourtant, l'investissement est nécessaire pour la création d'emploi, la relance de la production et l'amélioration des conditions sociales des populations. En effet, le choix de la réduction des investissements au profit du paiement de la dette a freiné le processus de développement du pays. Par conséquent, on peut dire que l'échec des PAS est lié à leur orientation quasi exclusive vers le remboursement de la dette au détriment d'investissement productif à même de soutenir la croissance. Par exemple, l'éducation nécessite des infrastructures qu'il faille financer (école, matériel didactique du personnel, etc.) avec l'argent public alors que les PAS ont réduit la capacité financière de l'État.

Au total, le paiement de la dette n'a pas été favorable au développement de la Côte d'Ivoire.

3.3.1.2. Évolution du service de la dette extérieure.

Les intérêts de la dette extérieure constituent un fardeau qui alourdit le poids de la dette. Sur la période 1981-1989, ils ont représenté entre 45% et 53% du service total de la dette[29]. De ce constat, le vrai problème de la dette, loin d'être un rééchelonnement, devrait plutôt se trouver du côté des taux d'intérêt qui sont restés très élevés. Ces intérêts devraient être supprimés dans la politique des créances afin de permettre à la dette de retrouver son vrai sens.

L'explication réside dans le fait qu'initialement les prêts octroyés par les partenaires de la Côte d'Ivoire constituaient des surplus de devises qui étaient des ressources oisives. En les prêtant à la Côte d'Ivoire, ils voulaient non seulement se débarrasser momentanément d'un surplus de plus-value, mais aussi venir dans le même temps en aide aux pays pauvres pour assurer leur retard sur le développement occidental. Partant de ces principes de base, une annulation de la dette même dans sa totalité et sans condition ne ferait que répondre aux vœux des pays occidentaux et prêteurs, c'est-à-dire aider la Côte d'Ivoire à sortir du carcan du sous-développement.

Au-delà de cette approche sur le problème de la dette, une remarque doit être faite. En effet, dans le cadre de son application en Côte d'Ivoire, le paiement de la dette constitue un poids et une priorité qui cause un préjudice aux investissements et aux possibilités d'emprunts futurs. Or, le développement repose essentiellement sur l'existence de capitaux pour réaliser des projets. Mais dès lors que le paiement de la dette oblige à une réduction des investissements, il s'en suit une réduction de la dynamique de l'économie, une absence d'emplois nouveaux, une baisse de capacité de services dans la mission régalienne de l'État.

Enfin, le paiement de la dette est une sorte de fuite de capitaux qui ne profite point à la richesse nationale, mais à la richesse extérieure. Tous ces faits sont, somme toute, préjudiciables au développement du pays.

[29] Données du Ministère de l'Économie et des Finances, 1995.

3.3.1.3 Rapport entre masse salariale et dette extérieure.

La contraction des charges courantes étatiques sur le budget est l'un des principaux volets des mesures d'ajustement structurel. Ainsi, dans le cadre de la mise en application des mesures d'ajustement et face à la dégradation constante des prix des produits ivoiriens de base sur le marché international, le budget de l'État ivoirien a connu des fluctuations contrairement au paiement du service de la dette extérieure.À partir d'une évolution des différents budgets de l'État et du service de la dette de ces dix dernières années, nous sommes en mesure de déterminer le niveau du budget par rapport au service de la dette extérieure.

Tableau 3.5. Évolution de la Masse salariale

Année	Masse salariale (en millions de FRANCS CFA)	Pourcentage du PIB	Intérêt sur la dette Extérieure (en millions de FRANCS CFA)	Pourcentage du PIB
1981	246 880	0.25	89581	0.09
1982	278 571	0.26	133771	0.12
1984	292486	0.27	165435	0.15
1985	301594	0.25	214136	0.19
1986	320199	0.26	248181	0.21
1987	358051	0.28	209437	0.18
1988	370429	0.32	220754	0.19
1989	400292	0.29	243218	0.23

Source : Auteur / Données de la direction de la statistique d'Abidjan, INS, 1994.

De ce tableau, il ressort que, depuis 1981, la masse salariale ivoirienne a connu une croissance régulière de l'ordre de 1 point l'an pendant cinq ans avant de monter entre 2 et 6 points. Parallèlement, les intérêts de la dette extérieure subissent une augmentation permanente depuis 1981, sauf durant les périodes 1985 à 1988 où son poids est passé de 0.21% à 0.18% du PIB en 1986 et 0.19% en 1988. Toutefois, la remarque à faire est que comparativement à ces deux types de dépenses, le paiement de la dette a connu une croissance plus rapide en passant de 0,09% (246 880 millions francs CFA) à 0,31% (326 345 millions de Francs CFA), soit une augmentation de 22 points en 11 années alors que la masse salariale est passée de 0,25% (246 880) en 1981 à 0,29% en 1989, soit une croissance de l'ordre de 4 points.

De cette analyse, il ressort un intérêt particulier pour le renforcement des sommes allouées au remboursement de la dette extérieure. Par ailleurs, l'opinion internationale identifie une bonne Administration par la qualité de ses hommes et par la moralité de ceux-ci. De même, le programme d'ajustement structurel devrait faire en sorte que le revenu par tête d'habitant s'améliore, que l'analphabétisme disparaisse, que la santé pour tous se réalise et que la réduction de la mortalité infantile soit faite.

Pourtant, la masse salariale a été réduite à travers la suspension des recrutements à la fonction publique ou par le blocage des salaires et que les montants versés au titre des intérêts de la dette extérieure ont considérablement augmenté.

L'allégement de la dette est certes un facteur essentiel pour la relance des économies des pays endettés dans la mesure où cela permet l'acquisition d'aides nouvelles et encourage les investisseurs privés. Mais, cette dette est payée à une période où l'Etat a le plus besoin de liquidités pour payer les salaires et réaliser de nouveaux projets sociaux. Ainsi, l'on peut conclure que les paiements de la dette extérieure n'auraient pas dû être inclus dans les PAS comme une priorité, car ils ont été un obstacle aux actions de l'État liées à l'amélioration des conditions de vie de la population.

Ainsi, concernant la dette extérieure, nous pensons qu'un ajustement centré sur une annulation ou une suspension à long terme de son paiement aurait été de nature à rétablir les déséquilibres financiers qu'a connus le pays et relancer les grands projets économiques susceptibles d'enclencher le développement national.

3.3.2. La dette intérieure

Si la dette extérieure représente un surplus financier et que les plus riches prêtent aux pauvres afin de les aider à compenser les déficits budgétaires ou à réaliser certains projets ponctuels, la dette intérieure, quant à elle, constitue une manne financière pour les entreprises domestiques ou groupes de personnes installés sur le territoire national. Cette somme d'argent constitue un élément essentiel pour la relance de leurs activités. À cet effet, depuis que la dette intérieure connaît un ralentissement de remboursement, les responsables d'entreprises et divers créanciers ont affirmé enregistrer une baisse de leurs activités sur la période 1981-1989.

À ce titre, le non-paiement des créances dû aux entreprises peut avoir de nombreux impacts sur l'économie. En effet, les activités des entreprises ont considérablement baissé dans mesure où les fonds devant servir au renouvellement du matériel et au paiement de certaines dettes ont été investis dans des travaux de l'État sans suite de paiement. Cet état de fait a aussi obligé certains responsables d'entreprises à licencier des membres de leur personnel. Il est clair que les retards de paiement de la dette intérieure sont la cause du licenciement du personnel, du ralentissement des activités, et même de la fermeture des entreprises. En outre, ces retards de paiement freinent l'investissement et le bon fonctionnement de l'économie.

De nombreux économistes partagent les idées suscitées. En effet, le paiement tardif de la dette intérieure comparativement à la dette extérieure est source de réduction des investissements privés entraînant aussi une réduction de l'emploi et un ralentissement du développement. Cette insistance sur les effets négatifs du paiement tardif de la dette intérieure vise à interpeller les Institutions de Bretton Woods afin que l'ajustement tienne compte du rapport paiement dette extérieure /dette intérieure.

Tableau 3.6. Service dette publique intérieure et dette publique extérieure

	1981	1983	1987	1988	1989
Service dette intérieure	60.554	54.556	50.552	47.285	20.973
Service dette extérieure	223.282	220.253	216.281	180.980	178.397

Source: Auteur / Documents Ministère de l'Économie et des Finances, 1995[30].

Le tableau 3.6. montre que le montant du service annuel de la dette extérieure est supérieur de 4 à 8 fois celui de la dette intérieure. De 1981 à 1989, le montant le plus élevé au titre de la dette extérieure est de 223,282 milliards contre un montant de 60,554 milliards pour la dette intérieure.

Le fait de payer la dette extérieure n'est pas une stratégie condamnable dans la mesure où elle ouvre des opportunités de nouveaux prêts et projets, ou rassure les investisseurs. Cette stratégie qui a consisté à rembourser la dette extérieure en vue d'être éligible à

[30] Les chiffres du tableau sont en milliards.

de nouveaux prêts ou de pouvoir bénéficier de nouveaux investissements fait apparaître la règle qui consiste à s'endetter pour rembourser la dette.

De ce point de vue, le lien entre le paiement de la dette intérieure et le développement réside dans le fait que celui-ci est un facteur producteur de ressources nécessaires à la réalisation des projets catalyseurs de développement national. De ce fait, le paiement de la dette intérieure est une source de développement économique et social. Dans cette logique, les politiques d'ajustement structurel devraient dans le cadre du paiement de la dette publique et privée accorder la priorité au paiement rapide de la dette intérieure surtout qu'elle ne représente qu'entre un cinquième et un huitième du service annuel de la dette totale.

Si les pays occidentaux ont connu un développement rapide et fulgurant, c'est parce qu'il existe des capitaux capables de faire fonctionner l'économie sans recours à des aides extérieures. Pour cette raison, il importe à la Côte d'Ivoire d'accorder une place importante à toutes réformes qui prennent en compte la rétention de capitaux nationaux. À cet effet, dans le choix des investissements, la préférence doit être clairement accordée aux investissements qui renforcent la capacité de rétention des ressources des pays africains (BAD, 1995)[31].

En effet, sans une vision à long terme, l'Afrique continuera d'être un emprunteur net de ressources et ne s'élèvera jamais à ce niveau où le volume et l'affectation de ressources d'investissement sont décidés à l'échelle nationale plutôt que par des agents économiques extérieurs. Dans cette optique, il est nécessaire que les économies africaines s'orientent vers des réformes qui leur permettent de réaliser des activités économiques qui profitent directement au Produit Intérieur Brut. Or la politique de règlement de la dette telle que présentée dans les PAS, encourage la fuite des capitaux qui pourtant sont déjà très rares. C'est cette contradiction entre la nécessité de remboursement de la dette extérieure et l'obligation du pays de disposer de capitaux suffisants pour réaliser des investissements et amorcer le développement qui nous donne à penser et croire que les PAS tels qu'ils ont été conçus ont été une source d'échec pour la relance économique de la Côte d'Ivoire.

---

[31]Rapport sur l'Ajustement structurel en Afrique, Banque Africaine de Développement, 1995.

Somme toute, le paiement rapide de la dette intérieure a plus d'effets positifs sur l'économie que le paiement rapide de la dette extérieure. Toutefois ce dernier peut aussi être source de développement. En effet, la confiance des opérateurs économiques étrangers peut s'accroître et induire de nouveaux investissements qui contribueront au développement économique. Dans le reste des autres cas, le développement est remis en cause par le paiement de la dette extérieure au détriment de la dette intérieure.

4. Les stratégies adoptées pour réduire les effets de la crise.

Les stratégies mises en œuvre pour réduire les effets de la crise, se sont articulés autour des principaux programmes d'ajustement structurels en l'occurrence ceux de 1981-1983, de 1983-1986 et enfin de 1986-1989.

4.1. Thérapies théoriques des Institutions de Bretton Woods.

La thérapie théorique des IBW est relative à la vision théorique de l'ajustement structurel du FMI et de la BM. Comme mentionnée dans la section précédente, la crise économique en Côte d'Ivoire, est tributaire des dysfonctionnements des principaux marchés. De cette formulation, l'ajustement structurel est une nécessité impérieuse. Le FMI et la BM ont en effet considéré les ajustements structurels sous trois axes différents.

D'une manière générale, les dysfonctionnements du marché au sein d'un pays sont source de déséquilibres multiples à la fois internes qu'externes. Ainsi, la sortie de crise passe invariablement par le rétablissement de ces équilibres macro-économiques. La performance des économies, à l'instar de la Côte d'Ivoire, au cours des années 80, est en relation avec le développement parallèle et l'interaction entre déficits internes et externes. Ces derniers sont intimement liés au déficit public.

Le rééquilibrage des finances publiques est au cœur de la stratégie de résorption des déséquilibres. En effet, cette action est en accord avec l'approche de l'absorption de l'ajustement. Lorsque les dépenses domestiques sont supérieures au revenu national, alors le solde des paiements courants est négatif. La cause est relative au fait que l'écart des dépenses devrait être comblé par plus d'importations et moins d'exportations, créant ainsi un déficit externe qui est un attribut économique des pouvoirs publics. Ils l'atteignent par la formule « davantage de dépenses et moins d'importance accordée au revenu ».

À l'inverse, lorsqu'une économie donnée est confrontée à un déficit externe, les niveaux de production et de revenu domestiques se dépriment par le jeu du multiplicateur keynésien : les sorties de revenus vers l'extérieur sont supérieures aux entrées. Il en résulte une réduction de la demande domestique et de ce fait, une chute du niveau de production. Cette contraction du niveau d'activité domestique engendre un nouvel équilibre externe. Dans cette logique, avec la chute des recettes publiques, l'État devrait réduire ses dépenses qui apparaissent comme une variable fondamentale de l'ajustement à l'instar du budget. Toutefois, réduire les déficits internes et externes reste une action insuffisante puisqu'il valait mieux appréhender le contenu des déficits. À l'analyse, seule la correction des déséquilibres par une phase de réforme succédant à une autre pourra induire des effets positifs à long terme. C'est la séquence de l'ajustement qui, à la différence de celle-ci, doit être menée dans le moyen terme. Ceci implique la mise en œuvre de réformes portant sur l'élimination des déficits, des distorsions qui découragent l'initiative privée et sur la promotion du secteur privé. La variable de contrôle à ce niveau est le système des prix qu'il convient de modifier. Cela est pareil dans le cas de mécanisme d'allocation des ressources. Ces modifications rendront compte de la disponibilité réelle des ressources et des avantages comparatifs du pays considéré.

Par la suite, le système d'incitation en se rétablissant crée un cadre propice à la reprise de l'investissement et de l'initiative privée. La libéralisation des marchés intérieurs, la diminution et l'harmonisation des dispositifs de contrôle des importations permettent d'atteindre de tels objectifs.

4.2. De 1981 à 1983, le redressement de la situation financière.

Le premier programme d'ajustement structurel (1981-1983) avait pour objectif le redressement de la situation financière extérieure et la création des conditions d'une reprise de la croissance économique. Il s'agissait en l'occurrence de réduire le service de la dette extérieure et le déficit du secteur public par une diminution très importante des dépenses publiques.

Le budget général de fonctionnement de l'État connaît alors une réduction de près de 55 % durant les trois années du programme tandis que le budget spécial d'investissement et d'équipement (BSIE) est réduit de 12 %. En sus, l'encadrement du crédit est plus sévère et son taux d'accroissement passe de 54 % en 1982 à 7 % en 1983 (BCEAO, 1990). Parallèlement, les salaires des fonctionnaires font l'objet d'un blocage. Ce train de mesures entraîne une baisse du revenu des ménages. Du coup, l'épargne nationale chute de 53 milliards de Francs CFA en 1982 à 14,5 milliards en 1983 soit une baisse de 72 %. En outre, le taux d'investissement baisse de 17 % sur la période et le crédit se ralentit et se raréfie. Ce résultat mitigé et handicapant sert, cependant, de base au deuxième programme d'ajustement structurel (1984-1985).

4.3. De 1984 à 1986, la réduction du déficit budgétaire et accroissement des recettes publiques.

Ce second programme avait pour leitmotiv la réduction du déficit budgétaire et l'augmentation des recettes publiques. Il bénéficiait de la part du Fonds Monétaire International (FMI) d'un accord de confirmation sur d'une durée d'une année et pour 82 millions de dollars de Droits de Tirage Spéciaux, DTS (FMI, 1990).

Il était accompagné d'un rééchelonnement de la dette extérieure ivoirienne à hauteur de 275 millions de dollars sur une période de neuf ans avec quatre ans de différé. Les mesures mises en œuvre sont encore plus rigoureuses que celles du programme précédent, mais permettent de connaître quelques améliorations :

- Le déficit budgétaire est effectivement réduit en 1984 et en 1985 ainsi, le budget peut même dégager un excédent d'environ 31 milliards de Francs CFA (BCEAO, 1990) ;
- Le solde de la balance des paiements dégage des excédents de (5,2 % du PIB en 1984 et 4,8 % du PIB en 1985), [WDI 1990] ;
- La production industrielle connaît un accroissement de 7 %. (FMI, 1990) ;
- Dans la même période, il s'ensuit un accroissement de la masse monétaire indépendant de la volonté des autorités monétaires, et non issue de la politique monétaire, mais induite par un solde de la balance des paiements favorable ;
- L'évolution du PIB, en d'autres termes, la croissance économique du pays, en termes réels, d'environ 5 % marque une légère reprise ;

- Par contre, le coût social est élevé avec notamment une augmentation du chômage.

4.4. De 1986 à 1988, le rétablissement des grands équilibres par des mesures fiscales et budgétaires.

Un troisième programme d'ajustement structurel (1986-1988) est initié. Sous l'effet conjugué de la chute de ses recettes d'exportation, du service de la dette devenu lourd, et malgré un accord pluriannuel de rééchelonnement de la dette jusqu'en 1990, la Côte d'Ivoire avoue son incapacité à payer en mai 1987, les intérêts des emprunts étrangers.

Sur le plan strictement interne, une politique d'augmentation de la fiscalité en général et de la TVA en particulier est observée en 1987. Pour cette raison, un grand nombre d'activités commerciales et de PME, faute de moyens financiers, quittent le secteur formel pour s'installer dans la précarité du secteur informel, à l'abri de la pression fiscale.

À cet égard, les résultats de ce troisième programme d'ajustement structurel sont jugés mitigés. Ces mesures ont eu un impact négatif sur la vie économique et sociopolitique du pays, créant ainsi un contexte de précarité.

4.5. Incidences microéconomiques des PAS de 1981 à 1989

Moteur de la croissance, le secteur privé en Côte d'Ivoire a été un des bénéficiaires indéniables des PAS auxquels l'économie ivoirienne a été soumise par des bailleurs de fonds sur la période 1981 à 1989. Pour autant, l'ensemble des mesures mises en œuvre dans le cadre des PAS visait en partie l'amélioration de l'environnement des affaires, et aussi la création des conditions d'émergence d'un secteur privé dynamique.

La décennie d'ajustements structurels de 1981 à 1989 a rénové le paysage économique de la Côte d'Ivoire, avec un tissu industriel qui est l'un des plus étoffés de l'Afrique subsaharienne. La vision stratégique était tributaire de la concentration de l'État sur son rôle de régulateur. De ce point de vue, l'initiative de l'investissement était abandonnée aux investisseurs privés. Cette logique s'est renforcée au fil des P.A.S par le biais d'une multiplicité de réformes à l'instar :

- du renforcement de la lutte anti -fraude et anticorruption ;
- de l'amélioration de l'environnement légal et réglementaire ;

- de la baisse des coûts opérationnels ;
- de la mise en place du programme de privatisation en 1990 ;
- de l'amélioration du dispositif de promotion de l'investissement.

4.5.1. Compétitivité des entreprises

La mise en œuvre des mesures des PAS sur la période de 1981-1989 a engendré une variation des coûts des facteurs et services en Côte d'Ivoire. En effet, les réformes entreprises par le gouvernement dans l'optique de réduire les coûts d'opération et d'améliorer la qualité des services se sont traduites par :

- la libéralisation du transport maritime;
- la rationalisation des procédures portuaires;
- l'élimination des monopoles freinant la concurrence;
- la réduction de la fiscalité.

Ces ajustements relatifs à l'environnement des affaires ont en partie contribué à l'amélioration de la compétitivité de l'économie ivoirienne.

4.5.2. Les emplois et les revenus.

Les répercussions de l'ajustement sur l'emploi sur la période 1981-1989 ont été considérables. Dans le secteur moderne, en opposition au secteur informel, l'emploi a baissé d'environ 9 % par an sur la période 1981-1985. Ce fléchissement devait être comparé à un rythme de croissance annuelle légèrement supérieur à 9% de 1975 à 1980.Corrélativement à la contraction du volume d'emploi, chômage et sous-emploi se sont développés surtout en milieu urbain (en 1985, on estimait à 20% le taux de chômage à Abidjan) (BCEAO, 1990).

Par ailleurs, l'augmentation des emplois dans le secteur informel avait été estimée à environ 100% par an depuis 1981 (Nguyen, 1991).La dégradation de la situation économique et du marché du travail s'était soldée par le développement de la pauvreté et par une véritable crise sociale.

4.5.2.1. La perte d'emplois dans le secteur public et parapublic.

La mise en œuvre des PAS avait suscité la suppression de très nombreux emplois suite à la restructuration des entreprises publiques et parapubliques. Sur l'ensemble de la décennie 1980, l'emploi avait diminué de près de 29% dans les entreprises totalement publiques et de près de 17% dans les entreprises à capitaux publics majoritaires (Voir tableau 3.7.).

Tableau 3.7. Bilan de l'emploi sur la période 1981-1989

Secteur	1980	1981	1982	1983	1984	1985	1986	1987	1989
Primaire	71000	72000	72400	74800	67700	60300	59730	57000	55400
Industrie	73500	72000	71500	68600	65900	67800	66340	66000	63900
BTP	50000	34500	28400	22700	20200	18800	19630	19800	18100
Transports	65800	64500	63800	61200	57800	57300	60340	60000	59200
Commerce	38000	35000	34700	34300	32000	28500	29300	28000	26900
Autres services	28100	29000	29000	25800	24130	25000	25700	25000	24100
Fonction publique	51800	50000	47500	45100	43150	40800	39600	39900	37100
Personnel domestique	73847	78000	83234	94500	106240	107460	109300	110200	115200
Total	452047	435000	430534	427000	417120	405960	409940	405900	399900

Source: Auteur / Documents de la fonction publique, statistique de la direction de l'emploi et de la réglementation du travail (1996).

La part de l'emploi informel a doublé entre 1980 à 1989 alors que celle de l'emploi du secteur formel a chuté de moitié. En plus, la part du secteur informel représentait 20% du PIB (BIT, 1995) et la main-d'œuvre salariée était de plus en plus remplacée par une main-d'œuvre peu rémunérée.

4 5.2.2. L'évolution de l'emploi dans le secteur privé

Les politiques restrictives mises en œuvre par l'État ont eu des répercussions sur le marché du travail dans le secteur moderne privé. Parallèlement, alors que les emplois dans le secteur moderne devenaient de plus en plus minoritaires sur la période 1981-1989, on a assisté à la montée de nouvelles formes d'emplois qui se sont différenciés des formes dominantes antérieures pour s'apparenter dans un grand nombre de cas à du quasi-emploi. Les plus représentatives sont les emplois informels et les pluri-emplois.

Quelques mesures d'emplois avaient visé particulièrement le marché du travail. En effet, en 1981, plusieurs mesures avaient été mises en œuvre, en l'occurrence l'alignement des salaires des organismes publics sur ceux de la fonction publique, le blocage des salaires de la fonction publique et les économies dans le domaine de l'éducation.

En outre, en 1982, une série de mesures a été mise en œuvre. Il y a eu l'augmentation de 10% de tous les salaires minima du secteur privé et semi-public et le plafond de base de calcul des charges sociales avait été bloqué à 70 000 FCFA. Par ailleurs, le licenciement collectif avait été contrôlé plus rigoureusement et la suspension de l'autorisation de dépassement des heures supplémentaires au-delà de 40 heures par semaine a été faite. Enfin, la discrimination renforcée de l'imposition sur le salaire des expatriés était de 16% au lieu de 10% pour le personnel local.

De surcroît, en 1983, le gouvernement a posé une série d'actions dont le blocage des salaires de la fonction publique, la limitation du glissement catégoriel, la modification du régime de logement des fonctionnaires. En sus, la limitation des recrutements de la fonction publique, les économies faites en matière d'éducation, la réduction du nombre de coopérants et la limitation des entrées dans les grandes écoles et universités.

Sur la période 1985-1989, des actions avaient été initiées pour la promotion de l'auto-emploi et de la petite ou micro-entreprise pour corriger les effets pervers des restructurations qui étaient en cours. Ce fut le cas, notamment, des privatisations, voire des liquidations qui se sont soldées par la suppression de nombreux emplois et le développement du chômage et de la pauvreté. La plupart de ces actions n'avaient pas atteint l'effet souhaité dans l'immédiat, ni sur le plan quantitatif, ni sur le plan qualitatif. La quantité d'emplois créés n'était pas encore en mesure de désengorger le marché du travail. Car, les revenus tirés des activités créées ne permettaient pas le plus souvent à leurs bénéficiaires de sortir de la pauvreté. Ce fut peut-être la conception et la nature des programmes nationaux de créations d'emplois en faveur des publics défavorisés qui étaient mis en cause. Il est alors important de poursuivre l'amélioration desdits programmes, et notamment de faire en sorte qu'ils soient mieux intégrés aux politiques nationales de développement.

Des actions avaient été réalisées dans le pays au bénéfice des femmes, des jeunes, des déflatés de la fonction publique ou des victimes de chômage de longue durée. Ces actions ou projets avaient été mis en œuvre dans le domaine de l'appui direct à la création d'emplois ou par le biais d'actions de formation en vue d'accroître la compétence technique et la qualité des produits des opérateurs économiques concernés. Les projets étaient initiés par le gouvernement avec souvent l'appui de partenaires au développement extérieurs. Dans le domaine de l'analyse du marché de l'emploi et de l'efficacité de la formation professionnelle, le gouvernement avait bénéficié de nombreux appuis à la restructuration et au renforcement des services des ministères chargés de l'enseignement technique et de la formation professionnelle, de l'emploi, du travail et de la sécurité sociale.

La caractéristique principale de ces projets était souvent leur manque de coordination et de cohérence, traduisant parfois la divergence des priorités des bailleurs de fonds impliqués. Ces projets apparaissaient souvent comme des actions isolées destinées à résoudre des problèmes ponctuels. Leurs liens avec les stratégies de développement nationales n'apparaissaient pas toujours nettement.

Pourtant, il est important de savoir que la création d'emplois durables n'est viable que dans le cadre d'une politique globale de l'emploi, pleinement intégré à la croissance et donc à la politique d'investissement. Les mesures d'austérité imposées dans le cadre des PAS avaient influé sur l'évolution de l'économie ivoirienne et engendré des déséquilibres sur le marché du travail. Des mesures d'incitation à l'embauche avaient toutefois été mises en place en 1984, ramenant ainsi la contribution des employeurs sur les salaires ivoiriens de 10% à 2,5% et celles sur les salaires des expatriés de 16 à 10%, sans que cela ne favorise l'emploi pour autant.

Fort de l'application des PAS, la nouvelle politique économique marquée par le désengagement de l'État s'était soldée par la restructuration des secteurs publics et parapublics. Les décisions prises à cet effet avaient restreint le volume de l'emploi dans l'ensemble de l'économie, y compris dans le privé. Les mesures prises en vue de réduire la demande globale telles que la restriction budgétaire et les alignements des salaires des agents de l'État avaient considérablement affecté le marché intérieur ; cela a engendré des cessations partielles ou totales d'activités de certaines entreprises privées.

Dans le but d'ajuster leurs effectifs à la conjoncture économique, ces entreprises ont été amenées à licencier une partie de leur personnel. Pour cette raison, le nombre de licenciés est passé de 3977 en 1981, à 7074 en 1984 (BCEAO, 1990). La chute du volume de l'emploi aussi bien dans le secteur privé que dans le secteur public a accru le chômage dans l'économie ivoirienne. De nombreux experts dont LACHAUD (1989) ont mis en exergue la coïncidence entre l'implémentation des PAS et l'accroissement du taux de chômage. En effet, le taux de chômage est passé de 7,7% en 1978, à 22,8% en 1986, la moyenne nationale se situant entre 13% et 15% en 1989.

4.5.2.3. Les revenus

Les PAS ont entraîné une montée du chômage et du sous-emploi qui atteignit 35,5% de la population active à la fin de l'an 1989. Il est facile de faire le rapprochement entre les mesures d'ajustement et l'évolution des données démographiques et du chômage. En effet, la baisse des demandes d'emploi, des offres et des placements qui transitaient par le marché officiel (OMOCI), traduisait l'accroissement de l'emploi hors marché et informel.

À la baisse des revenus salariaux, il faut ajouter la compression des prix aux producteurs de produits agricoles jusqu'à la fin des années 1989. Parallèlement, l'on a observé les difficultés des entreprises tournées vers le marché domestique dont les revenus ont tendance à diminuer.

5. Analyse critique de la période de crise de 1981 à 1989

5.1. Une remise en cause du modèle développement ivoirien ?

Les crises de 1981 et de 1987 ont été des faits marquants de remise en cause du modèle de développement ivoirien. Ces faits ont suscité de nombreuses questions. Toutefois, une question centrale demeure : Quelles étaient les motivations réelles des politiques d'ajustement structurel durant cette période ?

Suite à une analyse minutieuse et approfondie des agrégats macro-économiques en Côte d'Ivoire sur la période, les bailleurs de fonds avaient déduit que la mainmise de l'État sur l'activité économique était à la base de la crise ivoirienne. En effet, l'engagement excessif de l'État dans tous les secteurs de l'économie constituait un handicap et un frein indéniable à sa bonne marche de l'économie.

De plus, à l'analyse du secteur primaire, le constat était la forte dépendance des recettes étatiques du binôme café-cacao. Car, à chaque baisse du prix sur le marché international, des produits café-cacao, les recettes de l'État s'effondraient du coup et toute l'économie se trouvait ébranlée.

Comme palliatif, une diversification agricole aurait été un choix judicieux de l'économie ivoirienne. Parallèlement, la mainmise de l'Etat sur la gestion de ces deux produits de base au travers de la CAISTAB n'avait pas permis de maintenir les prix aux producteurs à un niveau normal lors des chutes de prix sur le marché international. Un réaménagement et une réorientation de la gestion de la CAISTAB auraient permis d'aligner le prix de ces produits sur le marché international afin de relever sensiblement les recettes des planteurs.

En outre, la crise du déséquilibre des finances publiques se justifiait en partie par le constat d'un montant élevé du budget accordé au salaire des fonctionnaires. La réduction des salaires aurait induit des économies colossales pour l'État et aurait permis d'éviter de nombreux déficits budgétaires portant atteinte à l'économie. Symétriquement, le désengagement de l'État des entreprises où il détenait des actions excédant 50% s'avérait impérieux. À l'analyse, ces entreprises étatiques étaient déficitaires et leurs dettes étaient intégrées dans les dettes de l'État. De ce fait, il s'ensuivit un accroissement des charges déjà fortes de la dette extérieure de l'État.

Sur le volet industriel, de nouvelles orientations pour la conquête du marché international étaient nécessaires pour l'acquisition des recettes de l'État. Ainsi, la baisse des taxes fiscales aurait produit un effet bénéfique sur ce secteur. Car, il aurait permis à ce secteur de devenir compétitif et de se procurer un grand nombre de devises. Sur le plan du secteur tertiaire, le désengagement étatique aurait propulsé la libre concurrence, facteur de dynamisation de la gestion d'un pays.

5.2. Les enseignements de la période de crise : une illusion conjoncturelle.

Pour rappel, devant les déficits insurmontables de ses comptes extérieurs, la Côte d'Ivoire a négocié son premier programme de stabilisation en 1981 avec le FMI. Ce programme de 454 millions de

DTS[32] a couvert la période de 1981-1983 et n'a pu atteindre aucun de ces objectifs à savoir :

- ramener le taux de croissance, autour de 7% en termes réels ;
- réduire de moitié le déficit budgétaire et le déficit de la balance des paiements ;
- et ramener en dessous de 30%, le ratio du service de la dette ;

Plusieurs programmes d'ajustement et de stabilisation financés par les institutions multilatérales (BIRD, FMI, BAD), mais aussi par la France ont été mis en œuvre pour restaurer les grands équilibres macro-économiques et créer les conditions d'une relance économique. Ces programmes ont comporté souvent des mesures difficiles comme la suspension du recrutement des fonctionnaires, le blocage et l'alignement des salaires (en 1988), la fermeture de certains complexes sucriers qui ont provoqué de vives tensions sociales. Il s'agissait surtout d'améliorer les incitations par les prix, d'aligner ces derniers sur le marché international, d'améliorer la compétitivité industrielle et de mettre en œuvre des réformes institutionnelles afin d'assainir la gestion économique et financière du pays. Malgré ces nombreux programmes, la situation économique s'est régulièrement dégradée au cours la décennie 1980.

Toutefois, les indicateurs économiques se sont redressés entre 1984-1985. Principalement à cause de l'effet de bonnes récoltes agricoles qui ont favorisé un accroissement du volume des exportations et un important excédent commercial, et non sous l'effet de l'effort de réduction des dépenses. Cette situation illustre à quel point, la crise était loin d'être conjoncturelle. Malgré les efforts entrepris, l'économie ivoirienne reste structurée et dépendante du binôme café-cacao et seule une bonne tenue des cours de ces derniers peuvent redresser les indicateurs. En dehors de l'embellie de 1984-1985, le taux de croissance réel de l'économie est resté négatif depuis 1981. Sur la période 1986-1988, en particulier, le taux de croissance réel a baissé de 5% en moyenne.

5.3. Le bilan des PAS

Les explications récurrentes et les arguments avancés pour justifier la crise de l'économie ivoirienne s'appuient sur deux séries de facteurs. Il s'agit des phénomènes externes notamment la détérioration des

---

[32] Droits de tirage spéciaux, le panier de 4 à 5 devises du Fonds monétaire international : dollar US, euro, livre sterling et yen, et le RMB.

termes de l'échange et les facteurs internes au premier rang desquels est placée « l'insuffisance dans la gestion. » L'argument de la détérioration de l'environnement international a eu pour effet de reporter la responsabilité de la crise sur l'extérieur. Il a donc souvent été privilégié, à l'instar d'un grand nombre de pays. À l'évidence, il a été clairement démontré que cette argumentation ne permet pas de rendre compte du déclenchement de la crise. A contrario, le facteur perturbateur a été l'envolée spectaculaire des cours du café et du cacao vers la fin des années 1970. Il s'en est suivi un surinvestissement et un surendettement.

En effet, pour les bailleurs de fonds, particulièrement ceux de la Banque mondiale, cette envolée spectaculaire des cours du café et du cacao a amené l'État à accroître ses investissements par l'endettement extérieur quand les mannes du café et du cacao ont commencé à se tarir. C'est donc cette « imprudence » qui est la cause essentielle des déséquilibres et de la crise. Pour cette raison, la reprise est conditionnée par une amélioration de la gestion de l'économie, qui passe par un désengagement de l'État. Ces deux types d'explication ont en commun de ne pas remettre en cause le modèle de développement sur lequel fonctionne l'économie ivoirienne.

Samir Amin (1971) est l'un des premiers à critiquer rigoureusement le modèle économique ivoirien. Tout en reconnaissant les remarquables performances de la Côte d'Ivoire, cet auteur prévoyait un blocage d'ordre financier résultant de l'incapacité de ce pays, dans un délai raisonnable, à assurer la mobilisation à des fins d'investissement d'une fraction suffisante de l'épargne nationale. Indéniablement l'évolution économique de la fin des années 70 et de la décennie 80 confirme cette analyse. Mais c'est moins le modèle ivoirien que le modèle "subsaharien" ou "néocolonial" qui est en cause. On peut en effet soutenir le point de vue que toutes les économies de l'Afrique subsaharienne sont des variantes d'un même modèle de développement qui se caractérise par une accumulation de type extensif et une régulation étatique. En termes plus clairs, cela signifie que la gestion est à dominante "rentière", peu soucieuse de gains de productivité, tournée essentiellement vers la redistribution, et que l'appareil d'État est le lieu privilégié du contrôle de cette redistribution.

5.4. Les dimensions de l'ajustement structurel : une portée plurielle et multiforme.

Si au départ, les bailleurs de fonds ont conçu l'ajustement dans un but spécifique d'équilibre budgétaire, avec de la hauteur, une pluralité de missions nées du caractère complexe et des effets multiples de cette politique empiète sur cet objectif.

Mais, suite à la mise en cause de nombreux responsables, des structures de l'État sont devenues prudentes du fait de constants contrôles et audits commandités par le pouvoir. Cette moralisation de la vie publique est due en grande partie aux réformes de Bretton Woods qui, sans peut-être vouloir s'assigner cette mission, ont déclenché un processus de mutation et de changement de mentalité. L'ajustement structurel ainsi appliqué a une portée à la fois économique, sociale, politique et culturelle.

Du point de vue économique, il se manifeste comme un instrument de modification des structures mises en place depuis l'implémentation des PAS. Ainsi, dans le cadre de notre réflexion, il est apparu que les réformes mises en place ont agi sur les structures industrielles dont la mission antérieure se limitait au marché local. De même l'État dont la mission était la réalisation des grandes infrastructures sociales a été dessaisi au profit de structures appartenant au secteur privé. Pour cette raison, le projet de libéralisation du secteur agricole et le désengagement de la CAISTAB de celui-ci ont été notés.

Cette réforme de structures et de leurs fonctions entraîne de nouvelles situations sociales qui se répercutent sur les autres couches de la société notamment sur les jeunes, sur le système éducatif, sur l'efficacité de la fonction publique. Si les faits sont l'œuvre des gouvernants, malgré tout, les PAS ne les ont pas épargnés dans la mesure où le système politique a été lui aussi ajusté selon la vision occidentale par la mise en place du multipartisme qui lui aussi s'est trouvé confronté à une série de difficultés dues **aux réalités culturelles du pays.** En effet, les PAS ont été confrontés, dans le domaine économique, social, politique et culturel, à une série de résistances qui prennent leurs sources dans un affrontement entre l'idéologie occidentale et ivoirienne. Dès leur mise en œuvre en 1981, en 1983 et 1987, les politiques économiques proposées par les bailleurs de fonds n'ont pas produit les résultats escomptés du fait de l'inadaptation de ces mesures au contexte socio-économique ivoirien. Cette résistance des réalités ivoiriennes aux réformes proposées a remis en cause les résultats que les pays sous ajustement étaient en droit d'attendre. En effet, ces réformes ont créé de véritables désastres dans les structures économiques et sociales du pays, même si quelques performances ont été réalisées. Par exemple, les plans de réduction des charges budgétaires de la fonction publique ont provoqué l'appauvrissement de ce secteur en ressources humaines engendrant, du coup, les problèmes sociaux tels que le manque de personnel enseignant, l'insuffisance d'infrastructures sociales et universitaires, la réduction des salaires des enseignants, etc.

De même, la libéralisation du secteur agricole qui devrait permettre d'augmenter le pouvoir d'achat des planteurs a été mal négociée et les résultats ont été décevants. Face à cette situation qui a entraîné un bouleversement de la stabilité économique et sociale du pays, en faisant progresser la pauvreté à travers la réduction du pouvoir d'achat des ménages, des doutes sont apparus quant à la fiabilité et aux espoirs que l'on peut placer dans l'économie ivoirienne. Mais l'espoir peut demeurer lorsque l'on tient compte des précautions et des compléments de programmes initiés par le gouvernement ivoirien pour pallier les carences des PAS. Ces compléments que nous pouvons qualifier d'ajustements de l'ajustement peuvent être répartis en quatre grands points que sont le maintien des capitaux, les termes de l'échange, les fonds sociaux et le tourisme.

In fine, le choc pétrolier, la détérioration des termes de l'échange, le handicap du binôme café-cacao et les énormes dettes des sociétés étatiques ont été les principales causes de l'ajustement structurel en Côte d'Ivoire. Pour solutionner ces difficultés, l'ensemble des mesures sur la période 1981 et 1989 se sont révélé insuffisant pour rétablir les équilibres internes et externes. Le constat est que le résultat de l'ajustement structurel de 1981 à 1989 a été mitigé. En réponse, un programme d'assainissement macroéconomique a été instauré sur la période 1990-1993.

CHAPITRE 4 : L'ASSAINISSEMENT MACROÉCONOMIQUE 1990-1993

Avec la crise de l'endettement et les difficultés économiques des années 1980, des mesures urgentes s'imposaient pour rétablir l'équilibre extérieur, assainir les finances publiques et relancer la croissance économique. Dans cette perspective un nombre important d'initiatives s'est enclenché dans la philosophie du Consensus de Washington (voir 1.3.1. page 145) à travers l'adoption de plans d'ajustement structurel (PAS) proposé par les Institutions de Breton Woods. Les insuffisances des PAS à consolider la stabilisation de l'économie ont poussé la Côte d'Ivoire à mettre un terme au troisième plan d'ajustement structurel (1986-1988). La négociation d'un programme de stabilisation pour une durée de 2 ans (1990-1993) avec la Banque Mondiale a abouti à l'adoption de plusieurs programmes sectoriels, dont le PASFI (PAS Financier) et le PASCO (PAS Compétitivité).

Ces mesures destinées à l'assainissement des finances publiques, du système bancaire et de l'amélioration de la compétitivité devraient favoriser la relance de l'activité économique. De même, la privatisation de grandes entreprises, la suppression du contrôle des prix et d'autres mesures de gestion de la dette publique ont permis d'asseoir les bases d'une économie saine même si la Côte d'Ivoire devrait supporter temporairement un coût d'opportunité élevé en termes de construction du capital humain. Ce chapitre tente d'analyser l'efficacité des mesures d'assainissement de la période 1990-1993 et d'appréhender son effet sur la reprise après dévaluation du Franc CFA de la croissance économique.

1. Le contexte des réformes.

Pour mieux appréhender leur portée, les réformes destinées à l'assainissement macro-économique ont été analysées selon le contexte politique, institutionnel, économique et social.

1.1. Un contexte politique nouveau : la transition démocratique

Après le « miracle » économique ivoirien des années 1960-1970, la Côte d'Ivoire a traversé une longue crise financière qui l'a **secoué** pendant plusieurs années. Le gouvernement faisait face à des déséquilibres budgétaires qui l'ont obligé à la mise en place d'un programme de stabilisation économique qu'il a eu du mal à assurer. Ainsi, plusieurs tentatives de réformes et de négociations ont été menées sans réel succès. Dès lors, de nombreux mouvements de mécontentement populaire demandèrent davantage de liberté et d'ouverture politiques.

Après plus de trois décennies de règne du Parti Démocratique de Côte d'Ivoire (PDCI-RDA), parti État, le Président Félix Houphouët-Boigny céda aux désirs d'expression plurielle du peuple. Ainsi, pour mettre fin aux nombreuses manifestations des partis d'opposition, de la société civile et de l'opinion publique, il amorça la première transition politique. La constitution de 1960 qui disposait déjà des prémices du multipartisme fut pleinement appliquée. En effet, la constitution de 1960 en son article 7 stipulait : « Les partis et groupements politiques concourent à l'expression du suffrage. Ils se forment et exercent leurs activités librement sous la condition de respecter les principes de souveraineté nationale et de démocratie, et les lois de la République ».

Contrairement à un bon nombre de pays, le passage du monopartisme au multipartisme s'est fait sans grand bouleversement à travers la révision de la Loi fondamentale de 1960. Si le retour au multipartisme est imputable à la sagesse du Président Félix Houphouët **Boigny, soucieux** d'écouter les aspirations du peuple, il **répond** également aux exigences de la communauté internationale, en l'occurrence, la France qui conditionnait son aide aux pays africains à l'adoption d'un régime démocratique.

Ainsi la révision constitutionnelle de novembre 1990 assura la nouvelle base de la vie démocratique en Côte d'Ivoire. Les manifestations palpables de ces nouvelles dispositions ont été la création d'une primature, l'autorisation de la création des partis politiques et l'instauration de la liberté de la presse. Cette dynamique nouvelle épousa la vision globale de libéralisation totale de l'économie ivoirienne et fit asseoir un cadre favorable à la reprise du dialogue avec les Institutions de Breton Woods. Le Premier ministre qui est, lui-même, issu de la BCEAO et du FMI, a renoué les négociations avec le FMI et la Banque Mondiale pour obtenir un nouveau programme et asseoir de nouvelles mesures de stabilisation.

Ce nouveau contact est d'autant plus crucial que le Gouvernement se montrait prudent à entreprendre des réformes aux coûts sociaux insoupçonnés surtout dans le contexte de l'organisation des premières élections démocratiques. Parallèlement, le gouvernement français conditionnait son aide publique à la signature d'accords avec les Institutions de Bretton Woods. Malgré les soubresauts, la réforme politique n'impulsera pas un basculement de régime, car les Ivoiriens choisirent la continuité avec la réélection du Président Félix Houphouët-Boigny qui poursuivit les réformes économiques en vue de la stabilisation.

1.2. Un contexte économique difficile combiné au front social en ébullition.

Dès 1987, les autorités ne remboursèrent ni la dette extérieure, ni la dette **intérieure, ni même les** fournisseurs de l'État. En juin 1987, le gouvernement arrêta de payer les intérêts de sa dette et refusa jusqu'en 1989 de baisser le prix **payé** au producteur du café et du cacao alors que le déficit de la CAISTAB se creusait en se situant autour de 6,2% du PIB en 1989. Dans la foulée, le gouvernement s'engagea à honorer les arriérés de paiement et à améliorer le recouvrement des recettes de l'État. Ainsi, l'État ivoirien remboursa-t-il ses **arriérés** vis-à-vis de la Banque Mondiale et, pour la première fois depuis 25 ans, baissa le prix aux producteurs du café et du cacao de 400 à 250 Francs CFA. À la fin de l'année 1989, un accord de prêt fut signé avec le FMI avec un rééchelonnement de la dette publique. Dans une atmosphère d'agitation sociale, le Premier ministre Alassane D. Ouattara, annonça en 1990, le programme négocié avec le FMI.

Ce plan de stabilisation d'une durée de deux ans devrait permettre l'assainissement des finances publiques et, par la suite, favoriser une relance de l'activité économique. La Banque Mondiale lança deux (2) programmes sectoriels le PASFI (PAS Financier) et le PASCO (PAS Compétitivité) qui constituaient les réformes majeures de la période, quoique l'ajustement structurel se poursuivît dans d'autres secteurs.

De même, le plan d'ajustement sectoriel compétitivité mis en place en 1991 visait l'homogénéisation des tarifs douaniers, la suppression des barrières non tarifaires ainsi que les taxes et licences aux exportations (à l'exception **du café, du cacao et du bois).** On assista à la reprise des privatisations et à la suppression du contrôle des prix en 1992.

1.3. Un cadre conceptuel d'obédience libérale.

Au niveau des pays africains, l'ajustement macro-économique a été souvent imposé suite à l'ampleur des déséquilibres des paiements extérieurs. Considéré comme un phénomène conjoncturel, le déséquilibre extérieur est traité essentiellement par des politiques macro-conjoncturelles de gestion de la demande globale. Il s'agissait d'amener les dépenses de l'État ainsi que celles des ménages et des entreprises à s'ajuster à leurs revenus respectifs. La politique conjoncturelle a consisté à accroître la demande globale pendant les phases de ralentissement et à la réduire quand la situation s'améliore. Ce mécanisme visait la réaction aux variations normales de la demande globale et aux chocs auxquels elle peut être confrontée. L'ajustement structurel visait le même objectif que l'ajustement macro-conjoncturel à savoir la restauration de l'équilibre des paiements extérieurs par la réduction de la dépense globale. Cependant, il prolongea l'ajustement macro-économique conjoncturel en mettant l'accent à la fois sur la durabilité de l'équilibre et sur la croissance économique. Cette démarche se situait dans un cadre conceptuel et théorique libéral essentiellement d'obédience néoclassique conduite par les Institutions financières internationales. Les principes de cette doctrine sont succinctement présentés ainsi que les effets théoriques attendus de la politique budgétaire dans la résolution des différents déséquilibres avant de rappeler les instruments utilisés dans l'assainissement macro-économique lors de la mise en œuvre des programmes d'ajustements structurels.

1.3.1. Le consensus de Washington

La doctrine libérale à la base des programmes d'ajustement structurel découlant de la pensée néoclassique a été résumée par John Williamson en dix points qui fondent le consensus de Washington. Les objectifs visés par le consensus de Washington se déclinent en deux grands points. Il s'agit des mesures de stabilisation et des mesures structurelles. Berr et Combarnous (2005) résument ces mesures en termes de dix commandements du consensus de Washington.

Les mesures de stabilisation

Austérité budgétaire : l'équilibre budgétaire doit être atteint à moyen terme. Des déficits budgétaires trop importants sont source d'inflations, de crises de la balance des paiements et de volatilité des capitaux.

Réduction des dépenses publiques par une baisse des subventions : la recherche de l'équilibre budgétaire et le désengagement de l'État commandent de réduire les dépenses publiques plutôt que d'accroître la pression fiscale. Williamson recommande donc de réduire les subventions afin de réorienter les dépenses publiques vers l'éducation, la santé et les investissements **d'infrastructures.**

Détermination des taux d'intérêt par le marché par l'intermédiaire d'une politique monétaire orthodoxe : les taux d'intérêt doivent être déterminés par le marché et les taux réels doivent être positifs et modérés afin de pouvoir attirer les capitaux internationaux, nécessaires au financement du développement, sans compromettre l'investissement et le remboursement de la dette publique.

Promotion des taux de change compétitifs : l'objectif est de favoriser la croissance par la promotion des exportations tout en maintenant le déficit de la balance des transactions courantes à un niveau qui peut durablement être financé. Pour cela, il convient de dévaluer la monnaie (dans un régime de changes fixes) ou de la laisser se déprécier (dans un régime de changes flexibles). Ce mouvement doit cependant être modéré afin de ne pas engendrer de pressions inflationnistes qui freineraient l'investissement.

Les mesures structurelles

Libéralisation : libéraliser les échanges commerciaux pour favoriser les exportations par la limitation et la suppression des barrières tarifaires et non tarifaires. Même si la libéralisation des mouvements de capitaux est jugée non nécessaire, cette optique fut introduite dans les réformes de 1990.

Compétitivité : si la libéralisation totale des mouvements de capitaux n'est pas une priorité pour Williamson, l'existence de barrières à l'entrée qui freinerait les investissements directs étrangers devrait être combattue.

Privatisation : La privatisation est utilisée comme instrument de restauration de l'équilibre budgétaire et de réduction de l'investissement public et donc celle du poids de l'État même si dans certains cas de telles privatisations peuvent être inappropriées.

Déréglementation : il s'agit d'éliminer les règles qui freinent l'initiative économique et la libre concurrence en réduisant les barrières à l'entrée et à la sortie des marchés.

Réforme fiscale : Ici, l'objectif est double. Il s'agit d'accroître le nombre de contribuables en élargissant l'assiette fiscale par l'intermédiaire d'une généralisation de la TVA et de réduire les taux d'imposition marginaux.

Droits de propriété : il s'agit de renforcer les droits de propriété afin de promouvoir la création privée de richesses et de permettre au secteur informel d'obtenir ces droits à des coûts acceptables.

1.3.2 L'équilibre budgétaire : outil principal de l'ajustement

Daniel et al. (2006) mettent en évidence le rôle de l'ajustement budgétaire dans la résolution des déséquilibres et la relance économique. Ces auteurs montrent sur le plan théorique le rôle que peut jouer une politique budgétaire rigoureuse sur la stabilité macro-économique, la régulation conjoncturelle, la maîtrise de l'inflation, le rétablissement de l'équilibre extérieur et la promotion de la croissance. De même lors des crises du compte de capital, une politique budgétaire efficace permet de restaurer la confiance, de soulager les contraintes financières et de soutenir la croissance.

Politique budgétaire vs. Monétaire dans la régulation conjoncturelle

Daniel et al (2006) montrent que la politique budgétaire est un outil indispensable à la conduite d'une politique de relance de la demande globale. Hemming et al. (2000) relèvent les conditions nécessaires à la réussite d'une régulation conjoncturelle de l'économie par le biais du budget. Les politiques budgétaire et monétaire doivent être bien coordonnées. Quand la politique monétaire ne permet pas de réagir aux variations de la production, la politique budgétaire doit jouer un rôle prépondérant. Cette politique budgétaire est relativement moins efficace dans un régime à taux flottant, mais plus efficace en cas de taux fixe. Dans certaines circonstances, les politiques budgétaires anticycliques n'ont guère d'utilité pendant les phases de récession ou de fléchissement de la conjoncture. En particulier, en cas de fort déséquilibre des positions intérieure et extérieure, les politiques budgétaires anticycliques peuvent ne pas convenir. Même si l'économie ralentit ou entre en récession, la tâche prioritaire peut consister soit à éviter une poussée de l'inflation et un affaiblissement de la balance des paiements, soit à prendre des mesures pour y réagir.

En outre, même si une politique budgétaire anticyclique est judicieuse, elle peut ne pas avoir l'effet recherché sur la demande globale. Certains facteurs peuvent contribuer à en diminuer l'incidence. En outre, les contractions budgétaires peuvent avoir des effets expansionnistes dans certaines circonstances. Face à une expansion budgétaire financée par l'emprunt, les particuliers qui n'ont pas de problèmes de liquidité peuvent accroître leur épargne afin de pouvoir assumer l'augmentation des impôts que le service de la dette exigera à l'avenir : c'est « l'effet d'équivalence ricardienne».

L'équivalence ricardienne développée par Ricardo (1821) puis reprise par Buchanan (1976) associe impôt et déficit public. Ce principe relève du comportement des contribuables aptes à associer dépenses publiques immédiates et taxes fiscales à venir. En d'autres termes, tout déficit public actuel équivaut à un report d'impôt ultérieur. La règle est que l'impôt et le déficit génèrent les mêmes conséquences économiques ; ce qui neutralise la relance escomptée d'un programme de dépenses publiques. Cependant, la compensation reste partielle et sera fonction de l'ampleur du lissage de la consommation induite par les prêts et les emprunts des consommateurs ainsi que de leur préférence temporelle par rapport à celle de l'État.

La composition des mesures peut ne pas convenir. Ainsi, une augmentation des transferts au profit des individus **ayant un revenu élevé**, qui ont une tendance relativement forte à épargner le revenu supplémentaire, aurait une influence moindre sur la demande. Par exemple, les délais de mise en œuvre peuvent être longs parce que les mesures concernant l'impôt et les dépenses sont retardées par le processus politique et les procédures budgétaires.

Lorsque la politique budgétaire anticyclique est opportune, les stabilisateurs automatiques (impôts, allocations sociales) constituent le meilleur moyen de l'appliquer. Ces stabilisateurs automatiques sont fonction de la manière dont les recettes fiscales et certaines catégories de dépenses (par exemple les allocations de chômage) réagissent à la production ; ce qui signifie qu'ils agissent rapidement et s'inversent d'eux-mêmes. Cependant, leur utilisation est quelque peu arbitraire dans la mesure où ils traduisent des décisions passées concernant la structure de l'impôt et des dépenses. Généralement, ces stabilisateurs automatiques sont moins efficaces dans les économies de marché émergentes et les pays à faible revenu.

Les mesures discrétionnaires en matière de recettes et de dépenses peuvent aussi s'avérer utiles. On peut y avoir recours systématiquement pour renforcer ou compenser les stabilisateurs automatiques, selon que leur effet est trop faible ou trop fort, ou les garder en réserve pour réagir à des chocs majeurs sur la demande globale. Par ailleurs, les mesures discrétionnaires présentent l'avantage de pouvoir être adaptées aux besoins de la stabilisation; elles peuvent notamment être dirigées vers les secteurs où elles auront la plus forte incidence sur les dépenses. Leurs principaux inconvénients tiennent au fait que les délais de mise en œuvre peuvent être longs, qu'elles ne peuvent pas être rapidement inversées et qu'elles engendrent souvent une situation procyclique, notamment en période de reprise.

L'ajustement budgétaire : gage du rétablissement de l'équilibre soldes extérieurs courants

Daniel et al. (2006) indiquent qu'un rééquilibrage des finances publiques peut s'avérer nécessaire pour faciliter un ajustement extérieur et réduire un déficit ou un excédent excessif du solde extérieur courant. À la suite d'Easterly et al. (1994), ces auteurs partent d'une relation d'identité *ex post* pour montrer qu'un déficit budgétaire a pour contrepartie soit une épargne intérieure nette du secteur privé, soit un déficit extérieur courant, soit une combinaison des deux. Toutefois, la réduction du déficit (de l'excédent) budgétaire ne produira généralement pas une réduction égale du déficit (de l'excédent) des transactions courantes, étant donné que l'équilibre entre l'épargne et l'investissement du secteur privé sera lui aussi affecté.

Ces auteurs indiquent également que l'assainissement des finances publiques peut résoudre le déséquilibre des comptes courants du fait de son impact sur le taux de change réel. L'ajustement budgétaire aura, par exemple, tendance à déprécier le taux de change réel en réduisant la demande (et donc le prix) des biens non échangeables ; ce qui aura pour effet d'accroître la rentabilité relative du secteur des produits échangeables et de stimuler les exportations nettes. Par ailleurs, une dévaluation du taux de change nominal qui n'irait pas de pair avec un redressement des déséquilibres budgétaires agirait principalement sur l'inflation plutôt que sur le taux de change réel ; ce qui ne produirait donc pas d'ajustement extérieur significatif.

Lutter contre l'inflation

Daniel et al (2006) montrent que le rééquilibrage des finances publiques peut agir également sur l'inflation de façon multiple à court terme par son incidence sur les prix à travers son impact sur la demande globale. En effet, sur un marché libre, les achats publics de biens et de services non échangeables viennent grossir la demande globale, tandis que les transferts et les modifications de la fiscalité ont une incidence sur la demande privée. La hausse des prix administrée a également un effet sur le niveau des prix, tandis que l'augmentation des salaires de la fonction publique peut exercer des pressions sur les coûts. Toutefois, une inflation soutenue exige généralement un accroissement régulier de la masse monétaire qui doit excéder la demande de monnaie.

Le rééquilibrage des finances publiques peut aussi agir sur l'inflation par le biais de la demande de monnaie, notamment en fonction des anticipations inflationnistes, des taux d'intérêt et de la confiance. Ainsi, lorsque la politique monétaire est jugée accommodante, l'expansion budgétaire peut rapidement amener à anticiper un accroissement de l'offre monétaire qui va conduire à l'inflation. Le financement du déficit, à partir d'une forte inflation, est de plus en plus rare à cause de ces effets néfastes.

En effet, cela implique une mobilisation des ressources aux dépens des personnes dont les avoirs ou les revenus nominaux sont fixes qui appartiennent généralement aux groupes les plus pauvres. Avec le temps, la perspective de collecter le prélèvement inflationniste s'amenuise. Lorsqu'il y a hausse de l'inflation, les ménages et les entreprises réduisent leurs réserves en monnaie nationale (après-ajustement pour l'inflation) et cherchent d'autres moyens pour préserver la valeur de leurs actifs comme les devises. Un taux d'inflation élevé peut aussi réduire les recettes provenant des impôts explicites en cas de retard de perception **- l'effet Tanzi -** ou si les rentrées dépendent étroitement de certains impôts spécifiques.

De même, une politique budgétaire expansionniste peut contribuer à faire face à la déflation. Une réduction d'impôt opportune aura pour effet d'accroître le revenu disponible et de stimuler la consommation tandis que l'augmentation des dépenses publiques peut doper la production et réduire le chômage. Toutefois, la politique budgétaire doit stimuler la demande globale dans des proportions crédibles. Dans l'idéal, les programmes de dépenses et les mesures d'allégement fiscal doivent cibler les consommateurs à faible revenu et les projets de qualité qui améliorent le rendement de l'investissement privé.

Gérer les crises du compte de capital

Les crises du compte de capital peuvent gravement entraver la politique budgétaire. En effet, lorsque les investisseurs perdent confiance en retirant soudainement leurs capitaux, l'assainissement des finances publiques devient inévitable dans la mesure où le déficit est limité par un manque de financement. De façon générale, l'assainissement budgétaire s'impose dans les économies de marché émergentes où les crises sont essentiellement provoquées par les craintes du marché face à la prodigalité budgétaire et à une dynamique d'endettement insoutenable. Dans ces pays, l'effet de contraction direct que la compression budgétaire exerce sur la demande est probablement contrebalancé par l'influence bénéfique de l'assainissement budgétaire sur l'accès au marché et le coût de l'emprunt.

Toutefois, lorsque les difficultés budgétaires ne sont pas la cause première de la perte de confiance, les compressions budgétaires peuvent se révéler contre-productives, car leur effet de ralentissement sur la croissance exacerbe le manque de confiance. Dans ce contexte, une orientation budgétaire plus souple peut contrecarrer le fléchissement de l'activité économique (Ghosh *et al.* 2002)

En outre, étant donné que ce ralentissement lui-même inquiète les investisseurs, une orientation budgétaire trop stricte risque d'entamer la confiance plutôt que de la restaurer. Cela illustre combien une politique budgétaire prudente dans les périodes fastes augmente considérablement la marge de manœuvre en temps de crise.

1.4. Les mesures de l'assainissement

Les mesures dites d'assainissement visent à transformer sur une longue période (au moins trois ans) à la fois les structures, les mentalités, les comportements. Les PAS comportent trois grands volets à savoir la politique budgétaire, la politique monétaire et la politique de l'offre. Les mesures structurelles se répartissent dans ces volets.

La Politique budgétaire

Les mesures de court terme et de moyen terme seront passées en revue **dans les paragraphes ci-dessous.**

- **Les mesures de court terme**

Elles visent l'accroissement du niveau des recettes budgétaires de l'État et la réduction des dépenses publiques surtout celles de fonctionnement. L'objectif final est de réduire le déficit du budget de l'État et son financement monétaire. Traditionnellement, plusieurs outils sont utilisés pour y parvenir. Il s'agit de l'augmentation des taux et de l'assiette de certains impôts, de la création de nouveaux prélèvements fiscaux, de l'accélération et l'amélioration des procédures de recouvrements, **de la maîtrise** de l'évolution de la masse salariale, et des transferts et autres dépenses de fonctionnement.

- **Les mesures de moyen terme**

Elles sont d'ordre fiscal et portent sur les mesures susceptibles de relever la pression fiscale jugée trop faible. Ces mesures sont destinées à renforcer **l'efficacité** du système fiscal de façon à ce que les recettes fiscales croissent avec le PIB. En plus, **elles** visent à examiner les aspects liés à l'opportunité d'une politique incitative en matière de politique d'industrialisation et d'investissement.

Dans le cadre des PAS, les problèmes de dépenses traités sont liés au poids relatif des effectifs de l'Administration, au poids relatif et l'organisation des entreprises publiques, à l'utilisation des ressources extérieures, à la politique d'endettement, au choix des projets d'investissement public, etc. En définitive, il s'agit : i) de réduire progressivement l'emprise des dépenses de personnel sur les recettes propres de l'État de façon à réorienter ces ressources vers d'autres utilisations plus productives ; ii) de supprimer les subventions accordées aux entreprises publiques de façon à les rendre économiquement rentables le cas échéant ; iii) de mieux orienter le rôle de l'État dans le système économique en balisant ses prérogatives dans les fonctions de production et de commercialisation ; iv) d'utiliser à bon escient les ressources extérieures et de sélectionner de façon rationnelle les projets d'investissements. Toutes ces questions relatives à la **maîtrise** des dépenses publiques débouchent sur la nécessité d'un recentrage du rôle de l'État dans l'économie.

- ***La politique monétaire***

Concernant la politique monétaire, une préoccupation principale de court terme est le contrôle de l'évolution du crédit à l'État et à l'économie dans l'ensemble. Les outils utilisés concernent principalement : i) la fixation du plafond trimestriel pour s'assurer que le crédit n'alimentera pas une tension inflationniste et n'alourdira pas la facture des importations ; ii) la promotion de l'épargne au moyen du taux d'intérêt réel positif ; iii) le relèvement du coût de crédit et la réduction de la liquidité des banques par l'instauration de ressources obligatoires sur les dépôts et les crédits bancaires.

Quant aux mesures de moyen et long termes, elles visent surtout à définir le rôle de l'État dans la propriété et la gestion des banques. Les instruments de conduite d'une politique transparente et efficace de la politique du crédit privilégient la mise en place de structures et de cadre réglementaires mieux adaptés à la promotion et à la collecte de l'épargne ainsi qu'à l'allocation efficiente des ressources mobilisées.

- ***La politique de l'offre***

Elle s'inscrit dans une approche structurelle et vise à stimuler l'offre nationale en mettant l'accent à la fois sur l'amélioration de la compétitivité de l'économie et sur l'instauration et le renforcement de la concurrence et des mécanismes du marché. Les principales mesures utilisées en la matière sont relatives : i) à l'adaptation du droit de travail et des lois sociales dans le sens d'une plus grande flexibilité des effectifs et des rémunérations ; ii) à la suppression des monopoles intérieurs ; iii) à l'adaptation de la finalité en vue de réduire la tentation à la fraude fiscale et d'inciter à l'investissement productif ; iv) à la réorganisation des filières agricoles dans le sens d'une plus grande libéralisation et d'une transparence accrue ; v) à l'organisation de la gestion des structures prestataires de services d'électricité, d'eau et de téléphone et vi) à l'ajustement monétaire par la dévaluation.

L'ajustement structurel est également appréhendé sous l'angle du commerce avec le postulat de l'ajustement des économies au marché mondial. Ce cadre se manifeste à travers la libéralisation commerciale et la globalisation financière. La progression du taux d'ouverture des économies nationales, suite à la hausse des échanges, exerce une forte contrainte extérieure qui limite la marge de manœuvre de l'État. Ainsi, depuis 1980, la déréglementation financière a permis, dans une certaine mesure, d'effectuer des opérations au « prix du marché » par la levée des contrôles des taux d'intérêt du crédit et des opérations en capital. Elle a **entraîné** des mutations qui ont profondément modifié l'incidence des politiques conjoncturelles.

2. L'assainissement macroéconomique : l'ajustement interne

En 1990, le processus de libéralisation économique est lancé sous la houlette du Premier ministre Alassane Ouattara. Après plusieurs négociations, le gouvernement **obtient** deux programmes sectoriels destinés à améliorer la performance du secteur financier et la compétitivité de l'économie ivoirienne. À ce niveau, le Plan d'Ajustement Structurel Financier (PASFI) et le Plan d'Ajustement Structurel Compétitivité (PASCO) **furent adoptés.** Le PASFI a consacré l'assainissement du secteur financier et a porté principalement sur quatre grands volets que sont : l'amélioration de l'environnement bancaire et judiciaire, la restructuration des banques, l'assainissement du secteur des assurances et la restructuration de la Bourse des Valeurs d'Abidjan.

Comme le souligne le rapport de l'OCDE (1999), l'objectif global de ces mesures était de créer les bases d'une croissance du PIB en terme réel de 5 à 6 % par an à l'horizon 1995. Ce taux ne pourrait être réalisé que si le ratio des investissements par rapport au PIB atteint 18 % avec une part significative des Investissements du secteur privé. Cette réforme visait la promotion, dans un environnement approprié, d'un système financier solvable, diversifié et élargi qui puisse couvrir les besoins d'épargne et de crédits des agents économiques en vue de soutenir l'effort de relance économique.

2.1. De la réforme du mécanisme de régulation et de contrôle.

L'OCDE (1999), la BAD (2000) et Azam (1994) présentent une synthèse de ces réformes par des mécanismes de régulation internes aux quatre établissements financiers. Le conseil des ministres de I'UMOA et le Conseil d'Administration de la BCEAO se sont engagés à amoindrir les mécanismes du marché dans leur politique monétaire. Ainsi, une nouvelle politique des taux d'intérêt a été mise en vigueur avec la suppression des autorisations préalables et les contrôles quantitatifs du crédit. Il en fut de même pour les allocations sectorielles.

En outre, la création d'une commission bancaire sous régionale détentrice d'un pouvoir juridictionnel a permis d'éviter les erreurs du passé. Aussi, des réformes judiciaires sont-elles entreprises pour assurer le recouvrement des créances et le respect des contrats financiers.

La Commission bancaire **sous-régionale** qui assura la supervision de plus de 80 banques et établissements financiers fut créée **en avril** 1990 sous la forme d'une juridiction prononçant des sanctions. Elle est composée de 17 membres, dont le Gouverneur de la BCEAO qui assure la Présidence. Son secrétariat général compte les services suivants :

- le Conseil juridique,
- l'Inspection des banques et établissements financiers,
- le Département de la surveillance et des études bancaires.

Chaque banque ou établissement financier est contrôlé au moins une fois tous les deux ans. En vue de réformer les instruments de la politique monétaire, le Conseil des ministres de I'UMOA a approuvé le principe d'établissement de réserves obligatoires. Depuis juin1991, les ratios prudentiels ont été révisés.

En plus, des audits des principales banques, de nouveaux ratios ont été adoptés en juin 1991 par le Conseil des ministres de I'UMOA en vue de renforcer la surveillance des banques et établissements financiers rendus nécessaires par la libéralisation des activités bancaires et financières. Ainsi, de nouvelles conditions d'exercice de la profession **ont-elles** été édictées, les participations et les immobilisations hors exploitation des banques ont été réglementées, les modes de constitution des provisions ont **été définis**. Au total, une nouvelle loi bancaire a été adoptée et le ratio de couverture des risques fut mis en vigueur avec une norme de 4 %. Enfin, il y eut un réaménagement de la réglementation sur la division des risques.

Pour éviter une transformation excessive des ressources à vue ou à court terme en emploi à moyen et long terme, le **Conseil des**

ministres de l'UMOA a institué un coefficient de couverture des emplois à moyen et long terme par des ressources stables. Ce ratio est fixé au minimum à75 %. Quant au nouveau ratio de liquidité, bien qu'il soit fixé à 100 %, il demeure provisoirement à 60 %.

Par ailleurs, le réaménagement des règles d'intervention de l'institut d'émission et de la politique monétaire a mis l'accent sur la qualité des financements bancaires. Ainsi, les systèmes d'accord de classement ont été mis en vigueur avec le ratio de structure de portefeuille. Cette ration se définit comme **le** rapport entre l'encours des crédits bénéficiant des accords de classements délivrés par l'institut d'émission à la banque déclarante et le total des crédits bruts portés par l'établissement concerné.

2.2. L'assainissement bancaire

L'assainissement du système bancaire concerne les quatre (04) grandes banques. Ceci passe par le règlement des arriérés publics dont 10 % sont réglés au comptant et le solde est transformé en titre. Ensuite, les banques présentant une insuffisance de fonds propres, après absorption des pertes, **devront** procéder à des augmentations de capital conformément à la règlementation prudentielle. L'État devrait limiter sa part en capital à 20 %.

Par ailleurs, il était prévu l'assainissement de la Caisse Autonome d'amortissement et la liquidation de la Banque Nationale du développement agricole. Le règlement des arriérés du secteur public sur le système bancaire d'un montant de 226 milliards de francs CFA dont un montant de 46,5 milliards de francs CFA payé au comptant et 165,1 milliards titrisés, a été effectué.

Conformément à la réglementation prudentielle, les quatre (04) principales banques ont été recapitalisées pour un montant de 14 milliards **de Francs CFA.** Parallèlement, les banques ont été assainies sur le plan interne. Les frais généraux ont été réduits et le personnel compressé. Comme l'indique le tableau 4.1, l'effectif du personnel des quatre banques a été réduit de plus de 5% passant de 2577 en 1991 à 2467 en 1993. De même, les frais généraux et de personnels qui représentaient environ 20% des frais de gestion de ces banques en 1991 sont passés à moins de 15% en 1993.

En outre, ces banques ont renforcé leurs services de recouvrement des créances gelées. Entre 1992 et 1995, ces quatre grandes banques ont pu recouvrer plus 23 milliards auxquels s'ajoutent les ressources collectées par la Société Nationale de Recouvrement de Côte d'Ivoire (SONARECI). Cette dernière a été créée, à cet effet, en 1992 et a recouvré, sur la période, plus de 12 milliards de **Francs CFA**. Concernant les banques publiques qui ont été liquidées, des mesures spécifiques ont été adoptées afin de protéger les petits épargnants. Ces mesures portent essentiellement sur la mise en place d'un fonds de rachat et d'indemnisation. Par exemple, pour la Banque Nationale de Développement de l'Agriculture (BNDA), ce fonds a permis de verser plus de 13 milliards de FCA aux petits déposants. En plus des recouvrements obtenus, ces premiers résultats ont permis à la fois une meilleure **maîtrise** du portefeuille des créances à recouvrer, une meilleure connaissance générale et psychologique des débiteurs et une réduction des coûts de gestion.

Tableau 4.1 : Évolution des indicateurs de performance des principales banques secondaires

Années	*1990*	*1991*	*1992*	*1993*	*1994*	*1995*
Dépôts (en milliard de **Francs CFA**)	412,45	385,54	406,06	372,48	508,7	675,22
Crédits (en milliard de **Francs CFA**)	861,38	707,15	619,92	572,39	474,26	807,8
Effectifs	-	2577	2531	2467	2443	2419
Frais de Personnel (en milliard de **Francs CFA**)	-	19,653	16,396	15,42	19,038	21,166
Frais généraux (en milliard **Francs CFA**)	-	20,157	16,667	14,689	17,26	21,777

Source : Auteur / Données OCDE, 1999)

Comparativement à leur niveau de 1990, les dépôts continuaient leur chute et les crédits s'étiolaient entre 1991 et 1993 en dépit de l'amélioration de l'assainissement bancaire. En effet, sur la période, les dépôts ont baissé de près de 10% passant de 412 milliards en 1990 à 372 milliards en 1993 et les crédits à l'économie ont chuté de plus de 33% passant de 861 milliards **de Francs CFA** en 1990 à 572 milliards en 1993.

Toutefois, les effets positifs attendus de l'assainissement du secteur bancaire ne sont appréciés qu'après la dévaluation. En réalité, comparativement à 1990, l'on a observé un accroissement des dépôts des principales banques secondaires de l'ordre de 23% en 1994 et plus de 63% en 1995. Parallèlement, les crédits à l'économie progressaient vers leur niveau des périodes pré-réformes en s'établissant à moins de 6% du niveau de 1990.

2.3. L'assainissement du secteur financier non bancaire

L'assainissement du secteur financier non bancaire a porté surtout sur l'amélioration du compte d'exploitation des compagnies d'assurance et la réforme de la Bourse des Valeurs d'Abidjan. Concernant le secteur des Assurances, l'assainissement a pris deux formes. Il s'agit de la réduction des coûts de gestion et l'amélioration des recettes par le développement d'activités ou d'offre de nouveaux produits. La réduction des coûts de gestion a conduit à une amélioration sensible du résultat net d'exploitation consolidé du secteur. Ce résultat est passé de -7,9 milliards **de Francs CFA** en 1988 à 0,266 milliard **de Francs CFA** en 1993 après l'année exceptionnelle 1992 au cours de laquelle le résultat a été de 2,4 milliards **de Francs CFA**.

Le développement d'activités tout comme la mise en vigueur de mesures d'incitation (telle la suppression en 1992, pendant le PASFI, de la taxe de 4 % sur les primes d'assurance-vie) ou l'offre de nouveaux produits (Capitalisation, Retraite, Éducation- Plus ou de produits réactivés comme l'assurance-vie, sagesse, décès...) a mené à un accroissement du chiffre d'affaires du secteur assurances et à une transformation des parts respectives des différentes branches (Assurance-vie et IARD, Incendie, Assurances, Risques Divers).

Parallèlement, la caisse autonome d'Abidjan (CAA) a joué un rôle important pendant l'exécution et le suivi du PASFI en qualité d'ordonnateur ou payeur pour le compte de l'État. Elle a, non seulement, émis des titres obligataires, mais aussi apurer les créances impayées du secteur public auprès des banques commerciales d'un montant total de 165,1 milliards de FRANCS CFA titrés sur 15 ans avec garantie de la BCEAO.

La Caisse a également élaboré un plan de restructuration comportant à la fois une réorganisation de ses structures de fonctionnement, une réduction très importante de ses dépenses de fonctionnement (particulièrement les frais de personnel) et une politique de réduction des dépenses d'investissement. Le coût social a été élevé avec une réduction de l'effectif global de 34 % pendant le PASFI.

Tableau 4.2. Évolution de la performance du secteur des Assurances

	1989/90	*1990/91*	*1991/92*	*1992/93*	*1993/94*
Dépôts	55,391	63,110	59,802	56,383	95,630
Crédit	62,354	60,636	66,380	77,547	85,913
Produits financiers	2,539	3,605	3.762	4,151	4,143
Charges bancaires		1,770	2,083	2,136	1,861
Produits d'exploitation	-1,961	0,519	0,670	0,771	
Résultats nets	09433	0,535	0,530	0,743	964,5
Total bilan	95,694	107,272	120,430	118,576	152,106

Source : Auteur / Données OCDE, 1999

En ce qui concerne la Bourse des Valeurs, la restructuration a porté sur la réduction très importante des effectifs, la réorganisation des services et des procédures ainsi que l'informatisation progressive des différents services. La restructuration a également concerné l'aspect règlementaire. La Bourse qui fut créée par la Loi no74/353 du 24 Juillet 1974 a connu, peu avant le PASFI (loi no 89/814 du 24 Juillet 1989) et pendant le PASFI (Décret no 92-379 du 1er juillet 1992, une refonte règlementaire importante permettant d'asseoir sa restructuration. Ainsi, Il fut créé le conseil de la Bourse qui constitue l'élément central de sa réorganisation. La bourse est ouverte aux émetteurs d'actions et d'obligation ainsi qu'au comité de privatisation et de la restructuration du secteur parapublic. L'étude visant à faire évoluer la BVA vers une structure autonome privée devrait être poursuivie.

Depuis 1993, il y a, dans la semaine, une utilisation en alternance de deux systèmes de cotation. Il s'agit de la méthode à la criée pour les actions et la cotation assistée de l'ordinateur pour les obligations. En 1993, l'indice12 VB a été créé pour améliorer les critères d'appréciation et du fonctionnement du marché boursier. Ce nouvel indice comprend les douze (12) valeurs les plus dynamiques et peut donc changer dans sa composition de valeurs d'une année à l'autre. L'indice général des cours appelé « indice BVA » a été conservé (ensemble des valeurs à revenu variable) et, seule, l'année de référence de la base 100 a été fixée au 31 décembre 1992 en lieu et place du 31 décembre 1985. Comme amélioration de la cotation, **il y eut,** en 1993, un déplafonnement pour chaque obligation des écarts de variation des maxima qui était fixé à 3%. Cette réforme de la BVA a permis de soutenir le processus de privatisation par l'accroissement des introductions en bourse. De même, le nouveau système de cotation a également favorisé le développement des transactions et de la concurrence.

2.4. L'amélioration de l'environnement judiciaire

Plusieurs lois, visant à améliorer l'accès à la justice **et à** accélérer son processus, ont été votées. La loi no 92/565 du 11 septembre 1992 a institué une procédure de recouvrement de certaines créances des Banques et des Établissements financiers pris en charge par l'État. La Loi précise la procédure applicable au recouvrement des créances, notamment les délais d'exécution, la possibilité de réclamation, la saisie-arrêt et les dispositions pour éviter les mesures aboutissant à une insolvabilité organisée.

La Loi n° 93/661 du 9 août 1993, relative au secret bancaire, impose une véritable obligation de secret professionnel aux banques et établissements financiers et précise les réserves d'application et les limites du secret bancaire. Elle détermine également les sanctions. La Loi n° 93/669 du 9 août 1993 relative à la procédure de recouvrement simplifié des créances civiles et commerciales, supprime le recours systématique à l'opposition pour lui substituer une demande en rétraction. La Loi n° 93/670 du 9 août 1993 modifie et complète la Loi no 72/883 du 21 décembre 1972 portant code de procédure civile, commerciale et administrative. Le but de la Loi est de rendre la justice plus accessible, moins onéreuse et plus rapide.

Aussi, le texte définit-il de nouvelles compétences d'attribution des tribunaux de première et dernière instance avec des plafonds de juridictions plus élevés (500 000 francs au lieu de 100 000 francs). Il définit également à la fois des garanties pour limiter l'opposition et l'appel, des garanties aussi pour le défendeur, les délais fixés pour la représentation de la saisie-arrêt, les procédures d'urgence et les protections contre les saisies immobilières erronées.

La Loi n° 93/671 du 9 août 1993 relative à l'arbitrage précise à la fois la clause compromissoire contractuelle, le compromis, l'instance arbitrale, la sentence arbitrale, les voies de recours et l'arbitrage international. Ce texte important comble le vide juridique qui découlait de l'absence de règlementation de la procédure arbitrale en Côte d'Ivoire et veut sécuriser les opérateurs économiques tant nationaux qu'étrangers, désireux de soumettre leurs différends à l'appréciation d'un ou plusieurs arbitres.

Il devrait favoriser l'introduction des clauses arbitrales dans le contrat, ce qui est souhaité par le programme PASFI. La réorganisation des greffes s'est poursuivie comme au Tribunal de Première Instance d'Abidjan et à la Cour d'Appel d'Abidjan. Cette modernisation comprenait aussi la rénovation (locaux et informatisation) de deux Cours d'Appel de province en l'occurrence Bouaké et Daloa. La création de trois tribunaux à la périphérie d'Abidjan est prévue pour désengorger le tribunal de première instance d'Abidjan ainsi que l'informatisation des greffes du tribunal de section à Dabou. La création de trois (3) tribunaux à la périphérie d'Abidjan est également prévue (en plus de celles déjà citées du TPI et de la Cour à Abidjan).

2.5. Ajustement de la compétitivité

La Côte d'Ivoire **a connu,** en 1993, une véritable crise de compétitivité liée à un taux de change réel qui s'était apprécié du fait de la baisse du dollar. Le pari du Fonds Monétaire International était de corriger cette surévaluation, par une réduction de 50% de la parité du Franc CFA par rapport au franc français. Mais à défaut d'un ajustement monétaire que les États africains de la Zone Franc ne voulaient pas, ceux-ci ont opté, dans un premier temps, pour un ajustement du secteur réel.

Ainsi, un ajustement structurel sur la compétitivité a été engagé, mais le décret d'application a été mis en place en 1991. Cet ajustement visait à homogénéiser les tarifs douaniers, à supprimer les barrières tarifaires et non tarifaires et les licences aux exportations (à l'exception du café, cacao et bois). Enfin, le contrôle des prix fut supprimé en 1992.

Toutefois, l'ensemble de ces mesures dites d'ajustement interne ou ajustement du secteur réel n'a pu rétablir les équilibres internes et externes. Malgré les rééchelonnements de la dette, la Côte d'Ivoire n'arrivait pas à honorer le remboursement de ses prêts et les arriérés de paiement extérieurs n'ont cessé de croître. En conséquence, le compte des opérations du Trésor français fut déficitaire.

2.5.1. La politique commerciale

Les objectifs de la politique commerciale de la Côte d'Ivoire ont été fondés, dès les premières décennies de son indépendance, sur le libéralisme économique et l'ouverture sur l'extérieur. La chute continue des cours du café et du cacao à partir de 1978 a plongé le pays dans une phase de récession durable, marquée par une perte de compétitivité importante, un déclin général de l'activité économique, une aggravation du déficit budgétaire et une explosion de la dette publique. Les autorités ivoiriennes ont, au début des années 80, adopté une politique économique marquée par une série de mesures de redressement économique et financier. Celle-ci a modifié, de façon significative, l'orientation de la politique commerciale dont l'objectif majeur était la relance par l'exportation. La Côte d'Ivoire se trouvait dans une phase de transition caractérisée par le plan de stabilisation de l'économie et la privatisation des entreprises à participation publique. Cette phase devrait aboutir à l'amélioration de la productivité et à la compétitivité de l'économie. L'amélioration des relations commerciales avec les pays de la sous-région figurait également parmi les objectifs de la politique commerciale de la Côte d'Ivoire.

Aussi, en 1992, décida-t-elle, avec les autres pays membres, de transformer l'Union monétaire ouest-africaine (UMOA) en une véritable union économique. Sur le plan des politiques commerciales, cela **impliquait** l'harmonisation de leurs législations, l'unification de leurs marchés intérieurs et la mise en œuvre de politiques sectorielles communes dans les secteurs essentiels de leurs économies.

2.5.2. La Privatisation sur la Période 1990-1993.

Les politiques dites d'ajustement structurel, mises en place à partir du début des années 80, se sont inscrites dans la « doctrine libérale » qui a touché l'ensemble de l'économie mondiale. Il s'agissait principalement du désengagement progressif de l'État et la priorité absolue à l'entreprise privée. Dans le cas de la Côte-d'Ivoire, ces orientations apparaissaient d'autant plus crédibles que ce pays était l'un des « champions» du libéralisme en Afrique. La très large ouverture de l'économie ivoirienne aux facteurs de production étrangers (capital comme travail) laissait croire que cette économie était fondée sur des marchés libres ; car l'État n'intervenait qu'à titre subsidiaire. Le processus de privatisation avait pour leitmotiv de s'inscrire évidemment dans une logique libérale. La création d'un grand nombre d'entreprises publiques a été considérée comme un simple « dérapage excessif ». Il en est résulté d'étonnantes confusions. Le simple projet d'une réforme de certaines entreprises publiques ou la seule diffusion d'une liste d'entreprises susceptibles d'être privatisées ont très souvent été interprétés à tort ou à raison comme des mesures effectives de privatisation. « La Côte d'Ivoire fonce vers le privé » était la pensée populaire qui faisait état de « la volonté des autorités ivoiriennes » de céder, à des investisseurs privés, la moitié des 200 entreprises à participation publique. Or, force est de constater que le mouvement réel de privatisation a été très limité.

- ***Un cadre global de privatisation relativement transparent***

D'un nombre assez restreint, ces privatisations ont été bien souvent réalisées dans des conditions de transparence relative. Il faudra attendre 1990 pour que soit défini un programme explicite et cohérent de privatisation. L'idée était que, sous l'effet de l'aggravation de la crise financière, de la pression des bailleurs de fonds et de l'ouverture démocratique, le processus de privatisation allait connaître un vrai départ.

En effet, les réalisations furent en deçà des objectifs affichés. La lenteur dans le processus de désengagement de l'État était la manifestation de l'ampleur des ajustements et des recompositions économiques, sociales et politiques que le processus de privatisation impliquait. Derrière cette résistance de l'État à se désengager des activités productives, c'est l'ensemble du modèle de développement ivoirien qui était en question.

L'équipe gouvernementale qui fut **installée** en juin 1990 prit, dès le mois d'octobre, d'importantes décisions de confier la production, le transport et la distribution de l'électricité à une société privée. Bien qu'il s'agissait d'un simple contrat de gestion de l'exploitation ; car l'État restait propriétaire et gestionnaire du patrimoine, c'était en ce moment la première fois qu'une entreprise publique de grande taille faisait l'objet d'une mesure de privatisation. Cette opération fut à l'origine d'une vive polémique au cœur de laquelle était posée la question de l'Indépendance nationale. En effet, la privatisation apparaissait, aux yeux de certains, comme un bradage du patrimoine national au profit d'investisseurs étrangers.

Dans le but d'assurer une transparence du processus de privatisation, un décret fixe, dès décembre 1990, les conditions de mise en œuvre d'un programme de privatisation et de restructuration du secteur parapublic qui n'est rien d'autre que l'ensemble des sociétés d'État et des sociétés d'économie mixte. Ce secteur concerne officiellement 140 entreprises dont la privatisation doit être instruite par un comité placé sous l'autorité directe du Premier ministre. Des procédures d'appel d'offres **furent définies** aussi bien pour les études préparatoires que pour la cession des actions. On a pu penser que le processus de privatisation allait connaître son vrai départ.

- ***Une tentative de l'État de garder la main, malgré la volonté de libéralisation.***

À la fin de l'année 1993, seules sept opérations, relativement modestes, avaient été menées à leur terme. Parallèlement, plusieurs transformations institutionnelles ont été opérées dans le but de préparer des privatisations. Ainsi, huit établissements publics ont été transformés en société d'économie mixte. Mais, l'État détenait toujours la majorité, voire la quasi-totalité du capital de ces sociétés.

Par ailleurs, une importante société d'économie mixte de production de riz et deux sociétés d'État ont été créées pour marquer la volonté politique de maintenir, voire de renforcer la tutelle directe de l'État sur certaines activités productives. Au total, suite à plusieurs obstacles, cette période 1990-1993 n'a pas été véritablement marquée par un désengagement massif et linéaire de l'État.

La raison principale avancée pour expliquer au plan technique la lenteur du processus de privatisation est la nécessité de restructurer les entreprises à privatiser afin de créer les conditions de leur rentabilité.

Ces restructurations sont particulièrement difficiles lorsque les entreprises sont de grande taille. Les enjeux économiques, sociaux et politiques sont tels qu'ils conduisent bien souvent à un attentisme persistant. La situation est particulièrement critique pour les entreprises qui ne sont pas rentables sans le maintien d'une protection de leur marché intérieur. La privatisation ne saurait faire disparaître le besoin d'intervention de l'État.

La lenteur du processus est également due à la complexité des études préparatoires dans la mesure où une certaine normalisation est recherchée. Par exemple, les opérations d'inventaire des actifs de l'entreprise, d'estimation de la valeur de ces actifs et les potentialités du marché, de mise en concurrence des éventuels repreneurs, et de négociation des conditions de cession nécessitent la mobilisation de compétences variées et allongent les délais d'instruction des dossiers. Cette volonté manifeste de transparence s'inscrivait dans l'affichage d'un nouveau style de gouvernement des affaires fondées sur les principes de rigueur et d'efficacité. Une telle approche technocratique, qui est en rupture avec certaines pratiques antérieures, aurait révéler une certaine naïveté politique et s'est heurtée à de sérieuses résistances tant des mouvements d'opposition que du parti au pouvoir.

Le débat sur le contrôle parlementaire des privatisations révéla également les limites d'une approche technocratique dans un contexte de multipartisme et d'attente de succession à la tête de l'État. Le programme de privatisation de décembre 1990 stipulait que les cessions d'actions détenues par l'Etat dans les entreprises publiques étaient décidées par décret. Par ailleurs, la doctrine officielle était que toute société publique devrait être privatisée. Lors d'une session extraordinaire au début de 1993, le parlement mena une offensive contre le Premier ministre sur la nécessité, pour l'État, de conserver un certain contrôle sur certaines entreprises dites stratégiques.

Face à cette opposition, le gouvernement décida, au milieu de l'année 1993, de vendre ses actions, détenues dans des sociétés d'économie mixte dont la rentabilité était satisfaisante à des investisseurs privés ivoiriens. Cet appel à l'épargne nationale devait contribuer à réhabiliter l'image de marque des privatisations.

- ***La privatisation, instrument de mobilisation de l'épargne domestique***

Quelles que soient ses modalités et ses déterminations politiques, la remise en ordre du secteur des entreprises publiques s'inscrit dans le jeu d'une nécessité d'accroître la rigueur de la gestion pour améliorer la productivité des facteurs de production qui constitue le ressort fondamental d'une société industrielle. Cette exigence d'accroissement de l'efficacité et de l'efficience concerne l'ensemble du système productif, c'est-à-dire ses composantes publiques et privées. Les privatisations sont censées contribuer à l'amélioration des performances des unités de production.

En ce qui concerne la Côte d'Ivoire, la Banque mondiale avait reconnu les bonnes performances de certaines entreprises publiques. Cette réussite était attribuée à l'existence d'un contrat de programme définissant clairement les droits et les obligations de la société et de l'État. Les difficultés desdites entreprises ont commencé à partir du moment où l'État n'a pas tenu ses engagements financiers. L'existence d'importants arriérés de paiement au niveau de ces sociétés a **entraîné** un déficit croissant de leur situation financière.

Le niveau élevé de l'endettement de l'État a conduit à émettre de sérieuses réserves sur le maintien du statut public d'entreprises dont les besoins de rationalisation et de développement présentaient une insuffisance chronique de capitaux propres. Dans cette perspective, l'appel à des capitaux privés est incontournable ; ce qui justifie la privatisation. La question fondamentale est celle de savoir si l'épargne nationale est capable de contribuer de manière significative au financement des investissements ou si le recours systématique à des capitaux étrangers est la seule alternative. La faible part des capitaux privés ivoiriens dans le financement des entreprises du secteur moderne confirmait la thèse selon laquelle l'épargne privée nationale est structurellement insuffisante puisqu'elle se stabilisait autour de 10% depuis le début des années 80.

Cette argumentation est celle déjà développée par Amin (1967) dans son analyse du modèle de croissance de l'économie ivoirienne. En effet, l'auteur avait mis en exergue la faiblesse structurelle de l'épargne intérieure et la nécessité de recourir de façon croissante à l'endettement extérieur. Si le surendettement de la Côte d'Ivoire à partir de la fin des années 70 a confirmé cette prévision, il faut néanmoins souligner que c'est le ralentissement de la croissance qui a été à l'origine de l'étranglement financier extérieur. Plusieurs études ont montré que l'insuffisance du financement privé des entreprises par les ivoiriens est moins un problème de volume d'épargne que d'incitation à investir dans des activités dont la rentabilité n'est pas immédiate et qui apparaissaient comme des domaines « par nature » réservés aux capitaux étrangers et à l'État.

Toutefois, quatre entreprises avaient lancé, par l'intermédiaire de la Bourse des Valeurs d'Abidjan, des offres publiques de vente d'une partie de leur capital. Le montant total des souscriptions s'élevait à environ 5,1 milliards de francs CFA. Dans l'ensemble, ces appels à l'épargne ont reçu un très bon accueil de la part du public. Si la CIE n'a pas pu collecter les 2,4 milliards escomptés, les trois autres entreprises ont atteint leurs objectifs. La société SICOR a même obtenu des demandes supérieures de 30 % à l'offre. Un nombre important de personnes physiques avaient souscrit y compris les petits porteurs qui occupaient une place non négligeable. Environ 2000 personnes ont acheté entre 1 et 10 actions de la CIE. Ce nombre s'élevait à 208 pour la SICOR. En ce qui concerne l'entreprise FILTISAC, la participation du personnel a été particulièrement forte (8,6 % du capital souscrit) et 900 personnes ont acquis une action. Dans le cas de CAPRAL, 85 % des actionnaires ont souscrit moins de 100 actions.

Dans les sociétés comme la CIE, FILTISAC et CAPRAL, le montant du capital mis en vente ne constituait qu'une part minoritaire du capital total. L'opération ne remettait pas en question le contrôle de la société par l'actionnaire privé majoritaire. Par contre, dans le cas de SICOR, il s'agissait de la vente de 51 % du capital. Si cette option se généralisait alors elle constituerait incontestablement une importante innovation dans le fonctionnement du « modèle ivoirien ». Ainsi, il est possible de mobiliser une épargne privée à des fins productives dès lors qu'un minimum de transparence est respecté et que l'entreprise présente des perspectives de rentabilité. Cela constitue un signe de l'émergence d'une culture d'entreprise et d'une adhésion « populaire » au processus de privatisation.

En outre, le rôle des bailleurs de fonds dans la privatisation ne peut être occulté dans la mesure où elle est perçue comme une mise au pas des économies de la zone franc par les autorités monétaires de Bretton Woods. En réalité, l'ajustement structurel fonctionne sur la base d'un préjugé qui tend à faire croire, d'une part, à l'application immédiate et intégrale des mesures annoncées et d'autre part, au rôle primordial, voire exclusif des bailleurs de fonds dans la définition des politiques d'ajustement structurel.

Au total, cette analyse du processus de privatisation nous a montré à la fois sa nécessité et les difficultés de mise en œuvre en la matière.

- ***Une privatisation aux résultats limités***

Les controverses ont porté non pas sur le principe, mais sur l'ampleur et les modalités de ces privatisations. Dans ce domaine, les autorités ivoiriennes ont montré, par le passé, une très grande capacité d'adaptation et de contournement. La relative aisance financière de l'après-dévaluation est de nature à renforcer cette capacité et à confirmer l'hypothèse d'un ajustement « internalisé». En Décembre 1990, un décret fixant les conditions de mise en œuvre d'un programme de privatisation et de restructuration du secteur parapublic a été pris par l'équipe gouvernementale dans le souci de garantir une transparence du processus de privatisation. Il concernait 140 entreprises dont la privatisation devrait être instruite par un comité placé sous l'autorité directe du Premier ministre. Des procédures d'appel d'offres ont été définies aussi bien pour les études préparatoires que pour la cession des actions. Toutes ces dispositions auguraient d'un nouvel élan dans le processus de privatisation.

Toutefois, à la fin de l'année 1993, les résultats obtenus ont été largement en deçà des objectifs affichés, car seulement 5% des entreprises ciblées ont été privatisées. En plus, les entreprises de grande taille qui jouaient un rôle majeur dans la sphère productive ont été, jusque-là, épargnées. Ces opérations relativement modestes ont porté à la fois sur la diminution de la participation de l'État dans deux sociétés d'économie mixte du secteur de l'édition (CEDA et BINEA), la vente d'un complexe hôtelier (village vacances d'Assinie), la mise en gérance d'un complexe d'élevage (CEIB), et la vente de participations minoritaires (inférieures à 25% du capital) que l'État détenait dans trois sociétés d'économie mixte (CAPRAL-NESTLE, NOVALIM-NESTLE et COSMIVOIRE). Cette stratégie a été surtout combinée avec la transformation d'entreprises publiques en société d'Économie mixte.

Il ressort de ce qui précède que la période 1990-1993 n'a pas été celle du désengagement massif de l'État comme annoncé. Ce résultat n'est pas véritablement un échec, encore moins une volonté de l'État de maintenir sous perfusion des entreprises moins efficaces qui grèvent fortement les Finances publiques. Au contraire, ces résultats semblent relever d'une démarche pragmatique, transparente et rigoureuse à l'effet d'assurer une privatisation réussie qui concourt à la maximisation du bien-être collectif.

2.5.6. L'amélioration de la gouvernance par la réforme administrative

Les réformes de la fonction publique jouent un rôle majeur dans les programmes d'ajustement budgétaire. Elles ont pour but de réduire la masse salariale, d'améliorer la productivité et de décourager la corruption. Les stratégies de réforme centralisées reposent sur des analyses fonctionnelles qui identifient les postes et programmes superflus. Quant aux stratégies de réforme décentralisées, elles visent à modifier la structure des incitations (liberté des décisions d'embauche, de licenciement et de rémunération, budgétisation axée sur les résultats et évaluation des cadres). Le succès d'une réforme décentralisée passe nécessairement par une responsabilisation et une transparence totale.

Les réformes de la fonction publique sont particulièrement difficiles à mettre en œuvre. Par conséquent, il est utile de faire un bon échelonnement des mesures. Par exemple, les recensements et les analyses fonctionnelles de la fonction publique doivent précéder la conception des programmes de compression d'effectifs. En Côte d'Ivoire, la tentative du gouvernement de réduire de 15 à 40 %les rémunérations des fonctionnaires avait fait monter l'agitation sociale et politique. Depuis lors, l'objectif de réduction des dépenses publiques de 25% s'est fait par des départs volontaires à la retraite.

Pour cela, il a fallu procéder au rééquilibrage des flux financiers interne à partir une série de mesures. Celles-ci concernaient: i) la réduction d'environ 30% de l'effectif de chaque département ministériel, ii) l'encouragement des départs volontaires à la retraite ; iii) l'application de la retenue à la source ; iv) la mise en place de l'A.S.D.I ; v) le prélèvement de 20% sur les revenus locatifs ; vi) le changement des plaques d'immatriculation ; vii) l'institution de la carte de séjour et d'une nouvelle carte d'identité, de nouveaux passeports, les mesures de privatisation, viii) la vente de véhicules administratifs ; ix) l'interdiction aux véhicules administratifs de circuler le week-end sauf autorisation préalable ; x) la réduction des véhicules de fonction des **Ministres** ; xi) une gestion transparente des différentes caisses publiques ; et xii) une réduction drastique des dépenses publiques.

3. La tendance macroéconomique après les réformes

3.1. Une économie toujours fragile malgré quelques avancées

Globalement, l'ensemble des mesures d'ajustement interne s'est révélé insuffisant pour rétablir les équilibres internes et externes. Malgré les rééchelonnements de la dette, la Côte d'Ivoire n'arrivait pas à honorer le remboursement de ses prêts. Parallèlement, les arriérés de paiement extérieurs ne cessaient de croître ; ce qui a créé le déficit du compte des opérations du Trésor français. Même si les dépenses publiques continuaient à se réduire, le déficit public croissait et atteignit 16,5% du PIB en 1989 et 12% en 1993. Quant aux recettes budgétaires, elles connurent une chute de plus de 8 points de PIB en passant de 25,7% en 1986 à 17,5% du PIB en 1993. Cette évolution s'explique à la fois par la chute des activités, par l'arrêt du prélèvement sur les produits agricoles d'exportation du fait de la chute vertigineuse du cours du café et du cacao et par le maintien du prix au producteur. Toutefois, en 1989, le cours du cacao est tombé en termes réels à 25% de sa valeur de 1977-78 malgré les tentatives des autorités de soutenir les prix mondiaux par la rétention, en 1988, d'une partie de la récolte.

Symétriquement, le déficit du compte courant s'est fortement creusé jusqu'en1993 et la hausse en volume des exportations de 30% entre 1987 et 1993 n'a pas été suffisante pour contrecarrer la détérioration des termes de l'échange.

En plus, le poids des importations est resté constant malgré la chute des revenus et de l'investissement (qui atteint seulement **3%** en 1993). Cette situation s'explique à la fois par l'appréciation du taux de change réel, l'amorce de la libéralisation commerciale et le développement de la fraude. Parallèlement, le poids de la dette n'a cessé de croître. En effet, la dette totale est passée de 77% du PIB en 1980 à 243% du PIB en 1993.

3.2. Effet sur l'équilibre extérieur

Avec le PASFI et le PASCO, la balance des paiements s'est redressée grâce à la reprise des exportations à des prix plus avantageux. Ainsi, l'excédent de la balance commerciale a recommencé à croître ; ce qui a permis une évolution positive du déficit de la balance des paiements courants qui est passé de-303,6 milliards de **Francs CFA** en 1992 à -202,2 milliards de **Francs CFA** en 1993. La position nette de l'État a évolué de 226 milliards de **Francs CFA** en 1991 à 376 milliards de **Francs CFA** en 1993 et a atteint 368 milliards de **Francs CFA** en1992. Le fléchissement de la masse monétaire n'a pas été significatif. En effet, elle abaissé annuellement de 2 %. Quant aux dépôts auprès des banques, ils ont également baissé particulièrement en 1993 où le taux est tombé à 5 %.

Pendant le PASFI, les avoirs extérieurs nets sont passés de -555,20 milliards de **Francs CFA** à fin 1991 à -572,8 milliards de **Francs CFA**; ce qui traduit la dégradation du niveau des réserves de change. L'évolution des crédits intérieurs n'a pas été significative. En effet, ces crédits ont été respectivement de 1305 milliards de **Francs CFA** en 1991, 1335 milliards de **Francs CFA** en 1992 et 1288 Milliards de **Francs CFA** en 1993. La baisse de 5% en 1993 traduisait les contreperformances de cet agrégat.

Quant aux crédits à l'économie, constitués de crédits de campagne et des crédits ordinaires, ils ont embrassé la même tendance que les crédits intérieurs. Les crédits de campagne ont baissé de 29 % en 1993 après une stagnation en 1992. Quant aux crédits ordinaires composés de crédits à court terme et des crédits à moyen et long terme, ils ont atteint 806 milliards de **Francs CFA** en 1991, 854 milliards de **Francs CFA** en 1992 et 832 milliards de **Francs CFA** en 1993. Après le redressement de 6 % en 1992, les crédits ordinaires ont baissé de 3 % en 1993. Cette baisse est due à une réduction des crédits à court terme qui est faiblement compensée par l'accroissement des crédits à moyen terme qui ont progressé de 30 % en 1993 après une légère baisse en 1992.

Tableau 4.3. Évolution des agrégats macroéconomiques

	1980	*1986*	*1993*	*1994*	*1995*
Déficit budgétaire global / PIB	8,5	2,7	13,5	6,8	3,7
Dépenses publiques/ PIB	37,4	32,7	31,6	27,4	26,5
Déficit courant / PIB	18	3,3	11	1	6
Importations / PIB	26	18	17,1	21	24,2
Exportations / PIB	30	35	24,2	37,4	38,4
Investissement brut dom. / PIB	27	11	6	10	12
Épargne domestique brute / PIB	20	21	9	22	20
Épargne nationale brute / PIB	9	8	-5	9	7
Dette publique / PNB	45	89	123	163	131

Source : *Auteur / Données OCDE, 1999*

Tableau 4.4. Besoin de financement global de l'État et solde de la balance courante 1990-1993

	1990	*1991*	*1992*	*1993*
en milliards de **Francs CFA**				
Besoin de financement global de l'État (a)	**374.6**	**374.9**	**308.3**	**398.3**
Financement domestique	14.1	62.0	55.1	129.8
Recettes de privatisation	0.0	8.2	3.2	4.0
Transferts des entreprises publiques	46.5	22.0	31.2	7.8
Financement extérieur	338.1	322.4	289.6	221.1
Tirages sur prêts	224.1	185.8	176.9	174.9
Amortissements	-243.6	-255.4	-230.4	-222.9
Rééchelonnements	123.0	155.4	96.6	0.0
Arriérés de paiements	234.6	236.6	246.5	269.1
Solde de la balance courante(a)	**352.3**	**385.7**	**353.4**	**322.8**
Apports de capitaux publics à long terme(b)	2.2	69.1	41.9	53.2
Autres postes nets(b)	41.5	-77.9	1.5	-104.5
Variation des réserves	38.4	-14.3	60.0	-13.3
Rééchelonnements	123.0	155.4	96.6	0.0
Arriérés de paiements	234.6	235.8	240.3	284.8

Sources : Auteur / BNETD (1997), FMI (1998)

Les résultats des ajustements apportés lors de la période de la crise ont particulièrement été en deçà des attentes. Les données du tableau 4.5 décrivent clairement les tendances. Le besoin de financement de l'État augmente alors que le solde de la balance courante diminue ; ce qui traduit la faible efficacité du programme d'ajustement.

Tableau 4.5. Situation des soldes budgétaires et extérieurs

	Moyenne (1990-93)	***Moyenne (1994-97)***
Exportations (millions $)	2793.0	3763.7
PIB (**Francs CFA**)	2949.4	5175.2
Exportations / PIB (%)	26.1	39.1
Fiscalité cacao & café / PIB (%) avec maintien des prix-prod	0.0	5.1
Fiscalité cacao & café / PIB (%) avec maintien du DUS	0.0	5.1

Source : Auteur / Données OCDE, 1999

Du côté des recettes fiscales, le maintien des prix aux producteurs et des autres coûts de la filière aurait impliqué une baisse du prélèvement fiscal d'environ 250 milliards de **Francs CFA**, soit la quasi-totalité du prélèvement opéré. Sous cette hypothèse, le rétablissement budgétaire aurait été à moitié compromis, car le déficit global atteignit environ 6% du PIB au lieu de 2% en 1997. Dans l'hypothèse où seul le DUS sur le cacao et le café est maintenu, la perte de recettes aurait été inférieure à deux (2) points de PIB. Les autres acteurs de la filière auraient perdu environ 150 milliards **Francs CFA**, soit un revenu inférieur de plus de 10% par rapport à la situation historique. Par contre, les prix réels au producteur auraient augmenté significativement grâce aux effets de la dévaluation.

3.3. L'intermédiation financière encore fragile comparativement à la situation d'autres pays africains

Contrairement à certains pays comme le Mali et le Burkina Faso qui ont enregistré une augmentation du ratio M2/PIB entre 1990 et 1996, cet indicateur a régressé en Côte d'Ivoire (Tableau 4.6.). Cette situation révèle la fragilisation du système bancaire par la crise subie pendant les années 1990.

Tableau 4.6. Comparaison de l'intermédiation financière en Afrique

Ratio M2 /PIB	***1990***	***1995***	***1996***
Côte d'Ivoire	27,6	26,9	25,2
Burkina Faso	20,5	22,1	22,5
Ghana	13,3	15,7	15,2
Mali	22,5	20,0	21,0
Ouganda	6,2	9,9	10,0
Tanzanie	19,2	25,0	23,3

Sources : Auteur / Banque Mondiale (1997) et FMI (1999)

3.4. La poursuite du ralentissement de la croissance du PIB

L'exécution du PASFI s'est inscrite dans un cadre macro-économique difficile dans lequel les déficits intérieurs et extérieurs avaient atteint leur niveau maximal. De manière générale, le PIB a baissé au cours de la période du PASFI. Le PIB total abaissé de 1,6 % sur la période 1991-1993(contre une baisse plus importante entre 1987 et 1990). Hormis le secteur primaire qui a maintenu un rythme de progression de 1,7 % par an, les autres secteurs ont enregistré des baisses. Par exemple, les secteurs secondaire et tertiaire ont connu respectivement des baisses de 2,4% et 5,1 % sur la période 1992-1993

Tableau 4.7. Évolution du taux de croissance du PIB

	1990	*1991*	*1992*	*1993*
Croissance du PIB	-1,1	0,0	-0,2	-0,2
Croissance des prix à la consommation	-0,7	1 ,6	3,8	0,8
En % du PIB				
Dépenses primaires hors FBCF	21,1	18,8	20,0	19,7
Dont salaires	11,6	10,7	10,8	10,7
Paiement d'intérêt	9,8	10,9	7,6	8,8
FBCF publique (BSIE)	3,6	3,4	3,5	3,1
Recettes totales	21,7	20,4	20,6	18,1
Recettes sur importations	8,5	8,1	8,2	7,2
Autres recettes fiscales	9,4	8,8	8,7	7,6
Déficit budgétaire global	-12,7	-12,7	-10,4	-13,5
Exportations	27,8	26,3	24,7	24,2
Importations	15,8	15,9	16,4	17,1
Balance commerciale	12,0	10,4	8,3	7,1
Déficit du compte courant	-12,0	-13,0	-12,0	-11,0

Source : Auteur / BNETD (1997)

Cette tendance à la baisse du PIB est consécutive également à une baisse des investissements publics. La crise des années 1980 et du début 1990 a marqué un ralentissement important des investissements en infrastructures de base. Par exemple, la part dans le PIB de l'investissement public est passée de 10% au début des années 1980 à 3% au début des années 1990.

Toutefois, le retour de la croissance et de l'aide internationale ont permis d'accroître ce ratio à presque 6% durant la deuxième moitié des années 1990. La réorientation sectorielle a marqué le désengagement des fonds publics nationaux et internationaux des secteurs tels que les logements sociaux, l'agriculture et le transport au profit de certaines fonctions régaliennes telles que l'Administration générale (y compris les services de sécurité), la santé et les fonds d'aménagement régionaux d'aide aux collectivités locales.

3.5. L'accentuation du déficit public après une brève amélioration

Les recettes ont diminué pendant le PASFI et les dépenses primaires ont décru de 4, 6 % entraînant à fin 1993 un accroissement du déficit budgétaire. L'amélioration relative des finances publiques à la fin 1992 aura été de courte durée. L'évolution des finances publiques traduisait bien les difficultés économiques du pays au cours de la période du programme. L'évolution du solde primaire en constitue une illustration. Ce solde a atteint -64.4 milliards de **Francs CFA** en 1991, -41 milliards de **Francs CFA** en 1992 et -93 milliards de **Francs CFA** en 1993, soit respectivement-2,4% du PIB,-1,5% du PIB et-3,5 % du PIB. Le financement de ce déficit s'est fait majoritairement par une accumulation des arriérés intérieurs et extérieurs.

3.6. La poursuite de l'accroissement de la dette.

La dette publique intérieure a progressé pendant le PASFI passant de 973,50 milliards de francs à fin 1991 à 1130,86 milliards de francs à fin 1993 soit un taux de 16,1 %. La raison découle notamment d'un recensement exhaustif de ladite dette. En 1993, l'encours de la dette publique intérieure représentait 39,37% du PIB. La dette extérieure totale a également augmenté pendant Ie PASFI passant de 3 266,02 milliards de **Francs CFA** à fin 1991à 3987 milliards de **Francs CFA** à fin 1993.

3.7. Un coût social important : détérioration des indicateurs d'emploi, d'éducation et de santé

Les insuffisances du système sanitaire et social dues aux effets de la crise ont amené le gouvernement à mettre en œuvre un plan d'ajustement du secteur des ressources humaines dénommé Programme de Valorisation des Ressources Humaines (PVRH) qui a couvert la période 1991-1994. Le PVRH avait pour objectif de renforcer les capacités de gestion des administrations chargées des ressources humaines et d'accorder une priorité à la satisfaction des besoins essentiels du plus grand nombre par l'accroissement des moyens en faveur de l'éducation de base. Ce plan découle des conséquences de l'assainissement du secteur social. Ce coût social est présenté ci-dessous.

- ***Au plan éducatif***

Au regard des contraintes macro-économiques très accentuées et des préoccupations relatives à l'efficacité de la dépense publique, le budget de l'éducation a fortement subi une modification, dans le sens de la baisse. Durant les années 90, cette situation a favorisé l'accroissement du ratio de l'efficacité du budget de l'éducation, mais une baisse du taux de scolarisation dans le primaire et des rendements internes.

Les restructurations budgétaires, qui se sont opérées, ont porté sur la réduction de la part du budget consacrée à l'éducation dans le budget général (dépenses courantes et dépenses d'investissement). La part de ce poste budgétaire est passée de 31,4% dans la période 1981 et 1984,à 21,8% entre 1990 et 1993.

En effet, à titre d'exemple, les dépenses de fonctionnement par élève ont largement été revues à la baisse dans l'ensemble des niveaux d'enseignement. Malgré, la volonté d'améliorer le taux brut de scolarisation ainsi que les capacités d'accueil dans l'enseignement primaire, la part du budget alloué au primaire diminue au profit de l'Enseignement Supérieur général et technique.

Par ailleurs, des mesures drastiques de réduction des dépenses dans le Supérieur ont été prises. Elles ont notamment porté sur une réforme des transports sociaux, la privatisation de certains restaurants universitaires, la fin des subventions de transport et la suppression du Centre National des Œuvres Universitaires.

L'explosion des effectifs des étudiants, dont la majorité avait du mal à trouver un emploi en fin de cycle a nécessité la construction de nouveaux campus. Il s'agit des campus d'Abobo-Adjamé (devenu aujourd'hui Université Nangui Abrogoua) et celui de Bouaké (devenu aujourd'hui Université Alassane Ouattara).

- ***Au niveau de l'emploi***

Concernant l'emploi du secteur moderne, l'effet le plus évident de l'assainissement porte sur le secteur public. La politique de déflation des effectifs des agents de la fonction publique a conduit à des activités de subvention et à une généralisation de la polyactivité. Le désengagement de l'État sur le marché de l'emploi s'est traduit par une privatisation des entreprises publiques. Ces mesures ont eu un impact sur l'emploi du secteur privé qui devrait jouer le rôle de relais.

Comme le montre l'ENSEA (2000), il y eut une régression sans précédent de l'emploi salarié en Côte d'Ivoire depuis les années 1980 alors que le pays était l'un des rares à avoir connu une réelle industrialisation **parmi les pays de** la sous-région. Mais il reste que la régression des activités entrepreneuriales modernes n'a pas non plus radicalement modifié la structure générale d'emploi en Côte d'Ivoire. Le travail salarié dans le secteur moderne représentait environ 10 % des postes d'actifs occupés en 1965, 14 % en 1980, et 8 % en 1992 et 1995 (tableau 4.8). En termes de volume, l'on observe une baisse de 33000 emplois dans le secteur privé moderne entre 1993 et 1994, dont 13000, dans le secteur industriel (Kouadio 1996).

Quant aux emplois dans l'Administration publique, ils ont progressé durant les années 1990 même si l'on observe une baisse de la proportion de ce type d'emplois dans le secteur moderne passant de 4% en 1988 et 1990 à 3% en 1992. Cette baisse est consécutive aux réductions d'effectifs et de salaire dans le secteur public, notamment le licenciement de 12000 agents administratifs entre 1990 et 1992, et la réduction de 50% du salaire des nouveaux professeurs de l'enseignement supérieur et secondaire en juillet 1992.

Tableau 4.8. Structure sectorielle de l'emploi global en Côte d'Ivoire (1988-1995)

	1988		1990		1992		1995	
	Effectif (milliers)	%	Effectif (milliers)	%	Effectif (milliers)	%	Effectif (milliers)	%
Actifs occupés	4030	100	4313	100	4620	100	5382	100
Agriculture	2775	69	2964	69	3150	68	3597	67
Secteur moderne	405	10	385	9	380	8	438	8
-entreprises	253	6	233	5	232	5	279	5
-administration	152	4	152	4	148	3	159	3
Secteur informel	850	21	850	22	1090	24	1347	25

Source : ENSEA-ORSTOM (2006)

En Côte d'Ivoire, la part du secteur informel a presque doublé, passant de 12,7% de l'emploi total en 1980 à 24% en 1992 tandis que les emplois dans le secteur agricole stagnaient (tableau 4.8).

Suite aux échecs des programmes d'ajustement structurels, la nécessité de la stabilisation macro-économique a amené le

Gouvernement à poursuivre les réformes dans un contexte d'agitation sociale récurrente. Les mesures les plus significatives sont relatives à la signature de deux programmes avec la Banque Mondiale et le Fonds Monétaire International dont le Programme d'ajustement structurel du secteur financier (PASFI) et le Programme d'ajustement structurel compétitivité (PASCO)

Le PASFI a favorisé la conduite de plusieurs réformes dont la restructuration bancaire, l'assainissement des assurances, la redynamisation de la Bourse des valeurs, le recouvrement des créances gelées et la restructuration de la Caisse autonome d'amortissement (CAA). Ces résultats ont été obtenus grâce à la conjugaison des efforts de plusieurs institutions au nombre desquelles figurent la BCEAO, le Gouvernement et les bailleurs de fonds. Cette synergie a permis de surmonter la grave crise financière que traversait le secteur financier.

Si l'on a constamment mis en exergue le coût social des réformes structurelles de la période 1990-1993, le gain économique découlant de cette période d'assainissement n'a pas été suffisamment important surtout dans le contexte d'ouverture politique (multipartisme) et des coûts sociaux élevés de la politique économique. Toutefois, certains résultats intéressants ont été obtenus sur la période. Par exemple, les dépenses publiques se sont réduites considérablement passant de - 16,5% du PIB en 1989 à - 12 % en 1993, et le déficit global est passé de - 13,5% du PIB en 1993 à - 2,1% en 1996. Aussi, le solde de la balance commerciale s'est-il amélioré et est demeuré positif en passant de 7,1% du PIB en 1993 à 16,4% en 1994.

Malgré ces efforts encourus et les résultats obtenus pendant la phase du PASFI et du PASCO, ces ajustements internes ou ajustements réels n'ont pas été suffisants. Cette situation a ouvert la voie à l'ajustement monétaire pour assurer une stabilisation des comptes budgétaires et extérieurs. En dépit de la restauration relative des dépenses publiques, l'excédent commercial reposait toujours sur l'exportation du cacao. Avec la détérioration des termes de l'échange, le recours à la dévaluation devrait permettre la poursuite de la stabilisation et le retournement de la conjoncture.

CHAPITRE 5 : DÉVALUATION DU FRANC CFA ET RELANCE DE L'ÉCONOMIE (1994-1999)

Dans ce chapitre, la réflexion porte sur la dévaluation du franc CFA et ses effets en Côte d'Ivoire de 1994[33] à 1999[34]. Manifestement, suite au boom des années 1970 et suite à la crise prolongée des années 1980, la dévaluation a été le fait majeur des années 1990 dans la Zone Franc. Annoncée officiellement le 11 janvier 1994, elle a été accompagnée par une série de mesures et de stratégies se soldant par l'arrimage du **Franc CFA** à l'Euro en 1999.

Réfléchir sur la dévaluation du **Franc CFA** nécessite, au préalable, de bien cerner cette monnaie (section 1), son organisation, la controverse majeure relative au compte d'opérations, et la notion fondamentale du vivre ensemble monétaire. De plus, il s'agit d'expliciter et de commenter les raisons économiques qui fondent la mise en œuvre de la dévaluation (section 2) ; enfin les stratégies et mesures d'encadrement de la dévaluation seront exposées et diagnostiquées (section 3).

Parallèlement, l'impact de cette correction paritaire sur les principaux agrégats et les secteurs clefs de l'économie sera évalué, et argumenté (section 4). Un bref aperçu des handicaps et entraves au niveau de la Côte d'Ivoire et à l'extérieur sera exposé (Section 5). Finalement, l'attention portera sur la pertinence des politiques économiques mises en œuvre au travers de leurs avantages et inconvénients (section 6).

1. Réalité du vivre ensemble monétaire, organisation de la zone franc, et fonctionnement du compte d'opération du Franc CFA

La Zone Franc, est mise officiellement en place en 1939, tout comme le compte d'opérations originel et la parité fixe pour les opérations intra-zone. D'abord zone fermée aux allures de club, conçue par la France coloniale pour ses besoins géopolitiques, elle

[33] *Cette date marque l'annonce officielle de la dévaluation précisément le 11 janvier 1994 en Côte d'Ivoire.*

[34] *Cette date marque l'arrimage du **Franc CFA** à l'Euro précisément le 1er Janvier 1999 en Côte d'Ivoire, et dans les pays de la Zone Franc.*

s'est ensuite muée progressivement en espace de coopération privilégiée avec ses colonies via le **Franc CFA.** Elle s'est enfin transformée en zone économique et monétaire ouverte, suite à l'abandon du contrôle des changes une dizaine d'années environ après l'accession à la souveraineté internationale de la plupart des territoires sous administration française. Une dimension culturelle lui est même attribuée de nos jours en raison de la langue française.

Bien connue du monde de la finance et de l'opinion publique africaine, la Zone Franc fait cohabiter, depuis 50 ans, des espaces monétaires qui le sont nettement moins. Ces espaces, autonomes par leurs propres règles d'émission monétaire et de réglementation d'exercice de la profession bancaire, sont en Afrique noire, l'Union monétaire ouest-africaine et sa Banque Centrale des États de l'Afrique de l'Ouest (BCEAO), la zone BEAC du nom de la Banque des États d'Afrique Centrale et l'espace monétaire comorien et sa Banque centrale.

La Zone Franc est plurielle, atypique et à tout le moins, culturelle en raison du français, langue de travail de ses membres. Elle est perçue par l'opinion africaine à travers les mêmes prismes au fil des générations nonobstant les virages fondamentaux, des années 1940 (un seul franc CFA dans une Zone Franc formalisée), 1960 à 1970 (plusieurs Francs CFA dans un processus avéré d'africanisation de l'émission monétaire), puis 1999 avec l'avènement de l'Euro comme monnaie de référence pour tous les Francs CFA après la disparition du franc français, etc. De multiples avancées structurantes vont ainsi la faire passer de domaine réservé à la France à un véritable puzzle monétaire et économique sans pour autant gommer certains clichés originels.

Le regard porté, à travers ces lignes, sur la Zone Franc **CFA** est orienté sur les principaux aspects ci-après : (i) Zone Franc : zone plurielle et atypique ; (ii) De zone fermée à zone ouverte ou la lente et délicate construction des Francs **CFA** ; (iii) Le compte d'opérations, davantage comptable que monétaire ; (iv) Le compte d'opérations, outil prudentiel et financier ; (iv) De l'opportunité du compte d'opérations ; (v) Monnaie communautaire contre monnaie identitaire ; (vii) Le franc, une dénomination en mal d'africanisation ; (viii) Des avancées structurantes ; (ix) La demande de monnaie, ventre mou du vivre ensemble monétaire.

1.1. Zone Franc : zone plurielle et atypique.

Informelle durant les premières décennies du 20e siècle, la Zone Franc est officialisée en 1939[35]. Elle utilise le franc des colonies françaises d'Afrique ou Franc CFA, créé en 1945, dont le cours libératoire est illimité dans tous les espaces constitutifs de la zone à un taux de change fixe par rapport au Franc de la Banque de France. Cette dernière, privée à sa création en 1800, devient un établissement public en 1945, soit la même année de naissance que le Franc CFA. La convertibilité externe du Franc CFA n'est pas encore à l'ordre du jour pour cause d'inconvertibilité du Franc français. Des critères d'appartenance à la Zone Franc sont édictés comme l'inscription sur la liste officielle des territoires contre lesquels n'est pas appliqué le contrôle des changes : celui-ci ne sera supprimé qu'en 1967.

Quatorze ans après sa création, le franc des colonies françaises d'Afrique (F.CFA) devient en 1959 *franc de la communauté financière africaine* (Franc CFA) en Afrique de l'Ouest et *franc de la coopération financière en Afrique centrale* (Franc CFA) en Afrique centrale, puis franc comorien aux Comores en 1981. Tous ces francs sont liés entre eux d'une part et d'autre part, entre eux et le franc français par un taux de change fixe. La France concède concomitamment aux pays concernés, le droit de disposer d'un institut d'émission et d'une monnaie qui leur sont propre. Ces francs africains vont peiner néanmoins à se faire une place en tant qu'unité monétaire souveraine nonobstant les règles de refinancement aux guichets des toutes nouvelles banques centrales que sont rapidement devenus les instituts d'émission créés par la France. Celles relatives à la distribution du crédit, également adaptées aux conditions nationales depuis les **Indépendances,** n'améliorent pas non plus cette perception de monnaie divisionnaire du franc français.

Monnaie partagée par quinze pays de l'espace africain francophone, les Francs CFA ne se feront pas davantage connaître comme telle à l'international. L'inconvertibilité des billets hors de la Zone Franc est même décrétée le 2 août 1993 par la BCEAO, confrontée à une accélération massive et spéculative des sorties de billets de son émission. Cette décision est la conséquence de l'opinion généralement répandue, pendant cette période, selon laquelle une dévaluation du **Franc CFA** était inéluctable ; le FMI évoquant dans

---

[35] Banque de France. Note d'information n° 127 "La Zone Franc", 2002.

ses notes techniques un ajustement monétaire comme solution aux résultats mitigés de ses programmes d'ajustement structurel dans la zone. Un mois après la décision de la BCEAO de rendre inconvertibles ses billets hors de la Zone Franc, soit le 17 septembre 1993, la BEAC suspend ses rachats de billets BCEAO. Le 20 décembre 1993, après d'infructueux échanges de bons procédés, la BCEAO suspend, à son tour, ses rachats de billets BEAC. Cet incontestable contretemps et ce véritable couac monétaire dans le contexte de la Zone Franc, sonneront plus tard comme des signes annonciateurs de la dévaluation du 11 janvier 1994, soit trois semaines après l'inconvertibilité des billets **CFA** d'Afrique occidentale et centrale entre eux. La dévaluation va se faire à deux vitesses : 50% en Afrique de l'ouest et centrale et 33% aux Comores. Un décalage de parité est alors introduit pour la première fois, dans lequel le franc comorien est relativement moins dévalué (33%) que les **Francs CFA** (50%). Les **Francs CFA** scripturaux demeurent convertibles, malgré l'inconvertibilité des billets constatée en violation de la l'esprit et la lettre de la Zone franc ; néanmoins ces billets restent convertibles vis-à-vis de la monnaie de référence, c'est-à-dire du franc français.

Les socles de cet important édifice monétaire et économique demeurent néanmoins *une réglementation des changes unique, une mise en commun des réserves de change, une libre convertibilité à parités fixes des différentes monnaies de l'ensemble*. Ils sont déclinés en dispositions opérationnelles aussi rationnelles que justifiées, aussi modulables que consensuelles et tout aussi méconnues que controversées. Mise en commun des réserves de change et libre convertibilité contractuelle constituent deux cordons ombilicaux entre membres africains et, en même temps, deux fondations autonomes dont l'écroulement de l'une de ces dispositions fragilisant certes l'édifice, mais n'entraînant pas nécessairement la disparition de la zone. Ceci est rendu possible par la diversité et la pertinence des dispositions opérationnelles sous-jacentes du compte d'opérations largement méconnues, du taux de change intra-zone contractuellement fixe sous réserve d'une politique économique et monétaire vertueuse et des textes subséquents favorisant des concertations périodiques aussi bien techniques que politiques.

1.2. D'une zone fermée à une zone ouverte ou la lente et délicate construction des francs CFA

Un siècle d'histoire de la Zone Franc met en évidence une très lente et surtout délicate construction d'une monnaie unique dans les colonies, puis dans les États francophones fraîchement indépendants de la France, nonobstant la ferme volonté politique française de faire survivre le vivre ensemble monétaire au processus de décolonisation.

De la seconde guerre mondiale aux premières années des indépendances en Afrique, la Zone Franc fut une zone fermée. Cette période, balayée par un vent de nationalisme aussi bien en Afrique qu'en Asie, connut de nombreux départs dont le plus éclatant fut sans doute celui de la Guinée de Sékou Touré. La Zone Franc ne séduit pas non plus les pays maghrébins et bien plus tard Madagascar (1973), etc. et d'une manière générale, tous les pays balayés par un nationalisme ambiant. Le rêve du futur premier Président Sylvanus Olympio du Togo de prendre lui aussi ses distances vis-à-vis de ce projet unilatéral de la France ne survivra pas au décès de l'intéressé.

À la veille des **Indépendances** africaines, à un moment où le processus de décolonisation était devenu irréversible, la France crée des instituts d'émission autonomes pour ses colonies d'Afrique noire (transfert des privilèges de l'émission de billets et monnaies) dans la perspective de leur transformation ultérieure en Banque centrale (privilèges de l'émission de billets et monnaies et de réglementation de l'activité bancaire). Ce faisant, toujours zone fermée pour cause de contrôle des changes et le franc français comme monnaie de référence, la Zone Franc entame une décentralisation administrative de ses pôles décisionnels, toujours tenus au demeurant par des ressortissants français.

Après les **Indépendances,** un groupe de six pays francophones ouest-africains choisit d'approfondir le vivre ensemble monétaire dont les racines se perdent dans les origines de la Zone Franc, en fondant en 1962 l'Union monétaire ouest-africaine (UMOA). Ils conviennent, à cet égard, d'une politique monétaire et de taux d'intérêt uniforme dans les États membres et d'une harmonisation de la réglementation bancaire en sus des principes fondamentaux de la Zone Franc (Centralisation des réserves, fixité des parités, liberté des transferts et convertibilité des monnaies émises que seules des lettres de l'alphabet distinguent entre elles).

Par contre, les anciennes colonies françaises d'Afrique centrale marquent leur préférence pour une coopération monétaire et créent leur Banque centrale commune selon cette ligne directrice, à savoir : chaque État choisit ses taux d'intérêt et conséquemment sa politique monétaire, en substance ses règles de l'émission monétaire et sa réglementation de la profession bancaire, sans toutefois écarter si nécessaire sa disponibilité à harmoniser avec ce que fait le voisin. Finalement en Afrique centrale, l'institut d'émission mis en place par la France, devenu Banque Centrale des États d'Afrique Équatoriale et du Cameroun (BCEAEC) et plus tard Banque des États d'Afrique Centrale (BEAC), demeure le fragile lien entre les États au lendemain des indépendances, selon un modèle plus fédératif qu'unitaire. Les États francophones d'Afrique centrale consentent néanmoins de mettre ensemble leurs réserves de changes auprès du Trésor français en signant conjointement la convention relative au compte d'opérations. Ouverts au nom des Banques centrales (BCEAO, BEAC et Banque centrale des Comores), ces comptes auprès du Trésor français garantissent, en cas de besoin, un découvert conditionnel en devises pour éviter aux pays signataires de la convention régissant lesdits comptes toute rupture de paiements vers l'étranger.

En 1967 intervient la levée du contrôle des changes en France et la Zone Franc devient une zone ouverte pour la première fois de son histoire officielle qui a démarré en 1939. Les pays africains membres ont ainsi la possibilité de conduire une politique monétaire tenant compte des réalités locales, c'est-à-dire en phase avec les politiques de balance des paiements de leur choix. Le Mali, ex-pays de la Zone en butte à d'insurmontables difficultés financières, frappe à l'entrée de l'UMOA dès cette année 1967. Il n'intègrera la BCEAO qu'en 1984 après un sévère ajustement financier et la paix avec le Burkina à l'issue d'un conflit armé opposant les deux pays.

Zone Franc rimant dorénavant avec zone totalement ouverte, de nouvelles réformes sont conduites, avec la participation d'experts du FMI, dans le sens de l'approfondissement du processus d'africanisation entamé la veille des indépendances. Les pays africains procèdent à la mise à jour des accords de coopération monétaire avec la France, à la nomination des premiers Gouverneurs africains, aux premiers recrutements significatifs de cadres africains de haut niveau, au transfert des sièges de la BEAC à Yaoundé en 1977 et celui de la BCEAO à Dakar en 1978, à la réforme de l'UMOA (1972-1973), etc.

La Banque ouest-africaine de Développement (BOAD) et la Banque de Développement des États d'Afrique Centrale (BDEAC) sont respectivement créées en 1973 et 1975 pour couvrir les financements à moyens et longs termes. Les comptes d'opérations ouverts auprès du Trésor français prennent toute leur dimension technique et politique, les **Francs CFA** étant devenus convertibles pour la première fois et des Africains étant aux commandes des Banques Centrales africaines.

L'ère des **Francs CFA** convertibles fait apparaître d'une année à l'autre la nécessité d'une coordination des politiques économiques et budgétaires et davantage d'approfondissement du vivre ensemble monétaire. L'Union Economique et Monétaire Ouest Africaine (UEMOA) est portée sur les fonts baptismaux le 10 janvier 1994,en Afrique de l'ouest, pour coordonner les politiques économiques et budgétaires et les mettre en harmonie avec la politique des taux d'intérêt et la politique monétaire, uniforme depuis 1962 via le traité de l'UMOA. L'UEMOA et la dévaluation arrivent ensemble à 24 heures d'intervalle, l'une le 10 et l'autre le 11 janvier 1994. Dans ce sillage, la Communauté économique et monétaire de l'Afrique centrale (CEMAC) voit le jour le 16 mars 1994. Les pays membres de la CEMAC décident également de coordonner leur politique économique et budgétaire, de passer de la coopération monétaire, en vigueur depuis les indépendances à l'union monétaire via l'Union Monétaire de l'Afrique Centrale (UMAC).

Le cadre institutionnel et les instruments de politique économique et monétaire sont ainsi profondément rénovés dans les deux zones monétaires africaines formalisées à l'intérieur de la Zone Franc, sans compter l'espace monétaire comorien. Le management, profondément africanisé, réserve toutefois une présence à la France, résiduelle en Afrique occidentale et centrale, justifiée par les nécessités de gestion du compte d'opérations auprès du Trésor français. Après les turbulences de 1993 (constat d'échec des programmes d'ajustement structurel du FMI et de la Banque Mondiale, suspension de la convertibilité des billets de la BCEAO hors Zone Franc puis, inconvertibilité des billets CFA Afrique de l'ouest et Afrique centrale entre eux) et de 1994 (changement de parité), l'UMOA enregistre en 1997 l'arrivée de la Guinée-Bissau d'expression lusophone. La Guinée équatoriale d'expression espagnole avait déjà rejoint la Zone BEAC en 1985, soit pendant la période de coopération monétaire.

1.2.1. Le compte d'opérations, davantage comptable que monétaire.

L'arrivée de nouveaux membres, la rénovation de l'architecture institutionnelle, l'africanisation en profondeur du management et la prise en main progressive de la gouvernance monétaire etc. constituent incontestablement des signes évidents d'approfondissement de la Zone Franc **CFA**. Ils sont, délibérément, occultés par les fixations sur le compte d'opérations auprès du trésor français. Simple compte de liaison à son ouverture, mais bien plus élaboré par la suite, ce dernier continue d'être projeté bon an mal an devant l'opinion africaine comme un instrument d'asservissement des pays africains par la France pour les empêcher de financer le développement.

Cette vision a pu être alimentée et se justifier par l'instauration quasi tri-décennale du contrôle des changes en France (1939 à 1967) et l'inconvertibilité du franc français en monnaies étrangères jusqu'en 1958, conférant à la Zone Franc tous les contours d'une zone hermétiquement fermée et protégée au service des intérêts français comme ce fut le cas de la défunte zone sterling pour les Britanniques. La levée du contrôle des changes en 1967, soit 28 ans plus tard, constitua un tournant majeur en ce sens qu'elle fit passer la Zone Franc du statut de zone fermée au service exclusif de la France, à celui de zone dorénavant ouverte; ce virage fondamental n'a paradoxalement rien changé ou presque, au cliché originel aux relents de critiques négatives de la part de bon nombre d'intellectuels africains. Un tel cliché peine visiblement à se dissiper **malgré** les efforts des pays et les grandes avancées de la construction monétaire en Afrique francophone depuis les années des **Indépendances** (1959-1962, 1972-1973, 1993-1994 et 2007-2010), bien mieux qu'en zone anglophone notoirement en panne de projet de construction monétaire solidaire, et l'arrimage des **Francs CFA** à l'euro depuis 1999.

En effet, les années 1959 à 1962 virent la création d'instituts d'émission, puis de Banques centrales propres aux Africains, bien que managés par des expatriés français. 1972 et 1973 connurent les premières réformes institutionnelles majeures et l'africanisation de la gouvernance d'entreprise monétaire. 1994, l'année de l'historique ajustement de parité comme réponse à de profonds déséquilibres macro-économiques fut aussi celle de la création de l'UEMOA et de la CEMAC pour une prise en compte de la dimension économique et budgétaire dans le pilotage du vivre ensemble monétaire, etc. De nouvelles réformes institutionnelles, les plus importantes depuis 1973, sont officialisées en 2010 dans l'UMOA visant la modernisation des institutions et des organes.

Les dispositions opérationnelles des principes directeurs de la Zone Franc ont ainsi connu au fil du temps de profondes révisions loin d'être consensuelles, s'agissant du taux de change intra-zone dont la dernière modification date de janvier 1994, après celle de 1948 pour l'Afrique de l'Ouest et centrale et 1949 pour les Comores, et le compte d'opérations dont la portée a été progressivement et sensiblement réduite de jure. À cet égard, le pourcentage de devises que les États doivent laisser en compte d'opérations, contre rémunération[36], est passé à 50% en 2005 en zone BCEAO et en 2007 en zone BEAC, contre 65% auparavant et 100% au départ, rien n'empêchant au demeurant d'aller bien au-delà. Ce ratio est demeuré à 65% pour les Comores. Les dépôts en compte d'opérations, dans ces limites de 50 à 65% selon les zones francs africaines, bénéficient par ailleurs d'une garantie de non-dépréciation calculée depuis 1975 par rapport aux droits de tirage spéciaux (DTS) du Fonds Monétaire International (FMI).

La réalité est que les pays concernés eux-mêmes trouvent bien plus intéressants par moments de conserver l'essentiel de leurs avoirs officiels en compte d'opérations où ils sont mieux rémunérés qu'ailleurs. Dans ces conditions, les 50% ou 65% de cession obligatoire au compte d'opérations prennent davantage des contours d'opportunités que d'obligations. En effet, l'Euro a plus que doublé de valeur depuis sa création en 1999 et avant son adoption comme monnaie de référence, les taux d'intérêt en France et généralement en Europe sont restés durablement plus favorables qu'ailleurs et spécialement qu'en zone dollar.

Contrairement à une opinion largement répandue selon laquelle la France profite des réserves de change des pays africains, le compte d'opérations tant décrié est un compte qui rapporte financièrement aux pays africains et à l'opposé, coûte son pesant d'or au Trésor français. Peut-être que le débat sur cet aspect serait lourdement dépassionné si

[36]Le compte d'opération est rémunéré au taux de la facilité de prêt marginal de la Banque Centrale Européenne (BCE), pour la fraction des avoirs en devises de la BCEAO devant être déposée sur le Compte d'opérations et par l'application du taux minimum des opérations principales de refinancement de la BCE pour les avoirs placés par la BCEAO auprès du Trésor français au-delà du taux conventionnel de centralisation des réserves de change sur ledit Compte. (Source : Rapport annuel de la BCEAO 2005, page 65)

la BCEAC et la BCEAO à tout le moins publiaient ce qui est versé au titre des placements en compte d'opérations ainsi que le rendement des placements résiduels en effets publics ou titres assimilés auprès de la Banque des Règlements Internationaux (B.R.I) comme le veut les pratiques universelles de Banques centrales.

Les nombreux débats suscités par l'opinion selon laquelle la France profite des devises de la zone franc, ont été à la base d'une récente rencontre en France le 07 Avril 2016. Cette rencontre s'est axée sur les possibilités de décrochage du **Franc CFA** au franc français, voire à l'Euro. Interrogé sur ce sujet, **le Ministre des Finances de la France, Michel Sapin,** a révélé que la France sert d'accompagnateurs des pays de la zone franc. Dans cette logique la France vise à garantir la stabilité du **Franc CFA** , très utile pour les pays de la zone Franc. Pour celui-ci, c'est la décision des pays africains qui s'imposent, et non celle de la France. Car, dans sa perception, la France est disponible pour des propositions d'évolution dans tel ou telles directions de la part d'un dirigeant africain[37]. La France démontre ainsi qu'elle est ouverte à des propositions d'évolution du Franc CFA. Toutefois, est-ce le franc CFA qui est à l'origine des déboires des économies africaines de la zone franc ? Est-ce les détournements massifs au sein des pays africains ? Est-ce la mauvaise gestion des sociétés étatiques ? Ou est-ce la mauvaise orientation des fonds publics ? À l'évidence, le débat est ouvert et mérite d'être alimenté.

De notre point de vue, le compte d'opérations est conçu pour être occasionnellement un compte d'avances. Il est a priori, un compte de placements bénéficiaire d'une garantie de non-dépréciation sur le deposit obligatoire. Les dispositions conventionnelles le font tourner dans les deux sens, *compte d'avances* ou *compte de placements*, à des conditions très élaborées et avant-gardistes qui n'ont guère été possibles qu'en raison d'une certaine proximité historique et politique entre les États signataires. C'est sans aucun doute la raison majeure pour laquelle de telles dispositions sont difficilement imaginables, autrement qu'avec la France, même avec la Chine avec laquelle les pays africains concernés intensifient toutes sortes de relations et élargissent leur balance des paiements. Son principe est malheureusement bien souvent rejeté au détour d'analyses inachevées prônant une indépendance monétaire se passant de toute coopération

[37]Journal le monde du 10-04-2016, peut être consulté sur le lien http://www.lemonde.fr/afrique/article/2016/04/10/.

monétaire formalisée, le libre arbitre étant laissé au marché des changes. Pourtant, le compte d'opérations auprès du **Trésor français** fait gagner de l'argent non spéculatif sans jamais faire perdre un sou ; soit des rémunérations bien plus consistantes que si les placements avaient été librement effectués ailleurs, la contrainte étant toutefois qu'une Banque Centrale investit, si nécessaire, en effets publics.

1.2.2. Le compte d'opérations, outil prudentiel et financier.

Les avances en compte d'opérations sont conditionnelles dans la mesure où le groupe de pays signataires de la convention relative audit compte doit s'assurer que les billets et monnaies mis en circulation par leur banque centrale sont couverts par au moins 20% de réserves en devises. Si tel n'était pas le cas, la situation ne devrait pas durer plus de trois mois sans provoquer la mise en œuvre de mesures structurantes et de manière solidaire dans le groupe de pays concernés. Tous ont prévu à cette fin des mesures et dispositifs de sauvegarde dans les Statuts de leur Banque Centrale.

En l'absence de tels repères (un ratio et une période d'observation) qui sont finalement des clignotants ou indicateurs dans le même rôle, il est difficile de situer une frontière entre politique monétaire vertueuse et émission monétaire inconsidérée ; sauf à attendre de se faire brutalement sanctionner par le marché ou la réalité inflationniste comme dans nombre de pays africains au sud du Sahara dont les monnaies sont inconvertibles.

Le ratio de couverture des billets et monnaies **CFA** par des devises, qui n'est finalement qu'une disposition prudentielle de banque centrale, incontournable en politique monétaire vertueuse, se retrouve au cœur de la convention de compte d'opérations entre le Trésor français et des pays africains francophones. La simple inscription d'une telle disposition prudentielle dans les statuts de leurs banques centrales respectives aurait sans doute mieux mis en évidence son caractère technique et gommé tous contours politiques finalement aussi nuisibles qu'inutiles. Peu importe finalement que ce ratio soit de x ou y pour cent lorsque son fondement prudentiel est mis en avant.

Il n'en demeure pas moins que toute convention de compte de placements ou d'avance reste régie par des règles qui en font un cadre en principe gagnant-gagnant pour les signataires. Contrairement à l'opinion couramment répandue, les Africains sont loin d'être perdants au change dans le cas du compte d'opérations auprès du Trésor français, sauf à rendre irrationnelle l'analyse par des considérations politiques.

Dans le cas d'espèces, le Trésor français et aucune autre institution du monde financier, à commencer par le FMI et la Banque Mondiale, ne peuvent ouvrir sans condition une ligne de découverte illimitée aux États. Le compte d'opérations a donc prévu de conditionner tout découvert à la surveillance permanente du comportement sur trois mois du stock de devises rapporté aux billets et monnaies émis par groupe de pays parties à la convention. En cas d'évolutions préoccupantes, des mesures structurantes doivent être décidées d'accord parties et imposées au(x) groupe(s) de pays solidairement à l'origine du découvert ou de la dégradation sur plus d'un trimestre du ratio des devises officielles sur les billets et monnaies émis. Au FMI où un panier de monnaies est utilisé comme référence, à savoir le DTS, l'alter ego du compte d'opérations est non seulement plafonné, mais subordonné à la conclusion d'un programme d'ajustement structurel dont les contraintes et limites sont bien connues de nos jours.

Hormis les apparences et toutes considérations politiques, les dispositions opérationnelles et pratiques subséquentes montrent que le compte d'opérations, pour peu qu'il soit créditeur, est un compte rémunéré. Par ailleurs, des compensations sont versées au titre de la clause de non-dépréciation des réserves lorsque le franc français d'alors et aujourd'hui l'Euro perdent de la valeur sur les marchés des changes. L'addition des intérêts rémunérant les soldes créditeurs et des compensations pour cause de pertes de change de la devise de référence, aujourd'hui l'Euro, donne des situations financièrement intéressantes moins connues de l'opinion que la superstructure tant décriée du compte d'opérations. Il s'agit, toutefois, de situations ex-post qui ne conditionnent nullement la politique de la balance des paiements demeurant la seule à déterminer les orientations de politique monétaire dans les États signataires de la convention de compte d'opérations.

1.2.3. De l'opportunité du compte d'opérations.

Plus comptable que monétaire et aussi **plus** prudentiel que financier, compte à vue aux caractéristiques de compte de placement, etc. le compte d'opérations auprès du Trésor français est, en définitive, un mécanisme particulier aux dimensions techniques multiples. À cet égard, il revêt une dimension comptable simple, une dimension financière complexe et une dimension prudentielle avant-gardiste. Il suscite des critiques audibles, récurrentes et globalement négatives en Afrique où l'interprétation de son principe de fonctionnement montre que son dispositif opérationnel est largement méconnu. Ces critiques se focalisent sur le volet prudentiel auquel est traditionnellement conférée une dimension politique majeure.

Aussi surprenant que cela puisse paraître aujourd'hui, la France pourrait être la première à renoncer au compte d'opérations, étant entendu qu'une telle renonciation ne scelle nullement la fin de la Zone Franc. Les pays africains concernés gagneraient à souhaiter son maintien.

En effet, le compte d'opérations, parce que tenu par la France, cristallise tellement les passions qu'il dessert le vivre ensemble monétaire de la Zone Franc, zone ouverte depuis l'abandon du contrôle des changes par la France il y a un demi-siècle (1967) et davantage depuis l'arrimage du **Franc CFA** à l'euro. S'en passer, reviendrait pour la partie française à lever l'obligation résiduelle qu'ont les États signataires de la convention à placer 50 à 65% de leurs devises, selon les conventions, dans ledit compte et à s'affranchir de toute obligation de rémunération de ce qui viendrait à être librement placé dans les livres de la Banque de France. Il sera en effet conséquemment loisible pour les pays membres de la Zone Franc d'aller vers le dollar, la livre sterling..., autrement dit d'aller vers la Banque Centrale Américaine, la Banque d'Angleterre, la Banque Centrale suisse... pendant qu'ils commercent essentiellement avec la zone euro. L'effet de défiance de l'euro qui devrait en résulter a toutes les chances d'être négligeable et ne saurait constituer une préoccupation en Europe, où c'est bien connu que l'ensemble des pays africains de la Zone Franc représentait 3,6% du produit intérieur brut (PIB) de la France en 2010 et epsilon par rapport à toute la zone euro. Le critère de décision devrait être plutôt d'ordre politique du côté de la France, sachant que le compte d'opérations ne détermine pas le courant des échanges.

Sauf à vouloir contenter une opinion intérieure échaudée par la dévaluation des **Francs CFA** de 1994 et cautionner l'absence de résultats sur le plan économique que certaines analyses inachevées attribuent à l'appartenance à la Zone Franc, les États concernés n'ont aucun intérêt rationnel à abandonner le compte d'opérations auprès du

Trésor français, structuré à des conditions financières négociées et intéressantes, bénéficiaire d'une garantie de non-dépréciation, administrée par un tiers (en substance le Trésor français) sur le volet solidaire entre pays africains ; car il s'agit d'un compte-joint par groupe d'États le cas échéant (zones BCEAO et BEAC), etc.

Techniquement, rien ne dessert les Africains dans ce type de compte. L'abandonner doit être justifié par une solution alternative crédible, au double risque de perdre une rémunération financière non négligeable d'une part et d'autre part, d'entraîner surtout un recul dramatique de la solidarité entre États africains. Sur ce dernier point, la mise en commun des devises pour une utilisation indifférenciée et les mesures d'ajustement envisagées de manière collégiale pour en atténuer les rigueurs sur le plan social dans les pays membres les plus en difficulté, les mécanismes de concertation périodique constituent des avancées majeures dans l'espace africain en matière de solidarité monétaire.

Au stade actuel de la construction monétaire communautaire africaine, un démantèlement du compte d'opérations fragilisera directement le volet de la mise en commun et de l'utilisation indifférenciée des réserves de changes et partant, l'aspect le plus délicat du vivre ensemble monétaire. À ce propos, le sentiment ambiant, voulant que ce soit toujours les mêmes qui approvisionnent en devises et toujours les mêmes qui utilisent, est un vecteur nuisible et un facteur de division. Il cache un égoïsme au goût du jour dans les pays africains émettant seul leur monnaie au nom de la souveraineté nationale. C'est aussi le subtil mal être de la zone euro que la Zone Franc **CFA** a surmonté à ce jour.

1.2.4. Monnaie communautaire vs monnaie identitaire.

Comparé au processus d'une monnaie communautaire, battre seul sa monnaie en tant que pays souverain est finalement d'une simplicité enfantine et incontestablement plus commode politiquement, surtout pour des pays dépositaires et jaloux de réserves de changes colossales comme le Nigéria. À cet égard, il conviendrait de relever qu'à l'issue des décolonisations anglaise, espagnole, portugaise et même des territoires sous mandat onusien, etc. Seule la France, a proposé à ses colonies une plateforme de coopération monétaire, désintéressée ou non, techniquement élaborée pour l'époque et avant-gardiste encore de nos jours.

Les Britanniques étaient promoteurs et gestionnaires de la zone Sterling (1931-1979) dans le cadre de l'espace politique du Commonwealth, conceptuellement proche de la Zone Franc (taux de change fixe, mise en commun des réserves de changes pour soutenir la livre, avances aux membres examinées au cas par cas, contrôle des changes…), mais sans sous-ensembles monétaires et moins bien structurés. Ils sont partis sans strictement rien proposer à leurs colonies tout comme **les Espagnols et les Portugais**; dans ces conditions, c'était soit la monnaie du colon ou le dollar américain, comme au Libéria, soit la monnaie nationale, inconvertible. En général, abandonnés à eux-mêmes sur le plan monétaire, la majorité de ces pays ont érigé leur monnaie en porte-drapeau, lui conférant une mission de financement du développement faisant table rase des règles prudentielles les plus élémentaires. Comme conséquence, une détresse financière et sociale s'est durablement installée, palpable à travers une perte quasi journalière du pouvoir d'achat et une « dollarisation » rampante et sauvage de l'économie nationale. Les choix souverains ont été parfois vite faits en surfant sur l'accessoire de la fierté identitaire au détriment du bien-être collectif ; les conséquences ont été généralement désastreuses.

La Gambie, pays anglophone, modeste en raison de ses moins de deux millions d'habitants, son sous-sol peu généreux et ses onze mille kilomètres carrés de superficie répartie autour des deux rives d'un fleuve éponyme, a aussi sa monnaie. Elle est brandie à l'occasion comme un élément de souveraineté nationale. Dans les faits, le dalasi, l'unité monétaire gambienne, n'existe que parce que ce pays n'a guère les moyens d'un autre choix plus profitable pour les populations, obligées de s'imposer une quête quotidienne de **Francs CFA** à valeur de devise dans une économie locale infestée par la contrebande. Quand, englué dans des difficultés politiques, le tout premier Président de la République gambienne négocia, via une confédération finalement avortée, la protection du Sénégal voisin contre une entrée en zone **CFA**, le ticket d'entrée fut tel que la Banque centrale gambienne n'équivalait même pas à une modeste agence auxiliaire de la BCEAO. La Gambie fit profil bas du patrimoine de sa Banque Centrale, net des dettes à vue que constituent les billets et monnaies de son émission. Un coup d'État militaire mit fin aux négociations qui annonçaient l'arrivée du premier État anglophone en Zone Franc. La Gambie continue depuis lors de battre son dalasi au nom de la souveraineté nationale, le laissant flotter au rythme de la contrebande sur devises alors qu'à l'évidence, elle gagnerait à rejoindre la Zone Franc **CFA**.

Le cas du Zimbabwe, Rhodésie du Sud à l'époque coloniale et exclue en 1965 de la zone Sterling pour proclamation unilatérale d'indépendance et politique ségrégationniste, est encore plus édifiant de ce que devient une monnaie mal gérée ou adossée aux seules réserves de changes du pays émetteur[38]. Ce pays subit de manière dramatique les conséquences d'une émission inconsidérée de billets et monnaies sous **prétexte de** souveraineté monétaire. En effet, il y a bien longtemps que le dollar zimbabwéen, successeur du dollar rhodésien, revient plus cher à la fabrication chez l'imprimeur que son cours libératoire, contraint de s'éclipser face à une dollarisation US sauvage et quasi-totale de l'économie nationale. En 2009, la monnaie zimbabwéenne est estampillée la plus faible au monde, avec des billets en milliards de valeurs faciales, conséquence d'une politique économique et monétaire désastreuse. La monnaie nationale a complètement disparu en 2015 au profit de monnaies étrangères (Dollar US, Rand sud-africain…). Une telle situation dont les populations les plus défavorisées sont les premières à payer le prix n'est guère possible en Zone Franc et singulièrement en zone **CFA** où ces genres de dérives sont globalement sous contrôle grâce à la solidarité monétaire.

L'exemple du Ghana est également édifiant s'agissant de la primauté de la gestion monétaire vertueuse et de préférence au sein d'un espace monétaire solidaire sur tous autres choix dogmatiques, à moins d'être le roi dollar US ou d'être sourd aux souffrances des populations.Le Ghana d'aujourd'hui doit, en effet, sa relative stabilité monétaire et ses avancées économiques aux rigueurs des programmes d'ajustement structurel du Fonds Monétaire International (FMI) et de la Banque Mondiale et surtout, au sérieux de ses dirigeants. En effet, les dirigeants ghanéens ont su imposer ordre, discipline et rigueur dans la gestion des finances publiques ; ce qui a été à l'origine du nouvel essor du Ghana, après une très longue et dramatique traversée du désert. Avant les réformes du FMI et de la Banque Mondiale, le cédi ghanéen n'était unité monétaire que de nom, en raison d'un cours libératoire contraint par la nette préférence des agents économiques

[38] Le Zimbabwe, ancienne Rhodésie du Sud à l'histoire particulièrement tourmentée, obtient finalement une indépendance internationalement reconnue le 18 Avril 1980.

pour le Franc **CFA**, le dollar et la livre sterling notamment. La politique monétaire ghanéenne n'était que démonétisations successives et sauvages, conséquences du rythme effrayant de la dégringolade journalière des cours de la monnaie nationale et de l'ampleur de l'inflation conséquente ; elles étaient telles qu'il était impossible pour les autorités d'assurer un semblant de vertu au cedi local comme moyen de paiement. Le FMI et la Banque mondiale ont contribué, avec l'aval des dirigeants des deux dernières décennies, à instaurer une gestion monétaire et des finances publiques vertueuses en imposant des usages bien connus et séculaires en zone monétaire CFA. Il n'en demeure pas moins que le cédi, unité monétaire nationale par excellence au taux de change flottant, demeure assujetti aux caprices du seul dollar américain là où c'est l'euro l'alter ego en Zone Franc.

Au final, **malgré cette** apparente souveraineté monétaire, l'économie ghanéenne est fortement tributaire du dollar américain, et ce, de manière capricieuse sans que les Américains ne s'en préoccupent. Du côté de la Zone Franc, la situation, moins prestigieuse en termes d'affichage de souveraineté monétaire, est de loin bien plus stable grâce notamment à des mécanismes de concertation. Ces mécanismes sont inexistants dans le modèle ghanéen si ce n'est la présence pesante dans le rôle de créanciers chirographaires du FMI et de la Banque Mondiale. Le **Cedi** ghanéen réformé dans un système monétaire local apaisé n'en demeure pas moins à la merci de phénomènes exogènes véhiculés principalement par le dollar américain.

La Zone Franc et son compte d'opérations ont indéniablement mis à l'abri les pays africains signataires de dérives relevées immanquablement dans la gestion monétaire des pays africains anglophones (hormis l'Afrique du Sud), lusophones et espagnols. Ces dérives ont pour conséquences des ajustements aveugles et automatiques imposés par les lois du marché, un prix fort étant toujours payé par les plus démunis dont les pouvoirs d'achat déjà dérisoires s'érodent au gré d'une monnaie nationale en permanente dévaluation. La « dollarisation US » devient inéluctable, même dans les pays africains pétroliers ou à fort potentiel minier, émetteurs de monnaie nationale.

1.2.5. Le franc, une dénomination en mal d'africanisation

Depuis 1865, le Franc est une monnaie de référence commune à une partie de l'Europe[39]. Toutefois, par sa simple appellation, le Franc CFA est présenté comme un déni de monnaie d'une part et d'autre part, comme empêchant toute politique monétaire autre que celle de la France. Aux yeux d'une frange non négligeable de la population africaine, francophone ou non, le franc est un symbole exclusif de la France.

Contrairement à la Suisse et nombre de pays notamment européens ayant adopté le franc comme unité monétaire avant l'avènement de l'euro, l'accessoire a parfois pris le dessus sur le principal en Zone francophone africaine pour servir une opinion intérieure, semble-t-il, frustrée par l'absence criarde de résultats sur le plan économique par rapport aux promesses des débuts de la **Zone CFA**. Dans un tel contexte, la Livre ghanéenne de l'époque, le Dollar zimbabwéen, voire le Franc guinéen, etc., n'ont guère suscité autant de crispation ni de mépris pour fait de dénomination. La livre ghanéenne était davantage demandée que le franc CFA sur le marché noir de la fin des années 1950 au début 1960. Ces unités monétaires ont servi efficacement ces pays avant la nationalisation de leur dénomination ; elles ont connu par la suite un effondrement pour cause essentiellement de mauvaise gestion. La Banque Africaine de Développement (BAD) aurait subi le même courroux en l'absence de résultats, elle qui aujourd'hui n'est africaine que par sa mission, eu égard à son externalisation rampante, conséquence d'une présence plus que visible et sans doute salutaire de non continentaux (49% du capital social) dans ses sphères financières et directoriales.

Le vivre ensemble monétaire symbolisé par la Zone Franc est en réalité fragilisé sur ses fondamentaux, à savoir la parité du **Franc CFA** et la convention de compte d'opérations, dû à l'absence notoire de résultats économiques probants comme le penseraient, à tort, certains intellectuels africains. Cette faiblesse des résultats ne saurait être entièrement imputée à l'appartenance à la **Zone CFA** ; elle pourrait être liée, entre autres, à la mauvaise gouvernance de régimes parfois non démocratiquement élus pratiquant une mauvaise gestion des affaires. Les banques centrales de la zone ne sont pas ménagées

[39]Source : Bnf-Le site pédagogique "Histoire du Franc".

non plus, assimilées dans un tel contexte à des institutions néocoloniales incapables d'être à la hauteur de leur objet social.

La fixité du taux de change dans la **Zone CFA** ne concerne en réalité que les transactions avec les pays de la **Zone Euro** ; les cours fluctuent avec le reste du monde au rythme de l'euro comme monnaie de référence sur le marché des changes. En filigrane, les opposants à la Zone Franc estiment qu'un abandon du taux de change fixe au profit du taux de change flottant dans les échanges avec l'Europe serait plus bénéfique que la situation actuelle. Cette option dogmatique gomme les avancées à l'actif des pays de la Zone Franc en matière de coordination des politiques monétaires. Elle éloigne des minces progrès accomplis aux plans africain et mondial dans la recherche d'une stabilité des taux de change et la construction de zones monétaires propices à des échanges apaisés entre les nations. C'est la porte ouverte aux spéculateurs et trafiquants de tous ordres davantage qu'aux investisseurs. Comme dans les pays pauvres à monnaie inconvertible, le coût des incontournables programmes d'ajustement conjoncturels ou structurels sera aveuglément et permanemment réparti sur les plus démunis via l'inflation et l'abandon des programmes sociaux par les pouvoirs publics.

1.2.6. Des avancées structurantes

La Zone Franc a indéniablement contribué à aider les pays africains concernés à faire des progrès majeurs dans le domaine du vivre ensemble monétaire : possibilité pour tout État membre de tirer sur le compte-joint de devises indépendamment de sa situation créditrice ou débitrice, une forme de solidarité qui exclut un Grexit c'est-à-dire un défaut de paiements extérieurs par pays, un tel défaut de paiement étant contractuellement collectif, parité fixe au sein des espaces monétaires intra-zone et avec **la Zone euro**, etc. À ces volets toujours fragiles de la gestion monétaire dans les espaces monétaires en Afrique de l'Ouest comme centrale, viennent s'ajouter les indéniables progrès enregistrés dans la modernisation de l'offre de monnaie. Incontestablement, l'offre de monnaie est mieux structurée et sous contrôle en **Zone CFA** que ne l'imagine l'opinion publique. Elle a tiré avantage de l'expérience du bicentenaire Banque de France, s'agissant des règles génératrices de l'émission, des réformes institutionnelles des années 1972-73 dans la **Zone CFA** , puis celles de 1990 intégrant des procédures d'appel d'offre ou open-market et surtout de financement non monétaire des trésors publics.

L'offre Banque centrale, anciennement orientée vers les crédits de campagne en Zone UMOA, n'est plus contrainte depuis les années 1990 par aucune disposition d'ordre réglementaire comme ce fut le cas durant la politique sectorielle du crédit. Cette dernière imposait des quotas de financement de crédits à l'économie aux banques primaires et conditionnait les refinancements de la Banque centrale à leur respect. De même, l'offre Banque centrale consistait en des découverts directs au trésor public dans la limite toutefois de 20% des dernières recettes fiscales constatées en Afrique de l'Ouest ou 20% des recettes budgétaires en Afrique centrale. Elle n'a qu'un rapport indirect avec les réserves en devises en compte d'opérations ou ailleurs.

À ce propos, des voix s'élèvent régulièrement encore pour reprocher aux Banques Centrales africaines de la zone de pratiquer une politique d'accumulation de réserves de devises au détriment de l'offre de monnaie. Elles estiment qu'il ne sert à rien d'accumuler des devises dans le contexte de la Zone Franc. Ces voix préconisent de vider le compte d'opérations ou à tout le moins, d'éviter de détenir des devises oisives, car cela constitue un frein au développement des pays de la zone.

Dans la pratique, un programme monétaire annuel est élaboré sur la base d'une décision en amont consistant à faire le choix, au titre des douze prochains mois et de manière contrôlée, de dégrader ou de consolider la balance des paiements. Les orientations données en amont par les pouvoirs publics pour l'élaboration du programme monétaire et surtout sa gestion peuvent conduire à une politique monétaire vertueuse ou vicieuse. Ces orientations sont arrêtées au demeurant par le Conseil des ministres des Finances des États membres de chaque Zone Franc **CFA** réunis à l'occasion en collège.

L'offre des banques primaires ne souffre également d'aucune contrainte réglementaire depuis les années 1990, décennie de libéralisation des conditions de fixation de taux d'intérêt à la clientèle et d'abandon de la politique sélective du crédit. Les seuls repères majeurs d'ordre réglementaire concernent l'épargne sur livret et les dispositions d'ordre prudentiel internationalement reconnues comme le ratio de solvabilité ou ratio COOKE/Mc DONOUGH. Ce dernier recommande que les fonds propres de tout établissement de crédit représentent au moins 8% de l'ensemble de ses risques, toutes natures confondues, sur sa clientèle, notamment les crédits distribués.

La position historiquement dominante des banques primaires françaises a été progressivement et sensiblement érodée par l'arrivée d'autres banques de nationalités différentes, principalement d'origine nigériane, libyenne, marocaine, américaines, sans compter les expériences avortées, ghanéenne, brésilienne, indo-pakistanaise, etc. Même si la Société Générale de Banque et la BNP Paribas, deux grands groupes bancaires français, demeurent aux premiers rangs par le cumul du bilan, force est de reconnaître que la qualité de leur gouvernance contribue fortement à les hisser à cette position.

L'offre de monnaie est en définitive totalement **aux mains des Africains** ces dernières décennies parce que prise en charge avec méthode par des Banques centrales africaines opérant en zones monétaires ouvertes sur le monde depuis 1967, année d'abolition du contrôle des changes en France, le pays émetteur de la monnaie de référence. Elle se particularise également par la richesse et la diversité des instruments de politique monétaire et leur faculté à la promouvoir ou à la contraindre si nécessaire dans le respect de repères qui fondent toute politique monétaire vertueuse.

1.2.7. La demande de monnaie, ventre mou du vivre ensemble monétaire.

Si l'offre de monnaie est suffisamment structurée et bénéficiaire aussi bien de fruits de recherches opérationnelles que d'expériences étrangères avérées, la demande de monnaie demeure par contre problématique en Zone Franc **CFA** . Elle rencontre difficilement une offre devenue excédentaire depuis deux décennies comme si les banques primaires, majoritairement de nationalités étrangères à la Zone Franc, ne jouaient pas leur rôle.

Cette situation de la demande de monnaie en **Zone CFA,** bien souvent la conséquence d'un manque d'initiatives crédibles des agents économiques, semble bien un point de préoccupation majeur. En effet, elle est tournée bon an mal an vers l'importation de biens et services de consommation, même des plus élémentaires. Ces habitudes de consommation, visiblement mieux gérées, voire combattues dans les pays africains à monnaie inconvertible, constituent des points de vulnérabilité endogènes. Le confort de la Zone Franc, sur bien des volets, semble inciter à la paresse, voire au désœuvrement, et à la banalisation du facteur travail ; ce qui est préjudiciable, au final, à la production locale de biens et services. Dans le même temps, il est loisible de constater une forte existence d'emplois précaires en zone de monnaies inconvertibles, stimulée par la quasi-abrogation des importations, du moins des produits non essentiels.

En Zone CFA, les pouvoirs publics assistent à une forte importation faute de programmes crédibles de promotion de la production locale. La demande de monnaie a, de toute évidence, besoin de réflexions stratégiques et d'être accompagnés. Elle a besoin de mesures structurantes qui rompent avec la tradition consistant à promouvoir la Zone Franc **CFA** comme zone d'importations ; ce qui entérine et consolide les avantages comparatifs très déséquilibrés entre membres. Contrairement à l'offre, la demande de monnaie n'a guère connu d'avancées structurantes.

Au terme de cette section, l'analyse effectuée révèle que la Zone Franc, reste néanmoins emblématique pour les pays non membres et surtout leur opinion publique. De profondes mutations ont marqué sa longue histoire, la faisant passer de zone fermée à zone ouverte, de zone fortement centralisée à zone harmonisée de sous-ensembles homogènes, de zone émettrice d'un seul **Franc CFA** inconvertible à zone émettrice de plusieurs **Francs CFA** convertible*s*, lié (s) entre eux et au Franc français, puis à l'euro par un taux de change fixe, etc.

Sa dénomination originelle (franc des Colonies Françaises d'Afrique), est restée figée dans l'imagerie populaire africaine si bien qu'elle est perçue par celle-ci comme un instrument de domination de la puissance colonisatrice. Différentes Zones Franc se sont pourtant succédé au fil des décennies, à la faveur de la décolonisation et de changements structurels volontaristes, donnant naissance à une véritable Zone Franc CFA. Elle peine toujours à convaincre les chauvins des pays de la zone, qu'elle reste une zone de promotion d'espaces monétaires organisés en Afrique autour de l'idéal d'un vivre ensemble monétaire et économique apaisé.

Sa démarche l'érige en un espace de partage dont le confort est aux antipodes des aventures monétaires solitaires qui font souvent payer un prix fort en termes d'inflation aux populations les plus démunies. Elle protège certainement un peu trop sans être nécessairement regardante sur le progrès économique et social dans les pays membres; et c'est sans doute là où des correctifs méritent d'être diligemment apportés.

2. De la nécessité de la dévaluation du franc CFA

Traumatisme majeur de la période qui suit les Indépendances en Afrique Francophone, la dévaluation du **Franc CFA** du 11 janvier 1994 n'apparaissait pas seulement comme un simple réajustement monétaire. En effet, les raisons évoquées pour la dévaluation étaient apolitiques et purement économiques. Les raisons étaient également structurelles et financières. Ce changement paritaire confirmait l'échec de l'ajustement désinflationniste[40] prôné par certains économistes des Institutions de Bretton Woods, censé permettre le redressement économique des pays de la Zone Franc. Dans cette logique, cette section présente le contexte économique qui prévalait à l'aune de la dévaluation et l'historique complète de la Zone Franc qui a induit le changement paritaire. Dans cette optique, trois sous - section sont exposées.

2.1. Fondements théoriques de la dévaluation.

2.1.1. Les différentes approches.

Trois articulations macro-économiques sont couramment évoquées par la théorie économique, pour mettre en évidence l'effet rétablissement du solde courant. L'approche de l'optique des échanges commerciaux où le solde commercial est défini comme la différence entre les exportations et les importations. L'effet prix de la dévaluation diminue les importations en élevant le coût des biens et services en monnaie nationale et stimule les exportations, en réduisant leur prix en devises étrangères favorisant ainsi le rééquilibrage de la balance commerciale.

Une deuxième approche, celle de l'optique de l'absorption issue des travaux de S. **Alexander** (1952). Le solde de la balance commerciale est appréhendé comme la différence entre le revenu national (Y) et l'ensemble constitué par la consommation, l'investissement et les dépenses publiques.

L'optique monétaire **de Jonhson (1976), Frankel** (1976), définit la balance des paiements comme le lieu d'équilibre du marché monétaire. Ainsi, le solde de la balance des paiements(B) est représenté par la différence entre la variation de la demande de monnaie désirée et la variation de l'offre de monnaie. Un déficit extérieur étant équivalent à un excès d'offre de monnaie que la

[40] *Prôné par certains économistes des Institutions de Bretton Woods (IBW).* ***Note inutile, c'est déjà dans le texte.***

dévaluation pourrait résorber en élevant le niveau général des prix. La dévaluation crée alors « des effets d'encaisses réelles » qui réduisent la demande et permettent le rétablissement de l'équilibre extérieur.

2.1.2 Critiques des fondements théoriques de la dévaluation.

Nombreux sont les controverses et débats, sur les fondements précités. En effet, pour l'optique des échanges commerciaux, il est difficile que la dévaluation aboutisse à une baisse des importations, à l'instar de la Côte d'Ivoire. L'explication réside dans l'existence d'un niveau incompressible d'importations insensible aux prix relatifs induits par la baisse du change et qui maintient toujours un niveau élevé des dépenses. Ces importations sont à l'origine des produits de première nécessité et des équipements sans substituts locaux.

Notre vision de l'optique monétaire est peu satisfaisante. Plusieurs raisons sont avancées. En l'occurrence, les expansions et les contractions de la masse monétaire ne sont compensées ni par des excédents ni par des déficits extérieurs. Alors que l'accroissement de l'offre de monnaie est capable de modifier au bout d'un certain temps l'équilibre économique (NEME, 1996). À l'analyse, ces positions controversées conduisent à s'interroger sur la capacité d'une dévaluation à résorber le déficit de la balance commerciale. Dans cette logique, quelles sont les conditions de succès d'une dévaluation ?

2.1.3. Conditions de succès d'une dévaluation

Le théorème des élasticités critiques de **Marshall/Lerner/Robinson** expose les conditions nécessaires pour le succès d'une dévaluation. Ce sont les mesures dites d'accompagnement ou plan de redressement de **Marshall/Lerner/Robinson.** Par ailleurs, la stabilité de change constitue l'élément central de la politique économique externe. De ce fait, l'implémentation de la dévaluation devrait absolument être couverte de mesures d'accompagnements ou de plan de redressement ou encore de plans d'austérité dans l'optique de contrôler la pression de la demande intérieure. Cette vision est une autre perception de la théorie **d'Alexander** dont l'essence est de freiner la hausse des prix, obstacle à la restauration de la compétitivité extérieure, et de favoriser les exportations en dégageant un surplus de production intérieure.

2.1.4. Principe de la courbe en J et théorie de la dévaluation

Les tests empiriques sur la dévaluation indiquent que, suite à la dévaluation, la hausse des prix des importations est immédiate et provoque une dégradation du solde de la balance commerciale. Plus les exportations augmentent, à cause du gain de compétitivité, et plus le niveau des importations chutent à cause du renchérissement du coût des produits importés. Le déficit de la balance commerciale se réduit. En conséquence, la balance commerciale finit par se rééquilibrer avant de dégager un excédent. Cette évolution du solde commercial évoquant le profil d'un J majuscule est **reconnu** sous l'appellation de « courbe en J » dans la littérature économique. L'explication des effets escomptés de la dévaluation sur la balance commerciale est parfaitement expliquée par la courbe J.

L'expérience des pays en voie de développement atteste la véracité du phénomène de la courbe en J. En effet, le phénomène de la courbe en J a été testé sur **une dizaine** de pays d'Afrique subsaharienne de la **Zone Franc.** À l'analyse de ce test[41], la phase de la dégradation du solde commercial a perduré malgré les tensions inflationnistes, l'accumulation des déficits des paiements extérieurs et malgré l'alourdissement de l'endettement extérieur des pays de la zone franc.

Certaines simulations sur la dévaluation[42] présentent les effets escomptés de celle-ci tout en plaidant pour une indexation partielle des salaires nominaux et d'autres mesures d'accompagnement très restrictives à l'instar d'une gestion parcimonieuse des finances publiques en vue d'une amélioration du solde commercial ivoirien par la dévaluation de 1994. Parallèlement, une nouvelle dépréciation des taux de change peut intervenir d'une manière générale avant que le rééquilibrage de la balance commerciale. Ce phénomène est qualifié d'effets pervers, ou effet de **Metzler,** ou encore de cercle vicieux de la dévaluation ou encore de courbe W.

2.1.5. La courbe W ou le cercle vicieux de la dévaluation

Suite à une nouvelle dépréciation de la monnaie, issue d'un détournement de la demande mondiale des biens nationaux exportés, il se produit à nouveau une augmentation des prix des importations qui alimente des revendications syndicales favorables à une hausse des

---

[41]ASSIDON et JACQUEMOT, 1988

[42] BOURGUIGNON (1994), PLANE et COLLANGE (1994) et DE MELO, SUWA (1994).

salaires. L'inflation salariale déclenche des anticipations d'une nouvelle dépréciation du change. C'est le phénomène de cercle vicieux ou d'effets pervers de la dévaluation qui constate l'avènement d'une nouvelle courbe, mais qui a cette fois la forme d'un « W », traduisant l'inaptitude de la dévaluation à rééquilibrer la balance commerciale.

La dévaluation **du Franc français**, franc de la France, partenaire de choix de la Côte d'Ivoire, a abouti à des effets pervers ; car elle a entretenu une spirale inflationniste au lieu de restaurer la compétitivité des économies des pays respectifs. Des effets identiques ont été perçus au Maroc où les dévaluations du Dirham ont induit une récession de l'activité et ont déprimé considérablement les soldes commerciaux démontrant l'incapacité de la politique du change à restaurer la compétitivité. L'effet prix et l'effet volume sont des canaux indispensables par lesquels la dévaluation agit sur la balance commerciale.

2.2. L'économie de la Zone Franc à l'aune de la dévaluation

La décennie 1980 au sein de la Zone Franc a été marquée par des difficultés économiques et institutionnelles d'une rare intensité. L'atmosphère économique des Pays de la Zone Franc présentait une structure d'offre limitée et peu diversifiée. Pour autant, les exportations avaient pour base les produits primaires (pétrole, produits agricoles). Pourtant, dès 1990, ces produits ont subi un choc violent qui s'est traduit par une baisse continue de leur prix sur les marchés internationaux. Deux raisons majeures ont expliqué cette baisse. D'une part, une demande limitée assortie d'une constitution importante de stocks de produits primaires par les pays industrialisés et d'autre part, l'augmentation substantielle de l'offre de la plupart des produits primaires sous l'effet des programmes d'ajustement structurel (PAS) instaurés par les institutions financières mondiales.

De surcroît, les économies nationales de la Zone Franc voyaient leurs principaux indicateurs macro-économiques en régression continuelle. À titre illustratif, le déficit des finances publiques ne cessait de s'accroitre du fait du poids croissant des dettes extérieures et intérieures. Le financement de ces dettes était fortement tributaire des recettes engendrées par le commerce extérieur, en l'occurrence les recettes d'exportations. Par ailleurs, l'investissement stagnait, et régressait. Les raisons de cette stagnation étaient relatives aux obstacles liés aux échanges d'une part et à la sécurité d'autre part des axes habituels de transit de marchandises. À l'évidence, les flux commerciaux de la région avaient été fortement perturbés, affectés et réduits.

D'un point de vue institutionnel, l'intégration régionale visée par la CEAO avait été un échec. Les détournements des avantages procurés par le statut particulier du franc CFA étaient une des causes majeures de ce revers. In fine, les entraves bureaucratiques et fiscales et la protection excessive des industries nationales ont précipité et entériné l'échec de l'intégration régionale.

2.3. Causes historiques et lointaines de la dévaluation

Suite à dix ans d'ajustements interne et budgétaire sans succès de 1980-1990, la Côte d'Ivoire présentait à la fois un endettement intérieur et extérieur excessif et un déséquilibre des dépenses publiques insoutenables[43]. En effet, les PAS initiés par le Fonds Monétaire International et la Banque Mondiale imposaient la mise en œuvre de réformes drastiques et de sévères restrictions budgétaires en vue du redressement économique, mais malheureusement celles-ci se sont soldées par un échec.

Pour de nombreux experts[44], l'ajustement réel et la politique de désinflation compétitive des pays de la Zone Franc avaient atteint leurs limites. À cet égard, seul un ajustement monétaire aurait permis de résorber durablement les déficits et de favoriser une relance de l'économie. En conséquence, les Institutions de Bretton Woods avaient pris l'engagement en 1994, avec l'appui de la France, de procéder à une dévaluation du franc CFA. La spécificité des causes endogènes à la Côte d'Ivoire justifiait notamment un tel changement paritaire. Ces causes sont tributaires de l'histoire lointaine du pays.

Suite à deux décennies de croissance économique spectaculaire, **fondée** sur le secteur agricole, qui a conduit au **« miracle ivoirien »** des années 1970, la Côte d'Ivoire commençait à connaître, vers la fin de cette décennie, des difficultés liées à sa forte dépendance au binôme café/cacao. Sur la période 1978-1979, avec la chute du prix mondial des deux principales cultures d'exportation, le choc pétrolier de 1979, la hausse des taux d'intérêt sur la dette publique extérieure et

[43]Rapport FMI, 2005.

[44]Nashashibi, Bazzoni, 1994.

les déficits consécutifs de paiement courant et du budget, le **Gouvernement,** va s'engager, en 1981, dans une série de programmes de stabilisation économique et d'ajustement structurel en accord avec les Institutions de Bretton Woods. Ces programmes visaient à réduire les déséquilibres macro-économiques et à accroître la compétitivité de l'économie, afin de favoriser une hausse de la croissance dès l'entame de la décennie 1980.

Un autre fait majeur dans les années 1970, était l'excédent structurel de liquidités internationales et la forte instabilité du prix mondial des produits de base. Ce contexte était en partie à l'origine de la surévaluation des **Francs CFA .** Cette surévaluation a mis en lumière un phénomène de « syndrome hollandais » initialement formalisé par **Corden et Neary** (1982). En effet, la situation s'était brutalement détériorée à la fin des années 70 lorsque les cours des produits de base avaient commencé à chuter. Au début, croyant que cette chute était provisoire, le **Gouvernement** avait refusé de réduire ses programmes d'investissement et avait emprunté encore davantage. Mais, au début des années 80, il s'était retrouvé dans l'obligation de faire appel aux institutions de Bretton Woods (la Banque Mondiale et le Fonds Monétaire International).

En Zone Franc, la Côte d'Ivoire avait offert une illustration instructive des modalités de déroulement d'un tel processus. Le café et le cacao réalisaient, à eux seuls, plus de 50% des recettes d'exportation ivoiriennes. Le boom quasiment concomitant sur ces deux produits (1973-1978), avait entraîné une sensible amélioration des termes de l'échange et par la suite, une entrée de capitaux qui bénéficiait en priorité au secteur public par les prélèvements parafiscaux de la CAISTAB.

Pour situer l'importance du mouvement des termes de l'échange dans cette période en 1977, point culminant de l'euphorie, le rapport prix était supérieur de 50% à son niveau de 1973 (Devarajan et De Melo 1987). Les revenus disponibles avaient donc augmenté. Ils étaient consacrés en partie à l'achat de biens échangeables comme les services et certains produits vivriers dans la mesure où la variation du prix des premiers était dictée par le marché mondial quand celle des seconds était déterminée localement.

L'expansion de la demande globale avait entraîné une appréciation du taux de change réel défini comme le rapport interne de prix entre les biens à usage strictement interne et les biens échangeables. En

1978, les prix mondiaux du café et du cacao avaient amorcé un reflux avec le déclenchement du second choc **pétrolier ; cela** a entraîné par la suite une dégradation importante des termes de l'échange avoisinant les 40% entre 1977 et 1980.

Sur l'ensemble de la période, l'anticipation des pouvoirs publics avait été totalement erronée. Nul n'ignorait qu'il s'agissait pourtant d'un choc temporaire inhérent à des épiphénomènes : gels des caféiers brésiliens, inondations en Colombie, tremblement de terre au Guatemala, guerre civile en Angola. Or non seulement les autorités n'avaient pas cherché à stériliser l'entrée de devises en resserrant le crédit intérieur, mais de surcroît, le gouvernement avait adopté un comportement pro-cyclique. Le doublement des recettes publiques entre 1976 et 1979, n'avait pas suffi à couvrir l'augmentation des dépenses courantes et les dépenses d'investissement. Le déficit budgétaire s'était gonflé essentiellement couvert par une politique d'emprunt extérieur. Conséquences de cette frénésie de dépenses, les tensions inflationnistes s'étaient exacerbées provoquant une appréciation du taux de change effectif réel, c'est-à-dire du coût du panier ivoirien de biens à la consommation relativement à celui des principaux produits d'importation.

Sous l'hypothèse raisonnable qu'en 1970, la parité du **Franc CFA** était satisfaisante, la surévaluation était de l'ordre de 25%, en 1980. Dans la phase de résorption du choc externe, le taux de change réel avait continué de s'apprécier. La rentabilité s'était donc dégradée dans l'ensemble des secteurs d'activités exposées à la concurrence internationale, celui-là même, dont l'ajustement structurel, allait privilégier la croissance dans les années 1980. Sur l'ensemble de la décennie 1980, l'année 1985 a été une rupture. Jusque-là, les efforts en faveur d'une restauration du taux de change d'équilibre de la parité de pouvoir d'achat s'étaient avérés efficaces pour deux types de raisons.

D'une part, la fixité de la parité du **Franc CFA** n'excluait pas une baisse, parfois prononcée du taux de change effectif nominal ; cette baisse s'établissait entre 8% et 20% selon les pays, sur la période 1980-1985. Ce mouvement était partiellement la conséquence de l'appréciation significative du dollar. Il était également le résultat de la dépréciation du franc français contre les devises fortes. Trois dévaluations avaient eu lieu au cours de cette sous-période. Elles sanctionnaient les déséquilibres macro-économiques engendrés par la politique de relance intérieure du début des années 1980. D'autre part, parallèlement à l'incidence exogène des taux de change effectifs nominaux, la BCEAO a amorcé des politiques monétaires restrictives. De ce fait, non seulement la dépréciation nominale des taux de change ne se répercutait qu'en partie sur le niveau général des prix, mais le resserrement du crédit intérieur permettait de devancer puis d'amplifier la désinflation mondiale qui s'installait en 1981 (Plane, 1993).

À partir de 1985, l'environnement monétaire international contrarie la stratégie de désinflation entre le dollar et le franc français ; on assiste de fait à un retour de pendule qui constituait un choc exogène pour les économies africaines. En septembre 1985, l'accord de Plaza insistait sur la nécessité d'une configuration des taux de change qui soit davantage en rapport avec les équilibres fondamentaux des économies. Les déclarations économiques de Tokyo (1986), l'accord de Louvre (1987) et le communiqué du sommet de Venise (1987), confirmaient cette orientation qui s'est soldée par une dépréciation effective nominale de 35% du dollar entre 1985 et 1987. Cette période voyait également les pouvoirs publics français s'employer à la politique du franc fort aux fins d'amarrer leur monnaie au deutsche mark et de ranimer le processus européen d'intégration monétaire. Désormais le retour à la compétitivité des économies africaines ne sera pas facilité par l'évolution du franc français.

La désinflation mondiale s'accélère par ailleurs et marque le souci des pays industrialisés d'avancer dans la voie d'une croissance économique ~~et~~ soutenue et équilibrée. Le rythme d'inflation ne cesse de reculer : il passe de 10% en 1980 à moins de 3% en 1990. En conséquence, pour réduire le taux de change effectif réel, les pays de la Zone Franc n'ont plus d'autres choix que de baisser les prix et les salaires nominaux. En réalité, peu d'entre eux vont s'ajuster de la sorte, en dehors du secteur informel dominé par des ajustements de type Walrassien. Le transport privé urbain est un bon exemple d'activités où les mécanismes de marché ont joué pleinement souvent d'ailleurs au détriment de l'assainissement des sociétés publiques manquant de flexibilité.

Tout au long des années 1980, la Zone Franc s'est donc employée à réparer les erreurs de gestion commises face à l'instabilité des termes de l'échange. Mais la politique adoptée est graduelle et son efficacité ne peut s'inscrire que dans la durée. La différence est ici notable avec la dévaluation dont les effets sur les prix relatifs sont instantanés. Le retour progressif vers un taux de change d'équilibre de Parité de Pouvoir d'Achat est dans la logique de fonctionnement d'une zone monétaire.

Le partage d'une même monnaie avec mise en commun des réserves de change crée des droits et devoirs particuliers **(Guillaumont, 1984).** Il autorise d'abord à faire jouer une solidarité dans le financement des déséquilibres extérieurs qui va au-delà des disponibilités nationales en devises, a fortiori dans le cas présent où le trésor français garantit une convertibilité illimitée des **Francs CFA.** Il contraint ensuite à raisonner autrement que par référence au seul intérêt national qui a un moment donné pourrait commander de recourir à la dévaluation. La situation a empiré à nouveau à partir de septembre 1985, lorsque le **Franc CFA** s'est fortement apprécié par rapport au dollar. Il s'en est suivi un effondrement des cours du cacao et du café qui a aggravé la situation du pays. En 1987, l'économie était entrée dans une dépression. De 1985 à la fin des années 1980, les recettes d'exportation de la Côte d'Ivoire ont continué de baisser ainsi que le PIB par habitant, conduisant à un appauvrissement marqué.

2.4. Causes immédiates de la dévaluation

Les facteurs à la base de la dévaluation peuvent être appréhendés sous la forme monétaire et sous l'aspect économique. D'un point de vue monétaire, la compétitivité extérieure de la zone s'était affaiblie. La raison évoquée a été la politique du franc français fort érigée par la France. Cette stratégie monétaire a induit une appréciation du franc français. Le **Franc CFA** étant arrimé au franc français par des accords de coopération monétaire, la valeur **du Franc CFA** s'était appréciée comparativement aux devises des principaux partenaires extérieurs à la Zone Franc, à l'instar du Nigéria, du Ghana et des pays asiatiques.

L'avantage comparatif des produits ivoiriens exportés s'était amenuisé. Manifestement, la compétitivité de ces produits avait baissé, car les pays voisins de la Côte d'Ivoire à l'instar du Ghana et du Nigéria avaient baissé leur taux de change. Ces pays, fort de leur taux de change flottant, avaient accru leur compétitivité par la baisse de leur taux de change ; ainsi les produits ivoiriens n'étaient plus compétitifs. Or, le Ghana par exemple avait des produits d'exportation similaires à ceux de la Côte d'Ivoire. De plus, la légitimité contestée des gouvernements et la faible possibilité de substitution aux importations avaient suscité une faible élasticité d'exportation

Par ailleurs, l'accumulation d'arriérés de paiement de la dette intérieure et extérieure avait été un handicap et un frein majeur pour le secteur productif. Ainsi, un nombre pléthorique de producteurs avaient été contraints d'arrêter leurs activités lucratives et de mettre fin à leurs investissements, en l'occurrence dans le secteur du textile. Cette réalité, assortie de la dépression des cours des matières premières, avait aggravé les déficits financiers de la balance de paiements à un niveau insoutenable.

Comme palliatif, des efforts d'ajustement interne avaient été entrepris : les dépenses publiques avaient été contrôlées, le secteur bancaire a été restructuré, les entreprises publiques ont été privatisées ou mises sous administration provisoire. Ces actions conjuguées au poids de la dette commerciale avaient engendré la stagnation et la régression des investissements et une sortie massive des capitaux.

Un autre facteur de perte de compétitivité des Pays de la Zone Franc était l'attrait, voire le choix du **Franc CFA** comme monnaie d'échange en dehors de sa zone d'application. En effet, **le Franc CFA** était prisé dans les échanges, à la limite les acteurs économiques étaient fascinés par le **Franc CFA à** cause de sa libre convertibilité. À ce facteur s'ajoutaient l'incivisme fiscal et le développement de la fraude. Ces derniers ont été à l'origine d''une contraction sévère du revenu des agents économiques, aggravant le climat délétère en Côte d'Ivoire. La préférence du **Franc CFA** pour les échanges, s'exerçait même dans les lieux géographiques hors Zone Franc. Pour cette raison, une palette de produits agricoles et agro-industriels n'avaient plus d'acquéreurs à l'extérieur de la Zone Franc et avaient même perdu l'avantage comparatif sur les marchés intérieurs. Il en a résulté l'érosion des marges commerciales des entreprises et des industries privées. De ce fait, les investissements privés étaient devenus improductifs et inefficaces et la promotion des ventes des entreprises était devenue inexistante, d'où la fermeture massive des entreprises et l'accroissement du taux de pauvreté et du taux de chômage.

Parallèlement, la plupart des pays de l'Afrique de l'Ouest à l'instar du Mali, du Burkina, du Togo avaient des balances commerciales excessivement déficitaires. Pourtant, paradoxalement le taux d'accroissement des exportations était de loin supérieur à celui des importations. L'explication réside dans le fait que la structure des exportations était fortement tributaire des produits du secteur primaire, entre autres les produits du secteur agricole et les produits d'extractions.

2.5. Causes structurelles de la dévaluation

Les causes structurelles de la dévaluation peuvent se résumer en ces trois (3) points :

- une forte spécialisation fondée sur des avantages comparatifs : en Côte d'Ivoire, café et cacao, bois, conserverie de fruits tropicaux ; au Sénégal et au Bénin : phosphates et huiles végétales ; **au Gabon, au Congo et au Cameroun** : pétrole, manganèse, bois, café, cacao ; au Burkina : Coton ; en Mauritanie (hors zone) : fer, etc.
- un développement économique fondé sur l'investissement public et privé en totalité importé et financé par les recettes d'exportation et des crédits extérieurs, en devise ; ce qui accroît la dépendance ;
- un secteur public financé essentiellement par les taxes à l'exportation.

La hausse des prix des matières premières (agricoles), amorcée en 1973 a autorisé une croissance considérable des importations de biens de consommation et d'investissement au point que le solde de biens et services se détériore de 1975 à 1980 et que l'excédent commercial de marchandises se réduit, passant de 5,5% du PIB en 1975 à 3,8% en 1980, malgré la hausse du prix relatif des exportations. Dans la même période, l'endettement net total public et privé du pays passe de 28,2% à 55,3% du PIB. Cette situation amène à se poser une série de questions : pourquoi les créanciers extérieurs ont accordé autant de crédits à la Côte d'Ivoire à un moment où la balance de paiements se détériorait ? Anticipaient-ils une hausse du prix des matières premières ou est-ce seulement une question d'aléa moral ? Le tableau suivant présente la balance de paiements de la Côte d'Ivoire.

Tableau 5.1. Balance de paiements de la Côte d'Ivoire (En millions de dollars courants)

	1967	1970	1975	1980	1986	1990	1991
PIB	1079	1449	3894	10514	9368	9937	9755
Solde commercial	69	122	227	399	1547	1419	1162
Solde des services	-48	-95	-307	-903	-841	-1144	-1071
Solde des biens et services	21	27	-80	-504	706	275	91
Transfert de revenu	-30	-64	-298	-1322	-1004	-1479	-1542
Balance courante	-9	-37	-378	-1826	-298	-1204	-1451
Charge d'intérêt							
Public	-4	0	-12	-193	-523	-851	-1007
Privé	-3	-5	-27	-134	-86	-173	-113
Total	-7	-5	-39	-327	-609	-1024	-1120
Profits et dividende rapatriés	-30	-48	-107	-198	-71	-92	-99
Solde des B et S / PIB (en %)	1.9	1.9	-2.1	-4.8	7.5	2.8	0.9
Balance courante /PIB (en %)	-0.8	-2.6	-9.7	-17.4	-3.2	-12.1	-14.9
Charges d'intérêt / PIB (en %)	0.6	0.3	1.0	3.1	6.5	10.3	11.5
Dette /PIB en %	18.5	20	28.2	55.3	94.6	133.6	138.8
Taux d'intérêt apparent de la dette (en points)	3.5	1.7	3.5	5.6	6.9	7.7	8.3
Dette	200	290	1100	5820	8862	13274	13541

Source : Auteur / Banque de données CHELEM, 1995.

Dès 1981, la Côte d'Ivoire s'est engagée dans une politique d'ajustement structurel visant à rétablir l'équilibre de la balance des paiements par le truchement d'une réduction du déficit budgétaire opérée à travers une diminution des dépenses publiques. Celle-ci provoque une récession. Malheureusement, au début des années 1980, la baisse du prix des matières premières agricoles n'est pas compensée par la hausse du dollar. Il en résulte une diminution des recettes d'exportation et de rentrées fiscales liées au commerce extérieur qui empêche l'assainissement financier. La récession provoque donc une amélioration de la balance commerciale en volume et en valeur par diminution des importations, malgré la baisse du prix des exportations ; mais les transferts de revenus du capital et surtout les charges d'intérêt de la dette maintiennent un déficit élevé des paiements courants **(voir tableau 5.1, année 1986).** En 1991, la Côte d'Ivoire est exportatrice nette de biens, importatrice de services, mais les charges d'intérêt et le taux nominal apparent ne cessent de croître en raison de la montée des taux nominaux en France (les crédits en franc sont majoritaires).

L'inflation se réduisant considérablement en France comme en Côte d'Ivoire (4,6% entre 1984 et 1986 par exemple), les taux d'intérêt réels s'accroissent et la dette fait boule de neige. En 1991, l'excédent commercial ne permet pas de payer les intérêts de la dette (11,5% du PIB). La crise est donc et surtout financière et l'on peut se demander pourquoi après avoir lancé le processus d'endettement à la fin des années soixante-dix, les créanciers sont devenus aussi exigeants en terme de rémunération en comparaison du passé.

3. Les politiques d'appui à la dévaluation.

Le 11 janvier 1994, le **Franc CFA** a été dévalué de moitié par rapport au franc français (1 franc français pour 100 francs **CFA** après la dévaluation de janvier 1994 contre 50 **Francs CFA** avant dans les pays de la Zone **CFA**). Aucune des catastrophes que redoutaient certains économistes ne s'est produite. Les objectifs macro-économiques de la Zone dans son ensemble pour 1994-1996 ont été atteints. La Côte d'Ivoire a été l'un des pays qui a obtenu les meilleurs résultats économiques, affichant un taux de croissance du PIB de 7 %, tant en 1995 qu'en 1996. Cette performance a résulté en grande partie des politiques adoptées qui ont visé à libéraliser l'économie et contenir les dépenses publiques. À l'évidence, dans le cas de la Côte d'Ivoire, le bilan de la dévaluation apparaît, sans ambiguïté, positif, sur l'ensemble de la période 1994-1999.

3.1. Les mesures d'accompagnement de la dévaluation

Les mesures d'accompagnement ou politiques d'appui à la dévaluation ont joué un rôle clef dans le succès de la dévaluation nominale en Côte d'Ivoire par leur influence sur les prix intérieurs. Les mesures initiées par le **Gouvernement** pour encadrer la dévaluation ont permis de :

- limiter le dérapage des prix intérieurs ;

- prélever une partie des bénéfices de la dévaluation (en ne la répercutant que partiellement sur les planteurs) afin de restaurer ses comptes ;

- contrôler les effets distributifs (à travers les prix des produits de première nécessité).

Les objectifs annoncés étaient de :

- rétablir une croissance positive en 1994, (de 5 à 6 % en 1995-1996) ;

- doubler l'investissement public de 3 à 6 % pour porter l'investissement total à 16 % du PIB en 1996 ;

- rétablir la compétitivité (Hausse des exportations de 15 % l'an et de 4 % pour les importations) ;

- rétablir les finances publiques (le déficit primaire, négatif en 1993 doit devenir positif, à 56 milliards de francs CFA en 1994, 90 milliards en 1995-1996).

3.2. Le plan d'accompagnement

Les mesures d'accompagnement vont concerner la fiscalité, les prix et salaires, la dette et le financement extérieur.

Au niveau de la Fiscalité, **il s'agissait de :**

- l'instauration de taxes à l'exportation sur le café et le cacao.

- la réduction de la TVA de 25 à 20 % ; Suppression de la taxe employeur de 2,5 % sur la masse salariale.

- la réduction des droits de douanes.

Au niveau des Prix et salaires, les mesures ont permis :

- l'augmentation du prix du café au producteur de 30 % puis de 20 % et celui du cacao de 20 %.

- l'augmentation du prix du coton et du caoutchouc de 50 %.

- l'augmentation du salaire public moyen de 10 %.

- l'augmentation du prix du salaire minimal industriel de 10 %.

- le contrôle de prix sur le riz (15% de hausse), le sucre, l'eau, l'électricité, le gaz, le loyer, les transports, les médicaments, les manuels scolaires, le téléphone, les cigarettes.

-la création monétaire limitée à 14%.

Pour ce qui est de la dette et du financement extérieur :

- La Côte d'Ivoire entre dans la catégorie IDA : accès à des prêts sur trente ans à taux confessionnels ;

- en 1994, sont débloqués 670 milliards de **Francs CFA** de financement, un allègement de la dette (pour 400 milliards d'intérêts,

300 milliards d'amortissements et 480 milliards de paiements d'arriérés). En juillet 1994, seule la France a annulé la moitié de sa créance publique (1/6 de la dette totale de la Côte d'Ivoire.)

Tableau 5.2. Simulation : (avant et après dévaluation)

Les hypothèses	Avant dévaluation	Après la dévaluation
Élasticités-prix (moyennes sur les secteurs) Exportations Importation- Élasticité compensée de la demande d'importations Hausse nominale des salaires « moderne » et public Hausse réelle de l'investissement public " et de la consommation publique Taxe à l'exportation du café-cacao Croissance de la masse monétaire Anticipation d'inflation Remise de la dette	5 0.5 0% 3% 0	5 0.5 10% 40% 0% 50% (tel que le prix garanti augmente de 50%) 15% 30% 1/6

Source : Auteur / Banque de données CHELEM, 1995.

Il faut noter que la dévaluation a l'effet espéré sur le PIB réel qui augmente de 4,8 % (ce qui est l'ordre de grandeur annoncé par le gouvernement ivoirien pour 1995-1996). La reprise est essentiellement due à la modération salariale, qui favorise la diminution du chômage et permet à l'industrie de tirer pleinement parti du gain de compétitivité. La baisse du salaire réel obtenue grâce à la dévaluation joue donc un rôle crucial dans l'effet d'impact sur le PIB.

En revanche, l'agriculture de rente a un prix contrôlé par le mécanisme de la Caisse de Stabilisation (le prix du produit augmente de 50 % seulement). En outre, ce secteur utilise un facteur fixe (la terre) et partage sa main d'œuvre (au plein emploi) avec l'agriculture vivrière. Parallèlement, les cultures vivrières bénéficient d'un report de la consommation vers les biens domestiques, les ressources disponibles pour les exportations primaires se raréfient.

Au total, la croissance tirée par les exportations profite à l'industrie et à l'agriculture vivrière. L'objectif de doublement de l'investissement total n'est pas réalisé ici, malgré la relance de la part publique : en l'absence d'entrée de capitaux, la politique monétaire est trop restrictive pour éviter un effet d'éviction.

Tableau 5.3. Simulation Suite (Avant et Après dévaluation)

PIB constant aux prix du marché (%)	4,8	
PIB constant aux prix des facteurs (%)	5,7	
Taux de change réel sectoriel (%)	12,8	
Taux de change réel compétitivité (%)	21,0	
Pouvoir d'achat des salaires (%)	-7,8	
Salaire/profit (%)	-5,0	
	Avant	Après la dévaluation
Taxes commerciales (en % du PIB)	7,8	9,5%
Solde primaire du budget (en % du PIB)	-3,5	1,4%
Déficit budgétaire (en % du PIB)	-15,0	-12.8 [c] - 10,7 %[d]
Exportations (en % du PIB)	32,8	40,3 %
Importations (en % du PIB)	30,5	26,5 %
Compte courant (en % du PIB)	-14,2	-6.7 [c] -4,6 %[d]
Investissement (en % du PIB)	10,1	6%
Pourcentage de pauvres (en % du PIB)	13,6	24,7 %

Source : Auteur / Banque de données CHELEM, 1995.

Du côté budgétaire, les recettes fiscales profitent de la croissance et de la hausse des exportations (+ 2 points de PIB). Le solde primaire devient positif, mais il est moindre que l'objectif annoncé (66 milliards de **Francs CFA** au lieu de 90 milliards pour 1995-1996).

Le service de la dette diminue en raison de l'allègement d'un sixième de la dette. Le déficit budgétaire total reste à 10 % du PIB et le déficit du compte courant est divisé par trois. Les termes de l'échange agricole s'améliorent, les paysans sont relativement moins frappés par la dévaluation que les ouvriers du secteur moderne formel si bien que l'inégalité de la distribution des revenus s'en trouve diminuée. Le secteur informel profite de la hausse des prix et, en l'absence de nouveaux arrivants dans le secteur, voit ses revenus s'améliorer nettement.

Au total, le scénario de base retrouve certains objectifs prévus pour 1995-1996 (le court terme du modèle) : croissance de 5 %, rétablissement de la compétitivité. Mais les résultats sur l'investissement et sur les finances publiques sont plus pessimistes. In fine, à l'inverse des prédictions pessimistes, la dévaluation nominale de 100% du **Franc CFA** en Côte d'Ivoire n'a pas entraîné une contraction de l'économie et a eu des effets significatifs sur l'activité. Au bout de deux à trois ans, la hausse du PIB due à la dévaluation a été de 4,8 %.

Ce résultat est robuste par rapport aux hypothèses sur les élasticités d'exportation et d'importation. Dans la pratique, l'effet d'impact de la dévaluation passe essentiellement par la baisse du chômage. En d'autres termes, la dévaluation améliore la compétitivité en obtenant cette remise à niveau du salaire réel qui était un des buts de la politique ivoirienne depuis le début des années quatre-vingt, et recherchée notamment par des mesures de désinflation.

Cependant, le succès n'est pas total. En l'absence d'influx de capitaux, l'investissement ne repart pas. En outre, l'amélioration du déficit budgétaire reste fragile en raison de la dynamique intrinsèque du remboursement de la dette et des arriérés de paiements. Or, la reprise de l'investissement et remise au net des comptes publics sont précisément les deux requis préalables pour remettre la Côte d'Ivoire sur un sentier de croissance durable. Le véritable enjeu de la dévaluation porte donc plutôt sur le moyen terme : sera-t-elle capable d'assainir la situation financière et permettre le retour de capitaux disponibles pour l'investissement ?

3.3. Mesures spécifiques de contrôle de la hausse des prix au lendemain de la dévaluation

Le dispositif du gouvernement mis en place à cet effet touche à la fois aux éléments du coût, à la demande et à l'organisation des marchés. Il s'agit de la limitation de la hausse des salaires à 10% en moyenne de la masse salariale, de la baisse de la fiscalité de porte et de la TVA. Il s'agit également de la hausse puis de la baisse progressive des taux d'intérêt directeurs, des subventions accordées à certains produits de première nécessité (le riz, la farine et les médicaments par exemple), du blocage suivi d'un déblocage progressif des prix, de l'organisation des marchés et de l'information des opérateurs, de la relance des investissements publics et du renforcement des incitations en faveur du secteur privé.

Le contrôle des prix au lendemain de la dévaluation a permis d'éviter une explosion des prix immédiatement après l'annonce de la mesure; et le déblocage progressif a favorisé une sorte de hausse, plutôt douce, des prix par la suite, la hausse modérée des salaires, qui a été rendue possible par la collaboration des syndicats et la hausse des taux d'intérêt, ont freiné la demande tout en se neutralisant du point de vue de leurs effets sur leurs coûts. Mais le dispositif d'organisation des marchés de gros des vivriers et le système d'information régulière des opérateurs sur les disponibilités et les prix ne semblent pas fonctionner correctement. De plus, la surveillance de la concurrence (la commission de la concurrence) et le respect des prix sous contrôle (les interventions des inspecteurs des prix) restent encore timides. C'est l'une des raisons de la persistance d'importants écarts de prix entre les régions et dans le temps.

Les actions de soutien à l'offre au travers du secteur privé sont particulièrement importantes. Ainsi, les appuis au secteur privé sous la forme de mesures fiscales et douanières et de soutiens directs (apurement des arriérés de la dette intérieure et le règlement des arriérés de prime à l'exportation) se sont chiffrés en 1994 à près de 150 milliards **Francs CFA** . En 1995, c'est plus de 25 milliards hors apurement de la dette intérieure que prévoit l'État au titre des avantages additionnels à accorder au secteur privé.

À ces mesures d'appui au secteur privé, il faut ajouter l'accélération du programme de privatisation. 1990-1993, seulement 8 entreprises publiques sont privatisées ; en 1994, 7 entreprises l'ont été ; en 1995, il est privatisé 10 dont profitent un peu plus les nationaux. Le gouvernement a également créé en 1993 le centre pour la promotion des investissements (CEPICI), ayant pour vocation la centralisation des informations, la prise en charge et le suivi régulier et la promotion des investisseurs nationaux ou étrangers.

La finalité des appuis au secteur privé et de la relance des investissements publics est le renforcement des capacités d'offre de l'économie et plus particulièrement ses capacités d'exportation. Ces dernières devraient se traduire par un accroissement des investissements probablement privés. Ce n'est malheureusement pas encore le cas. C'est ici qu'il faut trouver l'explication des performances économiques encore en deçà des attentes.

Le fait que les investissements privés tardent à décoller véritablement est lié au problème de marchés à l'exportation, mais aussi, et surtout au coût de crédit. En effet, malgré la surliquidité des banques et la baisse du taux d'intérêt directeur de la BCEAO, les banques continuent à pratiquer des taux d'intérêt très élevés dans les opérations avec la clientèle, c'est-à-dire à des niveaux similaires à ceux qui étaient en vigueur au lendemain de la dévaluation. Dans ce domaine du coût de crédit, il y a certainement des mesures à prendre pour amener les banques à pratiquer des taux d'intérêt conformes à l'état du marché et reflétant la rareté relative véritable des capitaux dans le pays.

À toutes ces raisons expliquant la faiblesse des investissements privés, il faut ajouter que les avantages énormes, accordés au secteur privé, restent généraux et pas assez sélectifs et directifs. En d'autres termes, très souvent ces avantages ne pas sont assortis d'obligations relatives à leur affectation prioritaire à des investissements ou au développement des exportations.

Somme toute, suite à la dévaluation, l'inflation a été bien maîtrisée. En effet, la faiblesse de la hausse et la stabilité relative en 1994 des prix ont été obtenus grâce principalement à une hausse modérée des salaires, à une politique des prix intelligente et à des mesures fiscales appropriées.

3.4. Mesures d'accompagnement basées sur les finances publiques

Au niveau des finances publiques, le programme de réformes visait une amélioration du solde budgétaire qui devrait passer de 1,5% du PIB avant la dévaluation à plus de 7% en 1994 et monter à 11% du PIB en 1995. Cette amélioration devait résulter de l'amélioration des recettes publiques (recettes fiscales, excédents d'exportation et produit des privations) et de la limitation de la hausse de la masse salariale à 10% en moyenne en 1994.

Une telle amélioration devait permettre d'apurer les arriérés sur la dette intérieure et extérieure, contribuer à la relance des investissements publics et aider à la reconstitution des réserves de change. Les investissements publics devraient passer de 3% du PIB, en janvier 1994 à un niveau compris 5 et 6% du PIB à l'horizon 1996, soit un doublement. La maîtrise des prix et le risque de dérapage inflationniste étaient parmi les préoccupations les plus marquées du gouvernement et des bailleurs de fonds.

3.5. Mesures d'accompagnement au niveau de la compétitivité

Au niveau de la compétitivité, la baisse relative des prix à l'exportation exprimés en devises, la réduction des droits de douane, la baisse de la fiscalité intérieure et les hausses modérées de l'énergie et de l'eau, sont censées plus que compenser les hausses de coût dues à la dévaluation et les effets de la suppression de la prime à l'exportation. L'amélioration de la compétitivité devrait s'accentuer avec le mouvement de baisse des taux directeurs de la BCEAO qui s'établiront à moins de 10% vers la fin de l'année, après avoir atteint le sommet de 18% en janvier 1994. Un tel processus devait se traduire par une relance de l'investissement privé et un accroissement des exportations. Sans fixer d'objectifs quantifiés, le gouvernement s'attendait à une hausse sensible des exportations surtout manufacturières, tandis que l'investissement privé devrait dépasser 16% du PIB à l'horizon 1996.

3.6. Mesures d'accompagnement liées à la relance de la croissance et des programmes sociaux

Toutes ces évolutions sont censées pouvoir relancer la croissance réelle de l'économie. Le taux de croissance visé par le programme est de 0,8 à 2,5% dès 1994 et de 5 à 6% en 1995. Ces objectifs de croissance reposent sur la relance attendue de l'agriculture d'exportation (traditionnelle et non traditionnelle), de l'agriculture vivrière (riz essentiellement), de l'industrie et sur un développement des exportations agricoles et manufacturières. Pour accélérer le processus de relance, les prix aux producteurs des principales cultures d'exportations ont été augmentés (entre janvier et septembre 1994 , le prix au producteur de café a été multiplié par 3, celui du cacao a augmenté de 5,7%), des programmes d'appui à certains secteurs particuliers ont été lancés (par exemple le fonds de diversification et de promotion des exportations), les procédures d'exportation ont été rationalisées et simplifiées (guichet unique), le centre de promotion des investissements rendu opérationnel.

Le dernier domaine des objectifs du programme concerne le volet social. C'est essentiellement à l'aide des fonds spéciaux et de la politique de santé et du médicament que les objectifs sociaux sont abordés. Ainsi, l'accroissement des revenus ruraux par la hausse des prix aux producteurs, l'institution de fonds spéciaux de soutien à des programmes de promotion des femmes, des enfants, de fonds d'aide à la réinsertion des jeunes diplômés et des déflatés des secteurs publics et privés, le renforcement des fonds régionaux d'aménagement ruraux (FRAR) et des fonds d'investissement et d'actions urbaines (FIAU) , etc. ont contribué à atténuer les effets pervers de la dévaluation sur le monde rural et les populations urbaines fortement affectées par la dévaluation.

3.7. Mesures d'accompagnement liées au secteur agricole

Les politiques gouvernementales portent sur les investissements publics agricoles, les politiques de prix et la politique d'encadrement et d'organisation professionnelle du monde rural. En 1994, les investissements publics ont visé le soutien ou le développement de cultures ou d'activités particulières. C'est le cas des programmes soja (5,757 milliards de **Francs CFA**), hévéa (3,343 milliards de **Francs CFA**), riz (1,845 milliard de **Francs CFA**), café (310 millions de **Francs CFA**), oignons (226 millions de **Francs CFA**). Il s'agit également des projets, élevage ovin (187 millions de **Francs CFA**) et aquaculture et pêche (168 millions de **Francs CFA**).

Les interventions concernant les productions vivrières et animales (riz, soja, oignons, produits de la pêche, et élevage) traduisent probablement la volonté du gouvernement de favoriser la substitution des productions nationales aux importations tout en renforçant les opportunités dans ces domaines. Le constat des hausses de prix relativement faibles des produits alimentaires est une indication de la portée de ces mesures. Mais les prix élevés des fruits et légumes qui traduisent probablement l'existence d'excès de demande à ce niveau, indique précisément pour ce groupe de produits l'insuffisance des moyens et des efforts.

Les investissements publics en direction du monde rural visent également le développement de régions ou de groupes de régions particulières à l'exemple des programmes suivant : développement intégré nord-est, développement rural Dabakala – Katiola, développement rural de Boundiali et le projet développement intégré rural de la zone forestière ouest.

Enfin, les investissements publics dans le monde rural, au travers des FRAR (Fonds Régionaux d'Aménagement Rural, dont la dotation à 10 milliards de **Francs CFA** et les opérations de Crédit Agricole à travers le développement des caisses mutuelles (868 millions de **Francs CFA**) et divers fonds sociaux (4 milliards de **Francs CFA**) poursuivent des objectifs sociaux, visant à atténuer les effets pervers de la dévaluation, tout en cherchant à fixer les populations dans les zones rurales par une exploitation judicieuse des opportunités offertes par cette mesure.

En 1995, le programme des investissements publics agricoles devrait s'élever à 80 milliards de **Francs CFA** , afin d'assurer la réalisation de l'objectif de croissance de 7% pour le secteur primaire et de 3.6% pour l'agriculture. Cette croissance sera tirée par le démarrage de la production de pétrole et de gaz. Tous ces investissements qui s'inscrivent dans le programme de relance des investissements publics sont une des concrétisations des effets de l'assainissement des finances publiques que la dévaluation a rendu possible. Mais pour le secteur agricole, il importe de mettre en rapport cet effet des investissements et les prélèvements que l'État a opérés au cours de cette année.

C'est au travers des politiques de prix qu'on peut juger ces transferts nets entre le secteur public et les activités agricoles. Il s'agit d'évaluer les hausses de prix que le gouvernement a concédées aux productions agricoles en 1994. Ainsi les prix aux producteurs de café ont connu quatre hausses depuis la dévaluation. Ils sont passés de 170 **Francs CFA** /kg fin 1994, pour se situer début 1995 à 650 **Francs CFA** /kg. La hausse totale par rapport à janvier 1994 est de 135%. De même, le prix aux producteurs de cacao a connu deux hausses depuis la dévaluation, passant de 200 **Francs CFA** /kg fin 1993 à 315 FCF/kg en 1994, soit une hausse de plus de 51,3%. Sur la même période, les prix aux producteurs de caoutchouc naturel ont progressé de 105,8%, ceux du coton de 66,1%, ceux du régime de palme de 55,6%.

Ces hausses successives des prix aux producteurs ont permis d'élever les revenus, le pouvoir d'achat des paysans en 1994 (+ 30% en moyenne). Mais cette amélioration représente une part relativement faible de la prime de dévaluation, ceci d'autant plus que l'amélioration des cours mondiaux, intervenue en 1994, est venue renforcer le surplus des exportations agricoles. Les exemples du café et du cacao présentés ci-dessus illustrent cette situation. C'est pourquoi la réduction des DUS (Droit Uniques de sortie) et la rétrocession d'une part plus importante du surplus réalisés sur les exportations agricoles aux paysans étaient réalisables. En effet, l'équilibre des filières agricoles risquaient d'être compromis si des revenus plus importants permettant le dégagement d'une épargne privée dans le secteur agricole ne donnent pas des moyens d'investir aux opérateurs. Les investissements publics ne peuvent se substituer aux investissements des agriculteurs eux-mêmes, à moins de les responsabiliser et les impliquer davantage dans la recherche de plus de productivité et de qualité pour leurs produits.

L'encadrement et l'appui à l'émergence d'organisations **professionnelles** du monde **rural** sont les autres moyens d'intervention du **Gouvernement.** De ce point de vue, l'accélération de la mise en place effective de l'agence nationale pour l'animation et le développement rural (ANADER) qui centralise toutes les interventions de l'État dans le monde rural et s'attèle à la création d'organisations Professionnelles Agricoles (OPA), a été une réalisation majeure.

Une bonne illustration de cette nouvelle approche est donnée par les éléments de la politique du riz qui se mettent en place progressivement. En effet, la liquidation de la caisse de péréquation, la création d'un comité de riz, qui comprend la chambre de commerce et d'industrie, le recentrage des activités de la nouvelle société de promotion du riz (SOPRORIZ) autour de l'aménagement des terres et l'encadrement des opérations rizicoles villageoises, le soutien au développement des rizeries (moulins) de petites dimensions et l'implication des opérateurs privés tels que DOMAK, UNICAO, et Rizière du Bandaman, etc. dans les opérations de développement du riz, indiquent clairement une réorientation de la politique rizicole du pays. Cette dernière semble fondée sur une implication plus active du secteur privé. C'est par exemple que sur l'objectif d'aménagement de 34 000 ha de nouvelles terres, il est prévu que le secteur privé prendrait en charge entre 8 et 10 000 ha. C'est dans ce cadre qu'il faut situer le projet de réhabilitation de Yabra, dans la région de Yamoussoukro (10 000 ha pour un investissement de 3,5 milliards de **Francs CFA**) initié par la rizière du Bandama dont une bonne fraction est réservée au riz.

On constate ainsi qu'au cours des deux années qui suivent la dévaluation, le secteur agricole et les zones rurales bénéficient d'une attention particulière du gouvernement. Il semble que l'objectif majeur de ces interventions soit la relance de certaines cultures d'exportation (café et cacao) et le renforcement de la substitution des productions vivrières locales aux importations (notamment au niveau du riz, des produits laitiers et les œufs, des poissons, des crustacés et mollusques et des produits vivriers courants tels que l'igname, le manioc, la banane plantain, etc.).

4. Les difficultés rencontrées dans la mise en œuvre de la Politique économique appliquée de 1994 à 1999

Les forces et faiblesses des choix de politiques économiques suite à la dévaluation, peuvent être perçues au travers de l'analyse des impacts de la dévaluation. Cette analyse peut être appréhendée sous plusieurs angles.

4.1. Court terme

4.1.1. D'un point de vue de la production au sein de la Côte d'Ivoire

À partir d'informations statistiques collectées pour la période allant de 1960 en 1989, l'impact attendu de la dévaluation sur l'économie ivoirienne a été estimé. Il apparaît très clairement que le changement de parité, pris isolément a eu un impact positif important sur la production. D'une manière générale, le changement de parité pris isolément et l'augmentation du prix au producteur ont eu un effet positif sur l'agriculture. Au sein de l'agriculture, il y a eu des mouvements de substitution et de complémentarité qui ont entraîné l'augmentation du prix au producteur du café, du cacao, du coton et du riz et par voie de conséquence une hausse de la production aussi bien des cultures de rente que de celle des cultures vivrières.

4.1.2. Sur le plan commercial

Les commerçants et commerçantes ivoiriens ainsi ceux originaires du **Ghana** et du **Nigeria** vivant en Côte d'Ivoire circulaient constamment entre la Côte d'Ivoire d'une part et le Ghana et le Nigeria, pays à monnaie non convertible et faible, d'autre part. Mais suite à la dévaluation, ce flux a été arrêté puisque la dévaluation du

Franc CFA a supprimé les gains de change qui ont fait fleurir le commerce avec ces pays. Aucun élément n'a alerté que les flux commerciaux se soient inversés en faveur de la Côte d'Ivoire.

4.1.3. Investissements étrangers et attractivité des investisseurs

Les entreprises et les investisseurs français continuent de dominer l'économie de la Côte d'Ivoire après la dévaluation. De plus, le coût des investissements étrangers est divisé par deux ; il est donc avantageux pour les étrangers de venir investir en Côte d'Ivoire ; il en va de même pour les capitaux ivoiriens investis à l'étranger. Les banques sont devenues très liquides ; cette réalité s'exprime en partie par la baisse de 11,5% des taux d'intérêt par la banque centrale ; ceux-ci étaient montés à environ 18% au lendemain de la dévaluation.

En réalité, la liquidité des banques ne signifie pas nécessairement que les investissements vont augmenter dans les pays. Cette opinion se fonde sur le fait que les capitaux de spéculation sortis juste quelques mois avant la dévaluation sont revenus en Côte d'Ivoire tout simplement pour gagner la différence de change. Certains des capitaux revenus représentent aussi les recettes de ventes d'entreprises dont le retour a été différé à cause des rumeurs de dévaluation. D'autres capitaux revenus sont la rémunération des facteurs de production payés à l'avance à cause de l'anticipation de la dévaluation. Ainsi donc le retour des capitaux ne signifie pas nécessairement qu'il s'agit de nouveaux investissements productifs. Cette réalité a été perçue en Côte d'Ivoire, car la liquidité des banques et la réduction des taux d'intérêt non seulement n'ont pas conduit systématiquement à une baisse du coût de crédit, mais en plus elles n'ont pas engendré des investissements productifs à la mesure des espérances du pays du fait des tensions politiques liées aux élections de 1995, lesquelles faisaient peser des incertitudes sur la vie économique de la nation.

4.1.4. Le secteur informel

Tant que le taux de la fiscalité sera jugé trop élevé par les opérateurs économiques, l'informel continuera à se développer au détriment du secteur formel puisque les investigations empiriques suggèrent que l'effet bénéfique de la baisse de la fiscalité peut ne pas compenser l'effet négatif de la hausse du coût des intrants importés.

4.1.5. D'un point de vue des prix, et de l'alimentation

La Côte d'Ivoire n'a jamais connu de pénurie générale de nourriture. Les produits alimentaires de base sont diversifiés et disponibles en abondance. Le seul problème se trouve au niveau de la commercialisation ; les problèmes rencontrés se situent dans des pénuries sporadiques dans certaines régions pour certaines denrées alimentaires qui se traduisent par des hausses momentanées des prix. L'Institut National de la Statistique(INS) fournit les prix pour un grand nombre de produits alimentaires. L'alimentation, l'habillement, l'eau et l'électricité représentent respectivement 48%, 10,1% et 8,5% des dépenses totales du ménage dont le chef est ouvrier, soient au total 67% des dépenses du ménage. Les produits d'habillement sont ceux qui ont le plus augmenté sur cette période ; ils sont suivis par les produits alimentaires. Les prix moyens des autres produits ne semblent pas avoir beaucoup évolué. Ceci semble indiquer que la disponibilité des denrées est relativement satisfaisante et que les produits qui connaissent une relative rareté sont ceux de l'habillement.

En résumé, dans le court terme, l'impact de la dévaluation est globalement positif.

4.2. Moyen Terme

4.2.1. Les finances publiques

L'aspect élevé et persistant du déficit budgétaire et l'accumulation des arriérés de paiement étaient parmi les raisons officielles de dévaluer en janvier 1994. En effet, malgré les efforts de compression du déficit primaire qui est passé de plus de 6, 5% du PIB, en moyenne à la fin des années 1980 à 2.2% en moyenne entre 1990 et 1993, le déficit global qui s'est relativement stabilisé entre 1989 et 1992, est monté à plus de 16% du PIB en 1993. De plus, l'accumulation des arriérés extérieurs qui démarre en 1988 (seulement 9,3% du PIB) s'accélère rapidement et s'établit à 60% du PIB en 1993.

C'est donc pour corriger ces déséquilibres, notamment le déficit budgétaire, que le **Franc CFA** a été dévalué en janvier 1994 afin d'accélérer la correction des grands déséquilibres et renforcer la compétitivité des économies. En dévaluant, les pays comme la Côte d'Ivoire espèrent réduire, voire supprimer leur déficit budgétaire, l'augmentation des recettes attendue étant supérieure à celle des dépenses. La dévaluation de janvier 1994 visait ainsi un assainissement des finances publiques.

4.2.2. Sur le plan des recettes publiques

Comme mentionné ci-dessus, avec la dévaluation, la logique serait l'augmentation assez importante des recettes publiques. Effectivement, les recettes du gouvernement ont augmenté très fortement en 1994 en s'établissant à 840 milliards de **Francs CFA** (+ 57.7% par rapport à 1993 et 2.4% de plus que les projections du programme d'accompagnement signé avec les bailleurs de fonds). Cette augmentation est principalement le fait de l'accroissement des droits de douane (multiplié par 5,4), des droits et taxes à l'exportation (+22.7% en moyenne dont les DUS sont multipliés par 12), des droits d'enregistrement (+13.5%) et des taxes intérieures (+10.5%). En revanche, il faut relever la chute des impôts directs (-9.1%) et des recettes des services (-12.9%). Ainsi, comme on pouvait s'y attendre, ce sont les droits et taxes à l'importation et les prélèvements à l'exportation qui ont bénéficié le plus du changement de parité. Au total, les prélèvements sur les exportations se sont chiffrés à 285 milliards de **Francs CFA** dont le couple café/cacao a rapporté à lui tout seul 218, 6 milliards, soit 76.7%.

Le constat est clair. La dévaluation a contribué à l'amélioration des recettes publiques. Le fait que certains impôts intérieurs tels que les taxes intérieures (malgré la baisse du taux de TVA) et les droits d'enregistrement, très liés aux activités économiques, augmentent sont probablement la preuve que l'augmentation des recettes n'a pas été néfaste pour les activités domestiques. La baisse des impôts directs est la traduction de la faiblesse de l'augmentation des revenus, notamment des salaires tandis que la chute des recettes des services semble indiquer une dégradation de l'effectivité des services publics générateurs de revenus.

La forte augmentation des droits et taxes à l'importation (malgré la baisse des droits de douane et de la TVA) montre bien que les effets mécaniques de la dévaluation sont largement supérieurs aux effets de la réduction des tarifs. Par ailleurs, la réintroduction des droits uniques de sortie (DUS) et l'effet mécanique de la dévaluation sur la valeur des exportations ont largement contribué à la croissance des prélèvements à l'exportation.

Mais il faut remarquer que la hausse de ces prélèvements est également le fait de la hausse des cours mondiaux des produits exportés par la Côte d'Ivoire (le café et le cacao essentiellement). Après une chute moyenne de 21.23% en 1993, les cours du café ont progressé de 116% en 1994 avec des pointes de 48.5% au premier trimestre et 78.1% au troisième trimestre. Ceux du cacao ont progressé de 15% en 1994 après la chute de 1993 (-10.7%) avec des pointes de 11% en janvier et de 5% à 6% en mars et en juin 1994.

L'amélioration des cours a joué un rôle central au niveau de l'accroissement des recettes publiques en 1994. En effet, la hausse en valeur de 60% des exportations de café en 1994, malgré une chute de 50% du volume des exportations, s'explique largement par la hausse des cours, dans une proportion qu'on peut estimer à 60% ; car en l'absence d'une telle hausse des cours, la baisse en volume serait juste compensée par le doublement de la valeur des exportations dû à la dévaluation. De même, la hausse en valeur des exportations de cacao (+91%) alors que le volume des exportations chutait également (-13%), s'explique par une hausse des cours qu'on peut estimer à 54% pour les mêmes raisons que ci-dessus. Ces éléments sont confirmés par l'analyse de l'évolution des surplus enregistrés sur ces deux produits de la CAISTAB (16.3 milliards avant et 39 milliards après la dévaluation pour le café, soit un accroissement de 139.3% ; 39.9 milliards avant et 179.6 milliards après la dévaluation pour le cacao, soit un accroissement de 350%).

La croissance des recettes publiques va ralentir dès 1995. Cette baisse des recettes est la traduction de l'épuisement de l'effet de la dévaluation et du retournement des cours mondiaux de café et de cacao. La chute des cours de café, amorcée au dernier trimestre 1994 (-14%) et celle des cours du cacao depuis le mois de septembre 1994 (-6.3% entre septembre et décembre 1994) semblent se poursuivre en 1995. Cette évolution pose le problème de la diversification et la consolidation de la base des recettes publiques indispensables au renforcement de la croissance des recettes.

4.2.3. Du point de vue des dépenses publiques

Au niveau des dépenses, l'on constate qu'au cours de l'année 1994, le gouvernement a dépensé moins que prévu. Les dépenses de fonctionnement augmentent faiblement leur part dans le PIB étant plus faible que prévu (moins de 0.97%) tandis que la hausse effective des investissements est freinée par la persistance des gaps de réalisation.

Déjà les dépenses de fonctionnement inscrites au budget de 1994 avaient connu une hausse très modeste, passant de **442,5** milliards de **Francs CFA** à 500 milliards, soit une croissance de 13%. Cette évolution s'explique par la hausse modérée des dépenses de personnel (y compris les dépenses de transfert), (+9%) et des autres effets de la dévaluation sur les dépenses courantes du gouvernement. L'augmentation très limitée des dépenses de personnel confirme le dialogue constructif entre le gouvernement et les syndicats de la Fonction publique qui ont accepté des hausses modérées de leurs salaires. La faible augmentation des dépenses de fonctionnement dans leur ensemble est également la preuve a postériori de la faiblesse de la proportion des biens non échangeables dans les dépenses de fonctionnement du gouvernement ivoirien.

Les chiffres de 1995 confirment cette hausse modérée des dépenses de fonctionnement. En effet, avec un montant de 560 milliards inscrits au budget de 1995, les dépenses de fonctionnement ne progressaient que de 12%. Les investissements sur base de décaissement sont passés de 89 à 196 milliards de **Francs CFA** en 1994, soit une augmentation de 120% par rapport à 1993. Ils connaissent tout de même un gap de réalisation de 24 milliards sur les prévisions de 220 milliards. Bien qu'une amélioration dans l'exécution des programmes par rapport à 1993 s'observe, les investissements ayant accusé un gap de réalisation de 53 milliards sur les prévisions de 140 milliards cette année-là, le gap de réalisation de 24 milliards de 1994 reste encore assez élevé (près de 11% des prévisions). En 1994, les investissements ont surtout concerné les actions de soutien au développement agricole et rurale (plus de 28% du total), coordonnées par l'ANADER, (Agence Nationale d'Appui du Développement Rural), la reprise des programmes routiers, l'extension et la revalorisation des équipements dans le secteur de l'éducation et de la santé, la couverture du territoire par la radio et la télévision et les programmes sociaux. Ces investissements ont été constitués essentiellement des fonds sociaux nationaux.

La hausse des investissements devrait se poursuivre en 1995. Les prévisions du budget de 1995 portent sur des investissements de 260 milliards de **Francs CFA** , soient une augmentation de 18,2% par rapport à 1994 (près de 6% du PIB contre 5.2% du PIB en 1994.) Les programmes de 1995 accordent plus de place au développement industriel dont les crédits passent de 16.4 milliards de **Francs CFA** (multipliés par 1.7 par rapport à 1994) et aux transports dont les crédits passent à 32.5 milliards de **Francs CFA** (en augmentation de

30% par rapport à 1994) tout en maintenant les investissements dans le secteur agricole.

4.2.4. Afflux des capitaux extérieurs et redressement des finances de l'État.

L'augmentation des investissements a été rendue possible grâce à l'amélioration de l'épargne publique (solde primaire au sens strict) et à la reprise des flux des capitaux étrangers, en provenance notamment des bailleurs de fonds publics multilatéraux et bilatéraux. En effet, la performance réalisée au niveau du solde primaire, +54.9% (excédents représentant 1.5% du PIB) contre un déficit budgétaire de 90.2 milliards (-3.4% du PIB) en 1993, est largement au-dessus de l'objectif des accords signés avec les bailleurs de fonds qui tablaient sur un excédent de l'ordre de 50 milliards (1.3% du PIB).

Quant à la reprise de flux de capitaux, elle était conditionnée par l'apurement des arriérés vis-à-vis des créanciers extérieurs. L'apurement des arriérés vis-à-vis des créanciers du club de Paris a été facilité par l'annulation de 15, 5% de l'encours total de leur dette sur la Côte d'Ivoire (470 milliards de **Francs CFA**). Ainsi le gouvernement ivoirien a apuré la totalité de ses arriérés vis-à-vis du FMI et de la banque mondiale et une partie substantielle de ses arriérés vis-à-vis de la BAD. C'est un montant global de 1, 409 milliard d'USD d'arriérés extérieurs qui a pu ainsi être apurés.

Les éléments du stock des arriérés qui tournent autour de 3.5 milliards de Dollars US, constitués essentiellement des arriérés de créanciers privés (Club de Londres), ont été retraités sur la période du programme triennal 1995-1997 élaboré avec le concours des bailleurs de fonds. Le traitement des arriérés a également concerné les créanciers intérieurs. Sur un montant total de 1200 milliards de **Francs CFA** identifié en 1991, 150 milliards ont été retraités avant la dévaluation et 90 milliards apurés en 1994 au lieu des 60 milliards prévus. C'est l'amélioration des finances publiques qui a permis une telle accélération de l'apurement des arriérés intérieurs. L'apurement et/ou le retraitement des arriérés de paiements publics contribuent fortement à l'assainissement des finances publiques, améliorent la crédibilité du gouvernement et créent les conditions d'un retour des financements extérieurs.

Pour appuyer le programme d'accompagnement de la dévaluation de la Côte d'Ivoire, les principaux bailleurs de fonds ont apporté d'importants concours financiers en 1994 et ont procédé à une restructuration de la dette du pays. C'est ainsi que les bailleurs de fonds bilatéraux ont annulé 15.5% de l'encours de leur dette sur la Côte d'Ivoire (470 milliards de **Francs CFA**) et ont rééchelonné 31% de cet encours (950 milliards de **Francs CFA**) sur la période du programme d'accompagnement de la dévaluation. Ils ont apporté en plus 337 milliards de **Francs CFA** en espèces, dont plus de 300 milliards, par la France. Les créanciers publics multilatéraux ont apporté, quant à eux, en 1994 pas moins de 457 milliards de **Francs CFA,** dont 344,5 par le FMI et la Banque Mondiale.

Les concours de la banque Mondiale portent sur le déblocage de tranches de crédits bloqués antérieurement, la conversion de certains crédits antérieurs et de nouveaux prêts aux conditions de l'IDA. La Côte d'Ivoire reclassée en PMA avec la chute de son PNB par tête en USD accède à présent aux prêts de l'IDA.

La dévaluation et l'assainissement des finances publiques qu'elle a permis, dans une large mesure, ouvrent ainsi la voie au retour des financements extérieurs notamment confessionnels. Ainsi la première grande performance de la dévaluation est le redressement des finances publiques dont les indicateurs suivants rendent compétent.

4.2.5. Les indicateurs des finances publiques

Un aperçu des indicateurs des finances publiques est exposé dans le tableau ci-après.

Tableau 5.4.Indicateurs des finances publiques ivoiriennes

	1993	1994	1995
(En % du PIB)			
Revenu public	20.2	22.9	21
Dépenses publiques totales	36.4	30.4	28.6
Fonctionnement	19.7	13.8	12
Investissement	3.5	5.2	6
Intérêt de la dette	13.2	18.6	9.6
Solde budgétaire primaire	-3	+2.4	+2.3
Solde budgétaire globale	-16.2	-8.3	-7.3
(En millions de FRANCS CFA)			
Encours de la dette	4500	6313.5	
Stock des arriérés extérieurs	2490	1660	6114.4
Stock des arriérés intérieurs	1200	960	

Sources : RCI/MEEP et Banque Mondiale, 2000.

Les indicateurs du tableau ci-dessus permettent d'observer une amélioration régulière des finances publiques ivoiriennes caractérisée par l'élimination du déficit primaire, l'arrêt de l'accumulation puis l'apurement progressif des arriérés et la relance des investissements publics. Il faut relever la baisse de la part des dépenses de fonctionnement dans le PIB alors que celle des investissements augmente. C'est la maîtrise des salaires qui a facilité le redressement des finances publiques et permis la modification de la structure des dépenses publiques au profit des investissements.

Bien que significatif, le redressement des finances publiques ivoiriennes est tout de même fragile. En effet, l'amélioration des recettes est liée à des phénomènes conjoncturels. Les effets de la dévaluation et la hausse des cours ne sont pas durables. D'ailleurs avec le retournement des cours du café et du cacao (signalé ci-dessus) et l'épuisement de l'effet de la dévaluation (stabilisation des recettes de la fiscalité porte), les recettes publiques ont baissé en 1995 (-8.6% par rapport à 1994).

L'élément le plus marquant de la fragilité de l'amélioration des finances publiques ivoiriennes est la situation de la dette publique. La crise d'endettement que connaissait la Côte d'Ivoire, caractérisée par le gonflement sans précédent de l'encours de la dette (plus de 165% du PIB en 1993), une accumulation des arriérés extérieurs (plus de 60% du PIB en 1993) était l'une des raisons de la dévaluation de janvier 1994. Mais il est connu que la dévaluation, par elle-même, aggrave plutôt qu'elle ne résout le problème du poids de la dette extérieure, dans la mesure où la valeur de celle-ci est multipliée par le taux de dévaluation.

Dans le cas de la Côte d'Ivoire, la dette extérieure libellée en devises la dévaluation du **Franc CFA** signifiait une réévaluation de 100% de cette dette en devises ainsi que de son service. Ainsi, l'encours de la dette extérieure est passé de 8 milliards de dollars à fin 1993 à 15 milliards de dollars après la dévaluation. Suite à la dévaluation, des opérations de restructuration de la dette extérieure de la Côte d'Ivoire ont, cependant, eu lieu : pour la dette bilatérale, annulation de 15,5% et rééchelonnement de 31% de l'encours, avec la banque mondiale (conversion des dettes antérieures aux conditions de l'IDA) et apport d'argent frais aux mêmes conditions. Tous ces concours devraient se chiffrer à près de 3000 milliards de **Francs CFA** sur la période de 1994-1997. Malgré cet effort de la part des bailleurs de fonds, le service de la dette reste élevé plus d'un milliard de dollars et manifestement, l'économie ivoirienne n'est pas en mesure de supporter une telle hémorragie.

Il apparaît ainsi que l'hypothèse majeure qui pesait sur le programme de relance de la croissance en Côte d'Ivoire est l'incertitude quant aux solutions à apporter à ce problème de la dette extérieure. Pour une vraie relance de l'économie ivoirienne, les paiements extérieurs devraient être limités à des niveaux qui ne dépassent pas le tiers du budget annuel du pays. À défaut de telles mesures, le risque que le pays replonge dans l'accumulation d'arriérés était évident, ce qui devrait compromettre par la même occasion les acquis de l'assainissement des finances publiques et de la relance des investissements d'autant plus que certains montants rééchelonnés arrivant à maturité ont empiré la situation.

5. Les effets macroéconomiques et sectoriels

Suite à la dévaluation, l'inflation a été maîtrisée, suscitant une relance de la croissance avec pour conséquence le rétablissement du solde positif des comptes publics[45]. De surcroît, en 1995, les termes de l'échange des économies ont aussi commencé à se relever, associés à des conditions climatiques favorables. Parallèlement, la dévaluation s'est accompagnée d'une reprise forte du financement multilatéral et bilatéral qui a induit, tout au moins en Côte d'Ivoire, une relance considérable des dépenses publiques.

5.1. Impact à court terme de la dévaluation

La dévaluation du Franc CFA a eu un impact sur les prix, le revenu, la production et les échanges. Elle a aussi eu des effets sur le commerce extérieur.

La dévaluation du Franc CFA a globalement produit les effets attendus sur les économies de la Zone Franc : la hausse des prix a été contenue en raison principalement d'une politique salariale rigoureuse ; les activités agricoles ont été relancées, en particulier pour les produits d'exportation ; les revenus des producteurs ont augmenté de façon sensible ; des activités de substitution aux importations se sont développées et le commerce intra-zone s'est accru. D'une manière

[45] Denis Cogneau et Gérald Collange (1997), Les effets à moyen terme de la dévaluation des francs CFA Une comparaison Cameroun / Côte d'Ivoire à partir d'un modèle micro-macro dynamique et financier.

générale, les économies sont ressorties plus fortes après la dévaluation.

5.2. Impact de la dévaluation sur les indicateurs macro-économiques

Dans l'ensemble, les indicateurs macro-économiques ont subi une nette amélioration comme le montrent les études conjointes de la Banque Mondiale et du Fonds Monétaire International.

Tableau 5.5. Évolution du taux de croissance (en %) des principaux indicateurs liés au commerce extérieur

Période	*1990-1993*	*1993*	*1994*	*1995*	*1996*
Croissance réelle	0,3	-1,2	2,6	5,5	5,6
Inflation	0,5	0,5	29,7	9,6	3,4
Exportations en valeur -	-3,3	-3,6	109,3	13,8	8,2
Exportations en volume	-0,3	-3,5	54,7	7,3	8,5
Importations en valeur -	-0,8	-4,7	75,6	12,4	11,2
Importations en volume	-0,4	-5,8	-9,9	13,5	9,1
Termes de l'échange	-2,6	-2,8	3,2	8,2	-1,9
Part des exports dans le PIB	25,3	24,2	35,1	134,4	34,1
Part des imports dans le PIB	29,4	29,2	36,8	35,4	35,4
Part de la balance commerciale/PH	-10,7	-10,8	-8,	-6,6	-7,7

Source : Auteur / Statistiques réalisées par le F.M.I. pour la zone UEMOA, 2000.

La croissance constatée après la dévaluation est due principalement à la maîtrise de l'inflation et aux bons résultats enregistrés par le commerce extérieur notamment en 1995. La forte hausse de l'inflation en 1994 laisse place à une tendance plus calme en 1995 et 1996. Ce rétablissement s'explique par une hausse des prix des produits importés nettement plus faible que celle induite par la dévaluation (dû notamment à la baisse des droits de douane) et par une modération de la hausse des produits vivriers et des services locaux (eau, électricité) imposés par l'État.

Les pays de la Zone Franc ont, en outre, bénéficié d'un renversement de conjoncture internationale providentiel en 1994 puisque les cours de matières premières se sont mis à grimper. La reprise de l'activité économique qui en découle, particulièrement soutenue par les filières agricoles d'exportation, s'est accompagnée d'un net redressement des comptes extérieurs des pays concernés.

Ainsi, la balance des paiements retrouve une situation d'excédent en 1994 et le mouvement vers la résorption du déficit se poursuit en 1995 et 1996. Cette évolution favorable résulte d'une réduction du déficit des transactions courantes et d'une amélioration du solde des mouvements de capitaux. Ces améliorations sont liées notamment à l'importance des recettes d'exportations (la balance commerciale est de nouveau excédentaire après la dévaluation), à la reprise des financements de la communauté internationale et à de fortes entrées nettes de capitaux non monétaires.

5.3. Impact de la dévaluation sur les filières d'exportation

Le doublement de la contrepartie en **Francs CFA** des exportations, alliée à la hausse des cours sur les marches internationaux, a permis une amélioration substantielle de la rentabilité des filières agricoles d'exportation (café, cacao, coton, bois d'œuvre, cultures **maraîchères)** ainsi qu'un relèvement sensible des prix aux producteurs.

Ce caractère nettement plus rémunérateur des activités tournées vers l'exportation s'est traduit, comme on l'a vu dans le tableau précédent, par une augmentation des volumes d'exportation. La capacité de réaction de la plupart des filières au relèvement des prix s'est révélée importante. S'agissant du café, sensible aux apports d'intrants, dont les vergers sont en cours de restauration et pour lequel les producteurs ont bénéficié d'une importante revalorisation de leur rémunération, le rythme de reprise de la production a avoisiné les 20% en Côte d'Ivoire.

En ce qui concerne le coton, une augmentation de 15% en moyenne de la production a été enregistrée au Togo, Mali et Burkina Faso, après la dévaluation. Le cacao ivoirien fait exception ; compte tenu de la position dominante de la Côte d'Ivoire sur le marché mondial (40% des exportations mondiales), la production n'a pas augmenté. Les recettes d'exportations ont été à la hausse du fait de la conjoncture internationale. Les efforts ont été redirigés vers la filière bois qui a pleinement bénéficié de la dévaluation. Elle a dégagé des surplus importants, particulièrement en ce qui concerne les exportations de grumes. La demande pour le bois d'origine africaine est forte du fait de la réduction de l'offre asiatique ; selon les experts, la tendance à la hausse des cours devrait se maintenir sur les trois ou quatre ans à venir, permettant le développement de la production de grumes, et incitant à de nouveaux investissements. La pêche industrielle est également redevenue compétitive à l'exportation.

En ce qui concerne le secteur industriel, l'incidence de la dévaluation a été positive pour les entreprises dont l'activité est tournée vers l'exportation et l'import-substitution. Il s'agit notamment des branches du textile, des huiles de palme et d'arachide, du bois et des produits de la pêche. Malgré une structure des coûts à coefficient d'importation relativement élevé, ces activités ont retrouvé un certain gain de compétitivité par rapport aux concurrents étrangers. Le textile burkinabé et ivoirien, le plastique et les savonnettes ivoiriens en particulier, augmentent à nouveau leur volume de production et assainissent leur situation. Les conserveries ivoiriennes, qui subsistaient auparavant grâce à des subventions à l'exportation, ont ainsi désormais retrouvé leur compétitivité.

Par contre, la plupart des unités industrielles utilisant une forte composante d'intrants importés et tournées vers les marchés intérieurs voient leur activité déprimer, sous le double effet du renchérissement du coût des consommations intermédiaires et de la contraction de la demande intérieure.

En outre, la dévaluation n'a pas permis à certaines activités de surmonter entièrement leur handicap de compétitivité par rapport aux importations à très bas prix en provenance d'Asie ou du Nigeria, notamment dans le domaine des biens de consommation tels que les produits ménagers.

En somme, la dévaluation du **Franc CFA** a amélioré, parfois très sensiblement, la compétitivité des producteurs de la Zone Franc ; ce que des années de politique d'ajustement structurel n'avaient réussi à faire. Ces premiers résultats sont nets dans le domaine de l'agriculture et ouvrent la voie à une forte relance des productions, qu'elles soient destinées au marché africain ou au marché mondial. Cette augmentation ne suffira cependant pas à placer les économies africaines de la Zone Franc sur la voie d'un développement durable sans une croissance encore plus rapide des productions industrielles.

Dans le domaine industriel, l'analyse a montré que les effets de la dévaluation étaient relativement limités. En outre, les effets positifs de la dévaluation semblent s'estomper et les économies des pays concernés se retrouveront face à elles-mêmes. À ce niveau, le constat n'est pas très positif puisque la croissance se fonde encore trop sur quelques activités agricoles qui sont très dépendantes des fluctuations des cours mondiaux. Avec la création d'une nouvelle entité régionale, la volonté semble être affichée de promouvoir le commerce et de créer une zone de prospérité, signe fort en direction des opérateurs étrangers. Cependant, les investisseurs étrangers semblent attendre de voir comment évoluera la situation économique, malgré les efforts faits par les gouvernements pour reformer et harmoniser leur politique fiscale et leur politique de crédit.

5.4. Impact de la dévaluation sur les prix

Les effets du changement de parité du **Franc CFA** sur le niveau général des prix se sont fait sentir immédiatement après la dévaluation. Ces effets sont, dans l'ensemble, restés relativement modérés au cours des deux premiers mois suivants la dévaluation en partie à cause des tentatives de blocage, par le gouvernement, des prix de certains produits de première nécessité, mais aussi, et surtout à cause d'une certaine pression résiduelle des stocks de marchandises constitués par anticipation par les commerçants les plus importants.

Par ailleurs, il convient de noter que l'effet de la dévaluation sur le niveau des prix dépend non seulement du degré de changement de parité (prix international), mais aussi de toute variation contemporaine de la masse monétaire en circulation. Or, en la matière il n'est guère un secret pour personne que les longs mois de gestation des anticipations de la dévaluation du **Franc CFA** ont permis à maints particuliers, entreprises, sociétés commerciales et banques d'abriter, par diverses transactions souvent subtiles, une part significative de leurs avoirs sous forme de devises les plus sûres.

Le rapatriement, la conversion et la réalisation des avoirs protégés suivant la nouvelle parité du **Franc CFA** ont un effet d'accroissement non négligeable de la masse monétaire et, par conséquent, une amplification de l'effet inflationniste de la dévaluation. En l'absence de toute estimation crédible, un exemple hypothétique suffit à illustrer le sens de ce qui précède. Une protection par anticipation de 25% de la masse monétaire courante traduirait la dévaluation nominale de 50% en une dévaluation effective de 37, 5%, ramenant, du coup, les effets anticipés sur les prix dans des proportions dictées par cette réalité.

Nonobstant ces mesures, la dévaluation a causé, 5 mois après son avènement dans tous les pays de la Zone Franc notamment la Côte d'Ivoire, une augmentation de plus de 25% du niveau général des prix (Tableau 5.6.).

Cet effet, conformément aux anticipations logiques est le moindre dans les pays relativement peu urbanisés et plus introvertis comme le Mali (29%) et le Burkina Faso (35%). Il se situe autour de 40% dans les pays côtiers au tissu urbain et industriel plus développés (Sénégal et Côte d'Ivoire) et culmine à 45% et 60% dans les pays fortement influencés par l'économie du Nigeria (**ainsi que du Niger**) et de transit significatif des importations sous régionales (Bénin et Togo).

Ces premiers constats suggèrent une baisse significative du pouvoir d'achat moyen à court terme dans la mesure où les effets de création de revenus des ménages par la dévaluation exigent un certain temps de gestion inhérente aux cycles normaux de nombreuses activités de production. En outre, les augmentations indicatives de 10% à 15%, des salaires des employés des Fonctions publiques permettent de supposer des pertes à court terme de revenu réel moyen de l'ordre de 15% à 50% pour la majorité des salariés.

Tableau 5.6. Variation du niveau général du prix dans les pays de la Zone Franc de l'Afrique de l'Ouest

PAYS	Augmentation du niveau général des prix de mi- janvier à mi- Juin 1994
MALI	28.9%
BURKINA FASO	35.0%
SÉNÉGAL	40.4%
COTE D'IVOIRE	42.3%
NIGER	45.0%
TOGO	50.8%
BÉNIN	60.6%

Source : Auteur / Documents de la BCEAO, 1994.

L'incidence de la dévaluation sur les prix n'est pas inégalement répartie entre les pays seulement au sein d'un même pays, elle l'est également dans le temps et parmi les grandes catégories de biens et services. L'exemple du **Mali** (tableau 5.6) met en évidence une tendance modeste, mais nette à l'augmentation continue du niveau général des prix dans le temps. En effet, de février à Juin, chaque mois de 1994 voit le taux d'augmentation de l'indice général des prix par rapport à la même période en 1993 dépasser de 1% à 3% celui du mois précédent. Il y a donc une tendance à l'inflation puisqu'en tenant implicitement compte des effets de saisonnalité (comparaison des indices par paire de mois) le taux d'augmentation de l'ensemble des prix de 1994 par rapport à 1993, passe graduellement de 16,8% en février à 24% en Juin.

Cette tendance inflationniste s'observe pour tous groupes de biens et services, à l'exception des dépenses liées au logement et accessoires (énergie ; eau et combustible) biens relativement peu échangeables dont les prix varient manifestement de moins de 3, 6% sous l'effet de la dévaluation. À l'opposé, le groupe de biens et services de santé, et celui des transports de communication subissent le plus durement l'impact de la dévaluation en voyant leurs niveaux de prix en 1994 augmenter de 38% au même mois en 1993.

***Tableau 5.7.* Côte d'Ivoire, Variations des indices de prix mensuels 1994 sur 1993 (Pourcentage)**

Groupes	Janvier	Février	Mars	Avril	Mai	Juin
Alimentation	19,80	20,80	20,80	29 ,90	30, 17	28,98
Habillement	7,45	19,45	9,8	13,70	18,0	24,98
Logement, Énergie, Eau combustible	8,4	-0,89	9 ,9	10 ,29	8,98	3,9
Meubles et articles ménagers	7,32	15,51	13,59	21, 73	22,89	22,08
Dépenses de Santé	10,04	16,98	24,36	22,43	29, 87	35 ; 89
Transport et communications	10 ,97	28, 39	25,98	22, 76	38,23	39, 24
Loisirs et Spectacle	1,67	6, 76	7, 65	9,71	17, 89	20, 95
Autres biens et services	18, 2	19, 87	20,56	32, 98	34,98	23,42
Ensemble	9,5	19,43	18,87	23, 43	21,67	25,87

Source : Auteur / Données de la BCEAO, 1995.

En rapport plus direct avec la sécurité alimentaire, l'accroissement du niveau général des prix est plus étroitement lié à celui des prix du groupe de produits d'alimentation qui, dans un pays peu urbanisé et peu industrialisé comme le Mali, occupe une part moyenne dominante du budget des ménages.

Aussi, peut-on remarquer une identité presque parfaite d'augmentation du niveau de l'ensemble des prix et de ceux de l'alimentation en 1994 par rapport à 1993 au cours des mois de soudure cyclique (Mai et juin) où la part des denrées alimentaires est présente davantage dans les budgets de consommation (Tableau 5.7).

[2]L'examen plus détaillé de l'évolution des prix par rapport à leur niveau de décembre 1993 montre qu'à l'exception du riz faisant plus l'objet d'importation (RM40), les hausses de prix induites par la dévaluation restent modestes (moins de 20%) pour l'ensemble des céréales au **Mali.** Ceci est important en matière d'accès à l'alimentation dans la mesure où les céréales peu échangeables (Mil et Sorgho) occupent une part prépondérante dans la consommation céréalière totale de la majorité des ménages ruraux et d'une manière générale, des ménages à faible revenu. Cette observation variable pour la plupart des pays sahéliens l'est beaucoup moins dans le cas de pays plus ouvert tel que le Sénégal.

En effet, dans ce pays, la part des calories consommées par les pauvres et provenant du riz essentiellement importé est de 20% à 40% dans des zones rurales du Nord, du Centre, et du **Sud-ouest** et d'environ 40% en milieux urbains. En dépit du contrôle, par fixation administrative des prix par les pouvoirs publics, l'augmentation décrétée de 33% du prix du riz après la dévaluation aura été de toute évidence négative sur l'accès des pauvres à l'alimentation, sous réserve d'une forte substitution en faveur des céréales locales (Mil, Sorgho, Maïs).

En dehors des céréales, la dévaluation résulte en un accroissement d'environ 40% à 50% des autres produits alimentaires dont une bonne part de la consommation est couverte par les importations (huile, sucre, lait, …). Il en est de même pour les produits fortement exportables (Bœuf et poisson). Il est donc vraisemblable que les effets négatifs de la dévaluation sur la sécurité alimentaire des couches de population à faible revenu se traduisent avant tout par une réduction de la part des produits non céréaliers. Cette déduction quoique fondée sur les données particulières de la Côte d'Ivoire peut facilement s'étendre aux autres pays de l'UEMOA à un degré moindre. La Côte d'Ivoire, en effet, affiche une forte propension à la consommation de riz importé, mais aussi de produits alimentaires non céréaliers qui occupent une part des dépenses totales des ménages de 19% à 25% en milieu rural et de 37% à 45% dans les villes.

En définitive, l'effet net de telles variations sur le bien-être alimentaire des différentes couches de la population dépend d'une part de l'évolution consécutive de leurs revenus et d'autre part, de l'ensemble des ajustements opérés dans l'allocation globale des budgets des ménages entre les différentes catégories de dépenses alimentaires et non alimentaires.

En somme, il faut noter que la dévaluation du Franc CFA a permis à la Côte d'Ivoire de renouer avec la croissance économique après une décennie de crise due à la détérioration des termes de l'échange.

CONCLUSION

La Côte d'Ivoire, officiellement colonie française en 1893, a hérité d'une économie en plein processus de croissance et de développement, reposant essentiellement sur les cultures d'exportations, notamment le binôme café-cacao.

Dès son accession à l'Indépendance, elle a opéré des choix pour concevoir l'évolution de sa stratégie globale de développement. L'orientation de la politique de développement fondée sur un capitalisme d'État va se faire à travers des plans quinquennaux. Cette stratégie a produit des résultats spectaculaires sur la période 1960-1980. En effet, le PIB a augmenté en moyenne de plus de 7%, rapprochant la Côte d'Ivoire des pays en développement en pleine expansion comme la Corée du Sud de cette époque. Dans les années 1970, elle est classée au rang de pays à revenu intermédiaire avec un PIB par tête qui atteint 2237$ en 1978, et devient le pays ayant le niveau de vie le plus élevé en Afrique de l'Ouest. En l'espace de moins 20 ans, la Côte d'Ivoire est devenue l'une des plus grandes productrices mondiales de matières premières agricoles tropicales telles que le café, le cacao, la banane, l'huile de palme. Cette phase de croissance appelée « miracle ivoirien » est le reflet de la pertinence des politiques élaborées.

Entre 1975 et 1980, on assiste à une forte croissance impulsée par la flambée des cours mondiaux des matières premières agricoles exportées par le pays. Ce contexte international favorable va conduire à des gains des recettes d'exportations de 50%. Les termes de l'échange connaissent une hausse de 80%. Ces gains vont conduire l'État à accélérer ses investissements et à financer son développement par la mise en œuvre des infrastructures de base et la formation des ressources humaines assez appréciables pour la construction d'une économie forte.

Cependant, un ensemble de facteurs vont entamer la conjoncture économique favorable connue par le pays. La Côte d'Ivoire va connaître, à partir des années 1980, un effondrement de la croissance. En effet, la volonté d'entreprendre de l'Etat, qui n'a pas été tempérée, a favorisé la conduite simultanée d'un trop grand nombre de programmes de développement. Au final, l'économie ivoirienne s'est retrouvée avec un secteur public pléthorique, inefficace et très coûteux pour les finances publiques. La non-maîtrise des dépenses publiques doublée d'une économie fortement extravertie va conduire le pays à une décennie de crise. Dès 1980, le déficit du secteur public a atteint un niveau alarmant d'environ 12% du PNB et celui du compte d'opération courant de 17% du PNB. En vue d'assainir les finances publiques, rétablir l'équilibre extérieur rompu et de relancer la croissance économique, la Côte d'Ivoire sera mise sous des programmes d'ajustement structurel (PAS). La nécessité de la stabilité macro-économique a amené le gouvernement à poursuivre les réformes malgré quelques remous sociaux engendrés par les mesures drastiques que contenaient ces PAS. La mise en œuvre de ces programmes a permis une réduction considérable des dépenses publiques qui sont passées de 16% du PIB en 1989 à 12% en 1993 ; le déficit global est passé de 13,5% du PIB en 1993 à 6,8% en 1994 et successivement à 3,7% en 1995 et 2,1% en 1996. Le solde de la balance commerciale s'est alors amélioré et devenu positif, passant de 7,1% du PIB en 1993 à 16,4% en 1994.

Malgré ces efforts et les résultats non négligeables obtenus, ces ajustements internes ou ajustements réels n'ont pas été suffisants. En effet, la Côte d'Ivoire présentait, à la fois, un endettement intérieur et extérieur excessif et un déséquilibre des dépenses publiques insoutenables. Dans ce contexte, pour de nombreux experts, l'ajustement réel et la politique de désinflation compétitive des pays de la Zone Franc à laquelle appartient la Côte d'Ivoire avaient atteint leurs limites. À cet égard, seul un ajustement monétaire pouvait permettre de corriger les distorsions constatées. On a ainsi assisté le 11 janvier 1994 à la dévaluation du Franc **CFA,** monnaie partagée par la Côte d'Ivoire avec un ensemble de pays ex-colonies françaises de la Zone Franc.

La dévaluation a contribué à l'amélioration des recettes publiques. En effet, les recettes du gouvernement ont augmenté très fortement en s'établissant à 840 milliards de Francs **CFA.** Cette augmentation est principalement, le fait de l'accroissement des droits de douanes (multiplié par 5,4), des droits et taxes à l'exportation (+22,7% dont les DUS sont multipliés par 12), des droits d'enregistrement (+13,5%) et des taxes intérieures (+10,5%). Au total, les prélèvements sur les exportations se sont chiffrés à 285 milliards de **Francs CFA,** dont le binôme café-cacao a rapporté, à lui seul, 218,6 milliards de **Francs CFA,** soit 76%.

La situation de croissance constatée après la dévaluation est due, principalement, à la maîtrise de l'inflation et des résultats positifs enregistrés par le commerce extérieur, notamment en 1995. La balance de paiement retrouve une situation d'excédent en 1994 et le mouvement vers la résorption du déficit se poursuit en 1995 et 1996. Cette évolution favorable résulte d'une réduction du déficit des transactions courantes et d'une amélioration du solde des mouvements de capitaux. Elle va conduire à une relance des activités économiques et une amélioration du taux de croissance (+ 4,8% l'an entre 1994 et 1998). Cet élan sera malheureusement brisé par une décennie de crise qui démarrera avec le coup d'État du 24 Décembre 1999. Cette période de **l'Histoire** de la Côte d'Ivoire qui commence avec le coup d'État sera l'objet du Tome 2 du Livre.

RÉFÉRENCES BIBLIOGRAPHIQUES

Ahouré, A. et Tano, P., 2009, « Bilan Diagnostic de l'Industrie Ivoirienne », *Bulletin de politique économique et développement*, Buped N°3/2008 de la CAPEC.

Akindès, F., 2004, « Racines de la crise militaro-politique en Côte d'Ivoire », *séries de monographies*, Codesria.

Amin, S., 1967, *Le développement du capitalisme en Côte d'Ivoire*, Les Éditions de Minuit.

Amin, S., 1971, *L'Afrique de l'Ouest bloquée, l'économie politique de la colonisation : 1880-1970*, Les Éditions de Minuit.

Archives nationales de Côte d'Ivoire (ANCI) : dossier V-306 -102

Archives Nationales de Côte d'Ivoire (ANCI) : dossier V-306 -105

Azam J.-P., Ch. Morrisson, 1994, *La faisabilité politique de l'ajustement en Côte d'Ivoire et au Maroc*. Paris, Centre de Développement, OCDE.

Banque Africaine de Développement, 1995, *Rapport d'Achèvement, Programme d'Ajustement Structurel du Secteur Financier Cote d'Ivoire*

Banque de France, 2002, Note d'information N°127, « *la zone Franc* », Actualisation, Juillet 2010.

Banque Mondiale, 1990, *Côte d'Ivoire : examen des dépenses publiques*. Rapport n°8748-
IVC.

Banque Mondiale, 2000, Indicateurs du développement dans le monde, La Banque Mondiale, Washington, D. C., États Unis.

Banque Mondiale, 2008, *Indicateurs du développement dans le monde 2008*, la Banque Mondiale, Washington D. C., Etats-Unis.

Banque Mondiale, 2015, *Diagnostic Systématique Pays Côte d'Ivoire*. Rapport Analytique, Groupe Banque Mondiale, 16 p.

BCEAO, 1994, *Notes d'information et Statistiques*, Mai.

BCEAO, 1995, *Notes d'informations et Statistiques*, Juillet.

BCEAO, 1997, *Notes d'Information et Statistiques*, juin.

BCEAO, 2012, « *Rapport sur l'évolution des conditions des banques de l'UEMOA au cours de ces cinq dernières années 2007 2012* », BCEAO, 2012.

Berthélemy J-C., L. Söderling, 1999,*The role of capital accumulation, adjustment andstructural change for economic take-off*

: empirical evidence from African growth episodes, mimeo, OECD Development Centre.

Berthélemy J.-C., F. Bourguignon, 1996, "*Growth and crisis in Cote d'Ivoire*". Washington,D.C., *World Bank.*

Berr, E. et F. Combarnous, 2007, « Une autre Lecture de la Soutenabilité de la Dette », *Revue Tiers Monde,* N 192, pp 789-813

BNEDT, 1997, *Statistiques macro-économiques,* République de Côte d'Ivoire.

Bulletin de la Chambre de Commerce de la Côte d'Ivoire, Séance solennelle de Mai 1958.

Bulletin de l'Enseignement de l'AOF, Numéro 39, Juillet 1919. Cabinet du 1er Ministre, *Plan National de Bonne Gouvernance et de Lutte contre la Corruption* 2013-2017.

CSSPPA ,1990, *Statistiques de production de cacao*, République de Côte d'Ivoire

Cangah et Ekanza S.P., 1978, *La Côte d'Ivoire par les textes*, NEA, Abidjan.

Chambre de Commerce de la Côte d'Ivoire, « *Compte rendu de la réunion du 26 Avril 1941* ».

Chambre de Commerce et d'Industrie, 1962, *Essor économique de la Côte d'Ivoire, Abidjan*

Chauleur, P., « Le problème de la main d'œuvre en Côte d'Ivoire demande une transformation progressive, mais profonde des conditions de travail », *in Marchés coloniaux du Monde du 28 Avril 1951.*

Cheick, C. T., 2010, *Le futur du commerce intra-régional en Afrique de l'Ouest*, Enda syspro, Dakar 2010.

Chevassu, J.-M., 1997, "Le modèle ivoirien et les obstacles à l'émergence de la petite et moyenne industrie (PMI)" in Contamin, B. et Memel-Fotê, H. (eds): *Le modèle ivoirien en questions: crises, ajustements, recompositions*, *Karthala, Orstom.*

Cogneau, D. et Collange, 1997, *Les effets à moyen terme de la dévaluation des francs CFA. Une comparaison Cameroun / Côte d'Ivoire à partir d'un modèle micro-dynamique et financier.*

Cogneau, D.et Mesplé-Samps S.,1999, *La Côte d'Ivoire peut –elle devenir un pays émergent ?, Version finale, Programme d'Etude ''Afrique Emergente''*, Centre de Développement, OCDE.

Cogneau, D. et Mesple-Somps, S., 2002, « *L'économie ivoirienne, la fin du mirage ?* », Document de travail DIAL/Unité de Recherche Cipré de l'IRD, DT/2002/18.

Comptabilité Nationale,1976, *Notes d'Information et Statistiques*, Abidjan.

Contamin, B. et Fauré, Y.-A., 1990, *La bataille des entreprises publiques en Côte d'Ivoire : L'histoire d'un ajustement interne*, Karthala et Orstom *Editions*.

Contamin, B., 1997, "Entreprises publiques et désengagement de l'État en Côte d'Ivoire: À la recherche des privatisations", in Contamin, B.et Memel-Fotê, H.(eds): *Le modèle ivoirien en questions: crises, ajustements, recompositions*, *Karthala, Orstom*.

Conte, B., 2004, « *Côte d'Ivoire : Clientélisme, ajustement et conflit* », Centre d'Économie du Développement IFReDE-GRES, Document de travail, DT/101/2004.

Damas L., Rapport n° 11 348 sur les incidents survenus en Côte d'Ivoire, Tomes I, II et III.

Daniel, J, Davis, J, Fouad, M. et C. Van Rijckeghem, 2006, L'ajustement Budgétaire comme Instrument de Stabilité et de Croissance, *FMI, Série Brochure N 55-F*

Davis J-M., 1983, "The Economic Effect of Windfall Gains in Export Earnings", *World Development*, 11(2), pp. 119-139.

Dembélé, E., 2010, « *Contribution du financement bancaire à la croissance économique en Côte d'Ivoire* », Mémoire du Programme de formation en Gestion de la Politique Economique (GPE), UFR-SEG/CIRES.

Denise A., 1958, « La Côte d'Ivoire, un territoire qui a brûlé les étapes », in *L'Économie* de Juillet 1958.

Diallo, S., 2011, « *Mobilisation des ressources intérieures au Sénégal* », Document de travail, CEPOD.

Diomandé, K., 1990, « *Politique et stratégies pour le développement industriel de la Côte d'Ivoire : un essai* », Thèse de Doctorat de l'Université de Rennes I.

Duruflé G., 1988, *L'ajustement structurel en Afrique*. Paris, *Karthala*.

Dutheil de la Rochère, 1976, *L'état du développement économique de la Côte d'Ivoire*, Pedone.

Easterly, W., King, R., Levine R., Rebelo, S., 1994. Policy, Technology Adoption and Growth. *NBER Working Paper No. 4681*

ENSEA et IRD, 2000, *Déterminants de L'Emploi, Compétitivité, Contrats et Cout Du Travail, Performances des Entreprises en Côte d'Ivoire*, Vol. 1, Ministère De L'emploi, De la Fonction Publique et De La Prévoyance Sociale, Côte d'Ivoire

FAO (1997), *FAOSTAT Statistical Database*

Foirry, J.P, et D. Requier-Desjardins, 1986, *Planification et Politique économique en Côte d'Ivoire 1960-1985*, CEDA, Abidjan.

Fonds Monétaire International, *Rapport annuel FMI, 2005*

Gbagbo, L., 1982, *Économie et société à la veille de l'Indépendance (1940-1960)*, l'Harmattan.

Ghosh, A., T. Lane, C. Christofides, J. Kim, L. Papi, U. Ramakrishnan, A. Thomas, and J. Zalduendo ,2005, The Design of IMF-Supported Programs, *IMF Occasional Paper No. 241 (Washington: International Monetary Fund)*

Goin Bi, Z. T., 2011, « Libertés académiques, syndicalisme et politique en Côte d'Ivoire », Codesria, *Revue de l'Enseignement Supérieur en Afrique*, Vol.9, No. 1 et 2, pp. 133-146.

Gouvernement de Côte d'Ivoire, 2009, « *DSRP : Document de Stratégie de Relance du Développement et de Réduction de la Pauvreté* », Gouvernement de Côte d'Ivoire.

Guéby, Joseph D., 2012, *L'investissement direct étranger en Côte d'Ivoire*. Économie politique et changement institutionnel, Harmattan.

Guerrini, M-C, 1975, Le rôle du tertiaire supérieur dans la domination de l'économie ivoirienne, in *Tiers-Monde, tome 16 n°61.*

Hanushek, E. etKimko D.,2000, "Schooling, Labor Force Quality, and the Growth of Nations", *American Economic Review*, 90, 1184-208.

I.E.D.E.S, 1964, *Les investissements publics nationaux et extérieurs dans les pays francophones de l'Afrique tropicale, 1946-1960*, ronéoté, Paris.

Krugman P. et Obstfeld M., 1995, *Économie Internationale*, de Boeck Université, p. 528-530 et p.541-544.

Kého, Y., 2010, « Quelle politique de réduction du déficit budgétaire en Côte d'Ivoire ? », *Bulletin de politique économique et développement*, Buped No. 03/2009 de la CAPEC.

Kipré, P., 2005, La Côte d'Ivoire : *La formation d'un peuple*. SIDES, collection L'Afrique dans tous ses Etats, 291 p.

Kouadio, Y., 1993, *Rétrospective économique de la Côte d'Ivoire,* Etude Nationale Prospective, Secrétariat Technique Permanent, Abidjan.

Kouakou, K. C., 2008, "Determinants of urban youth labor supply in Côte d'Ivoire", *African Journal of Economic Policy*, Vol. 15, No. 2, December, pp. 29-57.

Kouassi, R. N., 1995, « *Structure de marché et performance industrielle : Le cas de l'agro-industrie ivoirienne* », Thèse de Doctorat ès Sciences Economiques, Versailles-Saint-Quentin-en-Yvelines.

Kuznets, Simon, 1979, « *Growth, Population and Income Distribution* », W.W. Norton.

Loucou, J.N., 1976, *La vie politique en Côte d'Ivoire de 1932 à 1952*, Thèse de Doctorat 3e Cycle, Université de Provence.

Meillassoux, C.I., 1965, *Anthropologie économique des Gouros de la Côte d'Ivoire. De l'économie de subsistance à l'agriculture commerciale*, Mouton, Paris.

Ministère de l'Agriculture et des Eaux et Forêts, *Annuaire Rétrospectif de Statistiques Agricoles et Forestiers 1920-1983,* Tomes 1ct 2, République de Côte d'Ivoire.

Ministère de la fonction publique, 1996, *Statistique de la direction de l'emploi et de la réglementation du travail,* Abidjan.

Ministère d'État, Ministère de l'Agriculture et des Ressources Animales, 1999, *« L'agriculture ivoirienne à l'aube du XXIe siècle », une publication du Salon de l'agriculture et des ressources animales d'Abidjan 1999* (SARA 1999).

Ministère de l'Économie et des Finances, 1995, « *Documents du colloque GIDIS, Gestion des investissements et des intérêts du service de la dette*, du 28 au 02 déc. 1994 », Abidjan.

Ministère de l'Économie et des Finances, 1998, Direction de la conjoncture et de la prévision économique, *Côte d'Ivoire - Développements économiques récents et perspectives,1998-2000*, août, Abidjan.

Ministère de l'Économie et des Finances, 2007, « *La Côte d'Ivoire en Chiffres 2007* », République de Côte d'Ivoire.

Ministère d'État, Ministère du Plan et du Développement, 2007, « *REPCI 2006 : Population et développement : Défis et perspectives pour la Côte d'Ivoire* », Ministère d'État, Ministère du Plan et du Développement.

Ministère d'État, Ministère du Plan et du Développement, 2008, « *Enquête sur le Niveau de Vie des Ménages 2008, ENV 2008* », INS, Ministère d'État, Ministère du Plan et du Développement.

Ministère d'État, Ministère du Plan et du Développement, 2012, *Plan national de Développement 2012-2015*, République de Côte d'Ivoire.

Ministère d'État, Ministère du Plan et du Développement, 2015, *Revue du Plan National de Développement PND 2012-2015*, République de Côte d'Ivoire, 120 p.

Ministère d'État, Ministère du Plan et du Développement, Institut National de la Statistique, 2015, *Enquête sur le Niveau de Vie des Ménages en Côte d'Ivoire (ENV 2015) Profil de Pauvreté, République de Côte d'Ivoire.*

Ministère Français du Plan, Service de la Statistique, 1958, *Inventaire Economique de la Côte d'Ivoire, 1947-1956*, RF.

Ministère du Plan, 1968, *Plan de développement économique, social et culturel de la République de Côte d'Ivoire, 1967-70*, République de Côte d'Ivoire.

Ministère du Plan, 1972, *Plan de développement économique, social et culturel de la République de Côte d'Ivoire, 1971-75*, République de Côte d'Ivoire.

Ministère du Plan, 1976, *Plan de développement économique, social et culturel de la République de Côte d'Ivoire, 1976-80*, République de Côte d'Ivoire.

Ministère du Plan, 1983, *Plan de développement économique, social et culturel de la République de Côte d'Ivoire, 1981-85*, République de Côte d'Ivoire.

N'Gango, G., 1972, *Les investissements d'origine extérieurs en Afrique noire francophones*, Présence Africaine, Paris.

Nashashibi et Bazzoni, 1994, FMI, *Exchange rate strategies and fiscal performance in subsaharan africa.*

OCDE, 2003, « *Perspectives économiques en Afrique en 2003* », OCDE 2003.

OCDE, 2006, « *Perspectives économiques en Afrique en 2006* », OCDE 2006.

OCDE, 2012, « *Perspectives économiques en Afrique en 2012* », OCDE 2012.

Poumaillou, P., 1951, « L'équipement de la Côte d'Ivoire et le FIDES », in *Marchés coloniaux du monde Avril 1951.*

Programme des Nations Unies pour le Développement, 2013, *Rapport National sur le Développement Humain 2013 : Emploi, changements structurels et développement humain en Côte d'Ivoire*, 182 p.

Raffinot, M., 1991, *Dette extérieure et ajustement structurel*, Edicef 1991.

Rougerie, G., 1964, *La Côte d'Ivoire. Que sais-je* ?, PUF.

Ruf,F., 1995, *Booms et crises du cacao*, Paris, Karthala, CIRAD et Ministère de laCoopération.

Schnapper, B., 1961, *La politique et le commerce français dans le golfe de Guinée de 1838 à 1871*, Mouton.

Semedo, G., et Vilieu, P., 1997, « *La Zone Franc, Mécanismes et perspectives macroéconomiques* », Ellipses.

Surret-Canale, J., 1968, « L'industrialisation de l'AOF après la 2e guerre mondiale », *Revue Economique de Madagascar.*

Surret-Canale, J., 1972, *Afrique noire. De la Colonisation aux Indépendances, Tomes III,* Editions Sociales, Paris.

Vallée, O., 1988, *Le prix de l'argent C.F.A. Heurts et malheurs de la zone franc*, Éditions Karthala, Paris.

Yaya d'Alépé, 1979, *Le modèle ivoirien en questions : crises, ajustements, recompositions*, Karthala Editions.

LIENS ET SITES INTERNET

http://www.lemondepolitique.fr/cours/introduction-economie/pensee-economique/liberalisme-economique.html

http://francais.doingbusiness.org/data/exploreeconomies/c%C3%B4te-divoire/

https://data.un.org/DocumentData.aspx?q=hdi&id=364

www.undp.org/fr/data.

www.donnees.banquemondiale.org

www.imf.org/external/data.htm

http://www.lemondepolitique.fr/cours/introduction-economie/pensee-economique/liberalisme-economique.html

http://francais.doingbusiness.org/data/exploreeconomies/c%C3%B4te-divoire/

https://data.un.org/DocumentData.aspx?q=hdi&id=364

LISTE DES GRAPHIQUES

LISTE DES TABLEAUX

ANNEXE

Graphique 0.1. **Évolution du PIB par tête à prix constant 2005 US Dollars de 1960 à 2014**

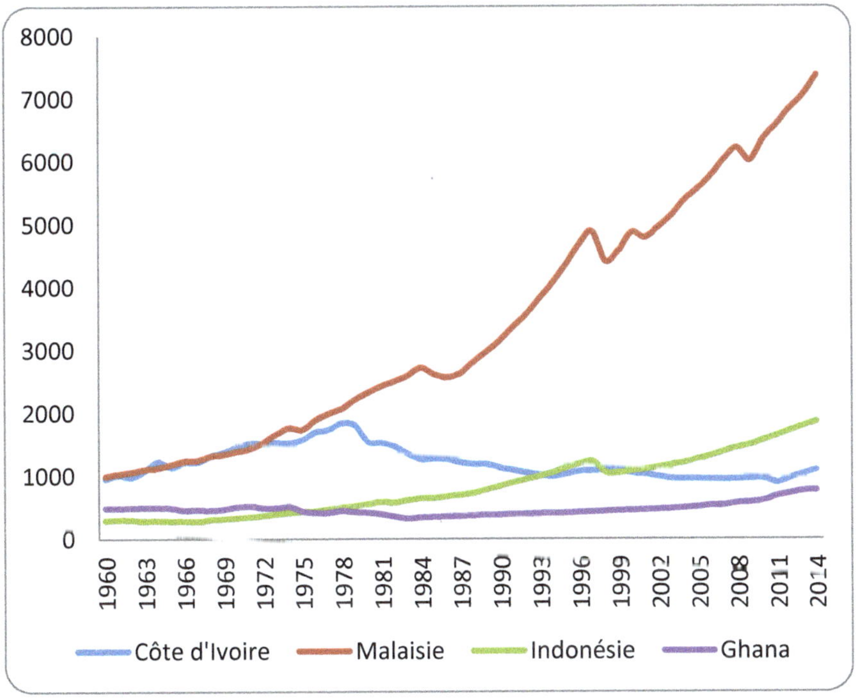

Source : Auteur à partir des données de la Banque Mondiale, WDI (2016)

TABLE DES MATIÈRES

Côte d'Ivoire
aux éditions L'Harmattan

Dernières parutions

LE FORFAIT SANITAIRE AU SECOURS DE LA COUVERTURE MALADIE UNIVERSELLE EN CÔTE D'IVOIRE
Robé Donatien
Avec la contribution de Serge Blafond - Préface de René Hokou Légré
Ce livre traite de l'accès des Ivoiriens aux soins de santé. Il fait un inventaire de toutes les politiques de santé initiées en Côte d'Ivoire depuis l'indépendance en 1960 à ce jour, notamment le projet de couverture maladie universelle (CMU) en voie de mise en œuvre depuis l'accession au pouvoir d'Alassane Ouattara. L'auteur, critique vis-à-vis de ce projet, met en exergue ses failles techniques dans le mode de financement, la gestion du risque maladie et la maîtrise des dépenses, non sans pointer du doigt ses insuffisances sur le plan de l'équité, de l'égalité face à la maladie et de la solidarité nationale.
(Coll. Points de vue, 12.50 euros, 116 p.)
ISBN : 978-2-343-09723-7, ISBN EBOOK : 978-2-14-001515-1

LA CÔTE D'IVOIRE ET SES ÉTRANGERS
Viti Fabio
Cet ouvrage travaille sur la question de la présence et du rôle des étrangers en Côte d'Ivoire. Le discours public autour de cette question y est analysé, ce qui permet de dégager une typologie de l'État et de la société ivoirienne. Véritable «société de sociétés», où différents rapports aux figures plurielles d'étrangers coexistent, la Côte d'Ivoire nous est présentée sous un jour différent. Un ouvrage collectif qui affine et complexifie le regard.
(Coll. Études africaines, 28.00 euros, 278 p., Illustré en noir et blanc)
ISBN : 978-2-343-08366-7, ISBN EBOOK : 978-2-14-001437-6

LES MIGRANTS ENVIRONNEMENTAUX EN CÔTE D'IVOIRE
Quels droits, quelles protections ?
Gallon Kémonthé Marius-Jonas
Après un examen des instruments et mécanismes internationaux et régionaux, des politiques gouvernementales et des données factuelles recueillies sur le terrain, l'auteur propose une esquisse de solutions efficaces et durables pour une meilleure garantie des droits des migrants environnementaux.
(Coll. Afrique : politiques publiques, sécurité, défense, 18.50 euros, 178 p.)
ISBN : 978-2-343-09149-5, ISBN EBOOK : 978-2-14-001409-3

LA MODERNISATION DE L'ADMINISTRATION PUBLIQUE EN CÔTE D'IVOIRE
Politiques de réforme de la fonction publique (1957-2015)
Yao Wozanhou Benjamin - Préface de Dominique Bangoura
Cet ouvrage est une contribution au débat sur la modernisation de l'État en Afrique. L'auteur se demande si les réformes administratives menées en Côte d'Ivoire depuis près de six décennies y

ont contribué. Ce livre consiste à identifier les principes et les conditions de toute administration moderne et à relever les limites des réformes entreprises en Côte d'Ivoire.
(Coll. Afrique : politiques publiques, sécurité, défense, 18.00 euros, 174 p.)
ISBN : 978-2-343-09148-8, ISBN EBOOK : 978-2-14-001400-0

L'ALCOOL EN CÔTE D'IVOIRE
Histoire, usage et signification
Brou Konan Denis - Préface du Professeur Opadou Koudou
Avec l'indépendance de la Côte d'Ivoire en 1960, l'alcoolo-dépendance qui a pris naissance en 1946 semble gagner toutes les strates sociales. L'on assiste résolument à un alcoolisme de type moderne, occidental, dont les avatars se font de plus en plus sentir sur les rapports sociaux. Pour en atténuer l'acuité, l'auteur pense que l'on doit désormais considérer l'alcoolo-dépendance comme un problème de santé publique ; introduire l'enseignement de l'alcoologie à l'école ; instituer de façon formelle l'injonction thérapeutique ; veiller à la répartition équitable des richesses du pays.
(Harmattan Côte-d'Ivoire, 21.50 euros, 212 p.)
ISBN : 978-2-343-09700-8, ISBN EBOOK : 978-2-14-001583-0

LES PRIX DE TRANSFERT DANS L'INDUSTRIE DES MATIÈRES PREMIÈRES STRATÉGIQUES EN CÔTE D'IVOIRE
Aspects juridiques, fiscaux et économiques
Kouame Noel-Faustin - Postface de Abdourahmane Cissé
A partir de l'exemple du café et du cacao, secteur dans lequel la Côte d'Ivoire est leader mondial en termes d'exportations, ce livre vise à démontrer que l'arsenal fiscal ivoirien qui a fait florès hier semble devenu aujourd'hui obsolète, dépassé et incapable de répondre aux défis d'une économie désormais globalisée. L'analyse purement juridique des problématiques d'évaluation des échanges intragroupes devrait nécessairement céder le pas à une analyse économique du droit, moins dogmatique et plus pragmatique.
(39.00 euros, 422 p.)
ISBN : 978-2-343-07482-5, ISBN EBOOK : 978-2-14-001386-7

ANALYSES EN GRAMMAIRE FRANÇAISE
Pour une approche rénovée dans l'enseignement en Afrique
Adopo Achi Aimé - Préface de François Adopo Assi
L'auteur rappelle quelques méthodes et principes d'analyse en grammaire pour expliquer certaines vérités grammaticales et montre ainsi comment s'approprier ces méthodes et ces principes d'analyse pour identifier correctement les mots, groupes de mots et propositions, ainsi que leurs fonctions dans la phrase. Il remet par ailleurs en question certaines analyses grammaticales traditionnelles devenues des «vérités éternelles» et fait des propositions novatrices.
(Harmattan Côte-d'Ivoire, 22.50 euros, 218 p.)
ISBN : 978-2-343-07813-7, ISBN EBOOK : 978-2-14-001517-5

POLITIQUE OU GUERRE DES ESPRITS EN CÔTE D'IVOIRE
Gueu Denis
La dynamique politique et démocratique en Afrique noire, et en Côte d'Ivoire en particulier, se manifeste dans la passion, avec pour décor la violence, le fétichisme, la sorcellerie. Il s'agit d'un combat non démocratique caractérisé par la négation de l'adversaire par tous les moyens occultes. Cet ouvrage interpelle la conscience collective ivoirienne, en vue d'adhérer à une démocratie constructive avec des projets crédibles sans hypocrisie, en vue d'une cohésion sociale durable.
(Coll. Harmattan Côte-d'Ivoire, 11.00 euros, 72 p.)
ISBN : 978-2-343-07173-2, ISBN EBOOK : 978-2-336-39409-1

SI LA CÔTE D'IVOIRE RENONÇAIT AU MODÈLE DÉMOCRATIQUE FRANÇAIS
Zra-Bi Claude
Un refrain parcourt cette œuvre : renonçons en Côte d'Ivoire à la démocratie républicaine française. Que chaque groupe ethnique (ou région) choisisse son représentant. Et tous les représentants choisissent parmi eux un président pour un mandat de 5 ou 7 ans, non renouvelable

mais tournant. Et les représentants de chaque région siégeront comme des vice-présidents, attendant, chacun, son tour de gouverner. Cette politique préserve l'identité des ethnies évitant ainsi l'immixtion de prédateurs politiques ou économiques dans le débat politique interne. Utilisons ce modèle et non la République qui met au rebut le camp adverse.
(Coll. Harmattan Côte-d'Ivoire, 12.50 euros, 98 p.)
ISBN : 978-2-343-07793-2, ISBN EBOOK : 978-2-336-39706-1

CÔTE D'IVOIRE, ALASSANE OUATTARA ET LES DROITS DE L'HOMME
Diaby Moustapha Ben Ismaïla - Préface de Diaby Moussa Abdoul Kader
Les droits de l'Homme en Côte d'Ivoire et l'action d'Alassane Ouattara dans ce domaine constituent une question cruciale. Quelle orientation voudrait-on donner aux droits de l'Homme en Côte d'Ivoire aujourd'hui ? La construction d'un État démocratique devra être fondée sur la promotion des droits de l'Homme, cela à travers la recherche des objectifs de développement, qui ne vont pas sans le respect des droits fondamentaux de l'homme. Ce livre essaie d'analyser les avancées constatées dans la construction d'un espace démocratique et d'exercice des droits de l'Homme en Côte d'Ivoire.
(Coll. Harmattan Côte-d'Ivoire, 18.00 euros, 170 p.)
ISBN : 978-2-343-07044-5, ISBN EBOOK : 978-2-336-39443-5

IDÉOLOGIE, CONSCIENCE ET COMBAT POLITIQUE EN AFRIQUE
Koné Katinan Justin - Préface de Lazare Koffi Koffi
Faisant suite à son premier ouvrage *Côte d'Ivoire, L'audace de la rupture*, Justin Koné Katinan montre qu'il est un citoyen libre et qu'il a pleine conscience de l'histoire. Il s'inscrit à la suite des devanciers de la lutte, particulièrement du président Gbagbo, victime du néocolonialisme. Il appelle à un sursaut nationaliste et panafricaniste.
(Coll. Afrique liberté, 26.00 euros, 262 p.)
ISBN : 978-2-343-07691-1, ISBN EBOOK : 978-2-336-39507-4

CÔTE D'IVOIRE
Du chaos à la renaissance – Derniers assauts contre la souveraineté
Kouame Bibli Robert-Jonas - Préface de Lazare Koffi Koffi
En Côte d'Ivoire, s'oppose depuis des années les nostalgiques de la soumission à l'Occident et à la France et les défenseurs de la refondation du pouvoir et du combat pour les libertés. Entre les deux positions, le fossé reste abyssal. Mais, malgré les fractures, bouleversements et atteintes au respect de l'humanité, l'auteur reste optimiste quant à la restauration d'une République de Côte d' Ivoire, démocratique et jalouse de sa souveraineté.
(Coll. Afrique liberté, 25.00 euros, 248 p.)
ISBN : 978-2-343-07692-8, ISBN EBOOK : 978-2-336-39506-7

RÉFLEXIONS SUR LA CÔTE D'IVOIRE
Yahot Christophe - Préface de Gisèle Dutheuil
Réfléchir sur la Côte d'Ivoire d'aujourd'hui nous permet de présenter un certain nombre de réalités et de pratiques qui interpellent à la fois les politiques, les décideurs et la société civile. Les sujets abordés, d'ordre politique, social, culturel, économique, spirituel sont une invitation adressée à tous les citoyens, acteurs directs ou indirects de la construction d'une société moderne articulée autour de certains principes et valeurs, notamment républicains.
(Coll. Harmattan Côte-d'Ivoire, 26.00 euros, 258 p.)
ISBN : 978-2-343-07897-7, ISBN EBOOK : 978-2-336-39692-7

ONE REPUBLIC, TWO PRESIDENTS
My cry of heart for Côté d'Ivoire
Dandi Lou Amanan Hélène – Préface Georges Alula
This book features the testimony of a humanitarian worker who witnessed the aftermaths of war : Dandi Lou saw danger coming and tried to thwart it from exploding in Côté d'Ivoire, preaching peace to all the politicial leaders of her country and those who claimed to be heirs of late President Houphouet-Boigny. Yet, it did not save the country from burning since these

leaders found nothing better than make fun of her. Called «the cry baby», she decided to write this book to yearn for peace and a renewed and united country, land of opportunities and welfare for all the Ivorian people.
(Coll. Harmattan Côte-d'Ivoire, 30.00 euros, 294 p.)
ISBN : 978-2-343-07732-1, ISBN EBOOK : 978-2-336-39618-7

LA CÔTE D'IVOIRE DE NOTRE RÊVE
Comment peut-elle éclore ?
N'Guettia Kouassi René
Cet ouvrage aide à mieux appréhender l'essentiel des vertus cultivées et enseignées par Félix Houphouët-Boigny, qui a fait de la recherche permanente de la paix et de l'unité nationale, la clé de voûte de sa politique de développement. Ce livre offre donc aux Ivoiriens, et particulièrement à la classe politique, une boîte à outils dans laquelle elle peut puiser des ressources pour consolider le pacte républicain ou le contrat pour le «vivre ensemble», et servir d'aiguillon à la pratique de la bonne gouvernance politique et économique.
(Coll. Études africaines, 17.50 euros, 160 p.)
ISBN : 978-2-343-06634-9, ISBN EBOOK : 978-2-336-39300-1

POURQUOI FAUT-IL LIBÉRER LAURENT GBAGBO ?
Pour une vraie réconciliation en Côte d'Ivoire
Kouamé Séraphin Sky
Pour l'auteur, le maintien de Laurent Gbagbo en prison à la Haye ne peut servir à rien d'autre qu'à raviver les tensions et à retarder la réconciliation entre les Ivoiriens. Que l'on soit du côté du pouvoir, de celui de l'opposition ou de la société civile, cette situation interpelle tout le monde. C'est pourquoi l'auteur invite tous les Ivoiriens, tous les partis politiques et surtout les présidents Bédié et Ouattara à s'impliquer activement dans cette cause. Dans l'intérêt supérieur de la Côte d'Ivoire.
(Harmattan Côte-d'Ivoire, 8.00 euros, 48 p.)
ISBN : 978-2-343-07424-5, ISBN EBOOK : 978-2-336-39307-0

LE CHEF DE L'ÉTAT QUI A PERDU LE NORD DE LA CÔTE D'IVOIRE
Cla Charles
Ce livre est le récit des faits marquants parfois pathétiques qui ont jalonné la vie publique en Côte d'Ivoire durant plus d'une décennie; et il répond à la question : «Qu'est-ce qui a pu réellement se passer pendant cette dernière décennie en Côte d'Ivoire, dans ce pays autrefois paisible, pour conduire à la guerre et son chef d'État devant la Cour pénale internationale ?
(Harmattan Côte-d'Ivoire, 16.50 euros, 148 p.)
ISBN : 978-2-343-07196-1, ISBN EBOOK : 978-2-336-39332-2

LE MORONOU, TERRE MÉCONNUE DE CÔTE D'IVOIRE
Géographie, Agriculture et Sociétés
Ekanza Simon-Pierre
Le Moronou est un grand méconnu sur le territoire ivoirien. L'ouvrage est consacré à l'aspect physique, à la société et à l'économie du Moronou ancien, cette période de son histoire antérieure à l'intrusion européenne. Outre la nature et la qualité exceptionnelles du sol, le climat subtropical et la végétation qui y prévalent, les facteurs humains tiennent, dans l'ouvrage, une large place. En dégageant les grandes orientations et les tendances économiques du Moronou, l'ouvrage souligne les habitudes et les structures permanentes de cette région.
(Coll. Études africaines, 20.50 euros, 192 p.)
ISBN : 978-2-343-05105-5, ISBN EBOOK : 978-2-336-39353-7

L'HARMATTAN ITALIA
Via Degli Artisti 15; 10124 Torino
harmattan.italia@gmail.com

L'HARMATTAN HONGRIE
Könyvesbolt ; Kossuth L. u. 14-16
1053 Budapest

L'HARMATTAN KINSHASA
185, avenue Nyangwe
Commune de Lingwala
Kinshasa, R.D. Congo
(00243) 998697603 ou (00243) 999229662

L'HARMATTAN CONGO
67, av. E. P. Lumumba
Bât. – Congo Pharmacie (Bib. Nat.)
BP2874 Brazzaville
harmattan.congo@yahoo.fr

L'HARMATTAN GUINÉE
Almamya Rue KA 028, en face
du restaurant Le Cèdre
OKB agency BP 3470 Conakry
(00224) 657 20 85 08 / 664 28 91 96
harmattanguinee@yahoo.fr

L'HARMATTAN MALI
Rue 73, Porte 536, Niamakoro,
Cité Unicef, Bamako
Tél. 00 (223) 20205724 / +(223) 76378082
poudiougopaul@yahoo.fr
pp.harmattan@gmail.com

L'HARMATTAN CAMEROUN
TSINGA/FECAFOOT
BP 11486 Yaoundé
699198028/675441949
harmattancam@yahoo.com

L'HARMATTAN CÔTE D'IVOIRE
Résidence Karl / cité des arts
Abidjan-Cocody 03 BP 1588 Abidjan 03
(00225) 05 77 87 31
etien_nda@yahoo.fr

L'HARMATTAN BURKINA
Penou Achille Some
Ouagadougou
(+226) 70 26 88 27

L'HARMATTAN SÉNÉGAL
10 VDN en face Mermoz, après le pont de Fann
BP 45034 Dakar Fann
33 825 98 58 / 33 860 9858
senharmattan@gmail.com / senlibraire@gmail.com
www.harmattansenegal.com

Imprimé en France
par Arts'Print Numeric - 24, rue de Vire - 14110 Condé-sur-Noireau
N° d'Imprimeur : 01835 - Dépôt légal : mars 2017

www.ingramcontent.com/pod-product-compliance
Lightning Source LLC
LaVergne TN
LVHW080930071026
849535LV00013B/4161